THE CIVIL CODE
GUIDES US

WHAT
WE
SHOULD
DO

民法典告诉您

怎么办

Construction Project

建设工程

王志毅　主　编
潘　容　杨泯萱　副主编

撰稿人：王志毅　潘　容　杨泯萱
　　　　张立平　金小孟　冯　捷

中国民主法制出版社
全国百佳图书出版单位

图书在版编目（CIP）数据

民法典告诉您怎么办. 建设工程/王志毅主编. —
北京：中国民主法制出版社，2021.7
ISBN 978-7-5162-2629-2

Ⅰ.①民…　Ⅱ.①王…　Ⅲ.①建筑工程—经济合同—
中国　Ⅳ.①D923

中国版本图书馆 CIP 数据核字（2021）第 123377 号

图书出品人：刘海涛
出 版 统 筹：乔先彪
责 任 编 辑：逯卫光　许泽荣

书名/民法典告诉您怎么办——建设工程
作者/王志毅　主　编

出版·发行/中国民主法制出版社
地址/北京市丰台区右安门外玉林里 7 号　（100069）
电话/（010）63055259（总编室）　　63058068　63057714（营销中心）
传真/（010）63055259
http：// www. npcpub. com
E-mail：mzfz@ npcpub. com
经销/新华书店
开本/16 开　710 毫米×1000 毫米
印张/18.25　字数/267 千字
版本/2021 年 9 月第 1 版　2021 年 9 月第 1 次印刷
印刷/三河市宏达印刷有限公司

书号/ISBN 978-7-5162-2629-2
定价/62.00 元
出版声明/版权所有，侵权必究。

序　言

2020 年 5 月 28 日，十三届全国人大三次会议表决通过了《中华人民共和国民法典》，宣告了我国"民法典时代"的正式到来。《中华人民共和国民法典》共 7 编、1260 条，各编依次为总则、物权、合同、人格权、婚姻家庭、继承、侵权责任，以及附则。民法典是对我国现行的、制定于不同时期的民法通则、民法总则、物权法、合同法、担保法、婚姻法、收养法、继承法、侵权责任法和人格权方面的基本法律以及与之相关的民事法律规范全面的、系统的编订纂修，是一部具有中国特色、体现时代特点、反映人民意愿的民法典。

民法典的颁布和全面实施作为中国法治史的重大事件，其意义影响深远。因此，其学习和宣传将会是一个高潮迭起的长期化、常态化过程。目前，《中央宣传部、司法部关于开展法治宣传教育的第八个五年规划（2021—2025 年）》出台，将推动全民守法普法成为社会治理的法治基础，引导全社会、全体民众法治意识进一步增强。可以预见的是，民法典的学习将会成为"八五"普法的一项重要内容，应紧紧抓住这一重要机遇，将其作为系统工程统筹布局，在更广、更深的领域进行谋划，在全国深入开展民法典学习宣传活动，深入学习宣传实施民法典的重大意义，深入学习宣传民法典的基本原则和主要内容，让民法典走到群众身边、走进群众心里。要创新宣传形式，在全社会大力营造尊法、学法、守法、用法的浓厚氛围；要结合本地区本部门实际，组织开展民法典宣传教育活动，推动民法典进机关、进乡村、进社区、进学校、进企业、进单位，把民法典融入人民群众的日常生活，增强民法典宣传的吸引力和感染力；特别是要切实加强实践引导，把民法典宣传融入法治实践全过程，推行律师、法官、检察官、行政执法人员以案释法制度，让人们在解决问题中学习民法典、了解民法典、感受民法典，将其作为文明社会合格公民的行为规范。

案例是法治的"细胞"，同案同判是实现司法制度公平、公正、统一、高效的要求。最高人民法院早在《人民法院第二个五年改革纲要（2004—2008）》中就已经提出，要建立和完善案例指导制度，重视指导性案例在统一法律适用标准、指导下级法院审判工作、丰富和发展法学理论等方面的作用。可见，最高人民法院已经充分注意到了案例的作用，并已着手进行案例指导的制度性建设。

近年来，以最高人民法院为首的各级人民法院通过各种途径发布了不少典型案例，并于2016年8月29日以法释〔2016〕19号公告公布了《最高人民法院关于人民法院在互联网公布裁判文书的规定》，积极推进了裁判文书的公开上网，增强了审判工作的透明度和社会各界对审判工作的监督力度。今天，我们已经欣慰地看到，案例已经越来越成为普及法律和指导人民法院审判工作的一种重要形式。

为统一法律适用，提升司法公信力，结合审判工作实际，和民法典颁布同一时期的另一个重要事件是：2020年7月15日，最高人民法院就人民法院类案检索工作发布了《关于统一法律适用加强类案检索的指导意见（试行）》（以下简称《类案指导意见》），于2020年7月31日试行。

完善类案检索机制是2019年最高人民法院发布的《人民法院第五个五年改革纲要（2019—2023）》中第26项改革举措"完善统一法律适用机制"中的具体措施之一，近年来最高人民法院和各级人民法院亦在积极探索类案检索机制。《类案指导意见》的施行对于统一裁判尺度、增加诉讼当事人对于法律适用结果的可预测性具有积极的意义。

类案，是指与待决案件在基本事实、争议焦点、法律适用问题等方面具有相似性，且已经人民法院裁判生效的案件。根据《类案指导意见》，人民法院办理案件具有下列情形之一，应当进行类案检索：（1）拟提交专业（主审）法官会议或者审判委员会讨论的；（2）缺乏明确裁判规则或者尚未形成统一裁判规则的；（3）院长、庭长根据审判监督管理权限要求进行类案检索的；（4）其他需要进行类案检索的。承办法官依托中国裁判文书网、审判案例数据库等进行类案检索，并对检索的真实性、准确性负责。

类案检索范围一般包括：（1）最高人民法院发布的指导性案例；（2）最

高人民法院发布的典型案例及裁判生效的案件；（3）本省（自治区、直辖市）高级人民法院发布的参考性案例及裁判生效的案件；（4）上一级人民法院及本院裁判生效的案件。除指导性案例以外，优先检索近三年的案例或者案件；已经在前一顺位中检索到类案的，可以不再进行检索。

类案检索可以采用关键词检索、法条关联案件检索、案例关联检索等方法。承办法官应当将待决案件与检索结果进行相似性识别和比对，确定是否属于类案。对《类案指导意见》规定的应当进行类案检索的案件，承办法官应当在合议庭评议、专业（主审）法官会议讨论及审理报告中对类案检索情况予以说明，或者制作专门的类案检索报告，并随案归档备查。

类案检索说明或者报告应当客观、全面、准确，包括检索主体、时间、平台、方法、结果，类案裁判要点以及待决案件争议焦点等内容，并对是否参照或者参考类案等结果运用情况予以分析说明。检索到的类案为指导性案例的，人民法院应当参照作出裁判，但与新的法律、行政法规、司法解释相冲突或者为新的指导性案例所取代的除外。检索到其他类案的，人民法院可以作为作出裁判的参考。

案件当事人及其辩护人、诉讼代理人等提交指导性案例作为诉辩理由的，人民法院应当在裁判文书说理中回应是否参照并说明理由；提交其他类案作为诉辩理由的，人民法院可以通过释明等方式予以回应。检索到的类案存在法律适用不一致的，人民法院可以综合法院层级、裁判时间、是否经审判委员会讨论等因素，依照《最高人民法院关于建立法律适用分歧解决机制的实施办法》等规定，通过法律适用分歧解决机制予以解决。

各级人民法院应当积极推进类案检索工作，加强技术研发和应用培训，提升类案推送的智能化、精准化水平。各高级人民法院应当充分运用现代信息技术，建立审判案例数据库，为全国统一、权威的审判案例数据库建设奠定坚实基础。各级人民法院应当定期归纳整理类案检索情况，通过一定形式在本院或者辖区法院公开，供法官办案参考，并报上一级人民法院审判管理部门备案。

民法中的各个部门是依据不同的独立的经济社会关系划分的，例如，离婚、夫妻共同财产分割、子女抚养纠纷、收养纠纷等法律关系源于婚姻家庭社会关系；相邻权纠纷、建筑物区分所有权纠纷、物业服务纠纷等法律关系源于物权或所有权关系。民法典的各个组成部分也是按照不同的经济社会关系形成的属性不同的法律关系划分的，物权、合同、人格权、婚姻家庭、继承、侵权责任各编以下又分章、节，结构分明，层次清晰，该体例划分就是区分不同的民事诉讼类案的重要标准。

《类案指导意见》对类案的解读为"与待决案件在基本事实、争议焦点、法律适用问题等方面具有相似性，且已经人民法院裁判生效的案件"。类案的本质在于发生纠纷的基础民事关系的属性相同或相似，据此，类案源于同一法律关系，同一法律关系源于同一经济社会关系，经济社会关系决定法律关系的属性。类案源于个案，高于个案，属于个性与共性间的关系。类案可以客观反映司法活动规律，有利于统一裁判标准和监督标准。此外，"同案异判"或"异案同判"与法官不当行使裁量权有着密切关系。类案检索制度有助于推动社会治理体系建设，有效防范和化解风险。

中国是成文法国家，判例在传统司法审判中所起的作用是有限的。近年来，最高人民法院一直致力于在先案例在司法审判中的指导作用，以力图进一步统一裁判标准，避免出现同案不同判的现象。本次发布的《类案指导意见》是最高人民法院重视判例的又一个重要举措。虽然《类案指导意见》更多地从人民法院审理案件、统一裁判尺度的角度进行明确，但这也给予当事人积极向法院提交类案检索结果，为支持诉辩主张提供了有益的思路。

具体而言，《类案指导意见》明确了类案检索的适用范围、检索范围和方法、检索报告或说明以及因类案裁判规则不一致产生分歧时的解决机制。对于复杂、新类型案件审理的强制类案检索制度，对于人民法院统一裁判尺度具有积极的意义。《类案指导意见》明确了援引类案的效力等级，即："指导性案例——最高人民法院发布的典型案例、最高人民法院生效裁判——省高级人民法院参考性案例、生效裁判——上一级法院及本级法院生效裁判"，对当事人检索案例提供了更明确的指引。此外，《类案指导意见》除沿用了《〈最高人民法院关于案例指导工作的规定〉实施细则》关于适用指导性案例的规定（第9条—第12条），对于指导性案例之外的其他类案，还明确法院可以作为裁判的参考，对于当事人提交的其他类案法院可以通过释明的方式予以确认。

《类案指导意见》作为统一裁判尺度的一项重要措施，将进一步增强案件裁判标准一致性以及当事人对裁判结果判断的可预测性。实践中，对类案的运用，除了法官，当事人各方也会运用类案预测案件处理结果。通常而言，诉讼各方会将收集的类案提交给法庭或者在法律意见中陈述，以支持本方主张或者驳斥对方主张。《类案指导意见》明确指出，在这种情况下，法官应当在裁判文书说理中回应是否参照并说明理由，或通过释明等方式予以回应。这就又为法官偏离先前相似判决设置了一道障碍，即如果要偏离，他不仅要说服自己，还要说服当事人各方。

如果法律有生命，不妨这样认为：类案为法条之体，法条为类案之魂。令人欣慰的是，在2020年这一因为具有特殊意义而必将被长久铭记的年份，民法典的颁布实施和类案检索制度竟然在同一时期相遇且并肩而行，是巧合，还是时代的必然？作为人类日益成为命运共同体的现实与大陆法系和英美法系互为借鉴发展遥相呼应的是，无论是哪一种解读，都不会否认二者在中国法律传统和争议裁判思维领域所持续产生的深远影响，即使是这种影响我们目前还远远未能深刻感知。

基于以上背景，中国民主法制出版社在精心调研、充分论证的基础上，集思广益策划出版了《民法典告诉您怎么办》系列丛书。该丛书精心撷取民法典中的关键条文，以实用、常用、行业、热点、新规定、亮点等要素为出发点，以专题的形式切入，搭建一个成系列的、范围清晰的、开放的、长期的、可以随着法律实施而不断更新的民法典系列出版物与知识体系。《民法典告诉您怎么办》系列丛书的编写依托专业法律法规和案例数据库，采用通俗易懂的语言，根据典型案例和民法典以及相关法律法规的规定，将法理、法规内容与案情有机结合并采取问答的形式对需要了解的民法典重点条文进行阐述分析，宛如与专业律师面对面咨询。

鉴于民法典体系庞大，目前解读、释义类书籍内容结构基本是按照民法典总分则的体例进行编排，非专业人员如不能投入大量时间系统学习，往往无法及时、高效了解民法典的脉络及其所需的实用知识。《民法典告诉您怎么办》系列丛书立足于主题、受众与行业特点，针对法律服务需求与行业热点精准普法；组织法律专业人士针对民法典知识点进行专业筛选与解答，精准适用民法典条文确保答案清晰；换位思考、强调读者体验，改变目前民法典普法过程中部分出版物在形式上的机械分割、所需内容大海捞针等事倍功半之做法，一本打通民法典原则、指导思想、价值取向、总分则以及关联法律规定的完整信息、知识要点、实操指引，使广大读者在面对各种性质的利益冲突及侵权行为时能有据可查、有章可循，帮助读者快速领会法律常识，利于读者高效自助法律维权，达到"一册在手、一目了然"之效果。

本书是《民法典告诉您怎么办》系列丛书《建设工程》分册。建设是指土木建筑工程和建筑业范围内的线路、管道、设备安装工程的新建、扩建、改建及大型的建筑装修装饰活动，主要包括房屋、铁路、公路、机场、港口、桥梁、矿井、水库、电站、通讯线路等的建设；工程是指为人类生活、生产提供物质技术基础的各类建筑物和工程设施的统称。建设工程按照自然属性可分为建筑工程、土木工程和机电工程三类，涵盖房屋建筑工程、铁路工程、公路工程、水利工程、市政工程、煤炭矿山工程、水运工程、海洋工程、民航工程、商业与物质工程、农业工程、林业工程、粮食工程、石油天然气工程、海洋石油工程、火电工程、水电工程、核工业工程、建材工程、冶金工程、有色金属工程、石化工程、化工工程、医药工程、机械工程、航天与航空工程、轻工工程、纺织工程、电子与通信工程和广播电影电视工程等。与一般的产品不同，建设工程质量与人民群众的生命财产和公共安全密切相关。

建设工程的主体是发包人和承包人。建设工程的发包人，一般为建设工程的建设单位，即投资建设该项工程的单位，通常也称作"业主"。建设工程实行总承包的，总承包单位经发包人同意，在法律规定的范围内对部分工程项目进行分包的，工程总承包单位即成为分包工程的发包人。

建设工程的承包人，即实施建设工程的勘察、设计、施工等业务的单位，包括对建设工程实行总承包的单位、勘察承包单位、设计承包单位、施工承包单位和承包分包工程的单位。工程勘察、设计、施工是专业性很强的工作，所以一般应当由专门的具有相应资质的工程单位来完成。

建设工程合同是承包人进行工程建设，发包人支付价款的合同。一项工程一般包括勘察、设计、施工、调试、运营、咨询、管理、安装、装修等一系列过程，民法典中的建设工程合同仅包括工程勘察合同、设计合同、施工合同这三种类型。

勘察合同，是指发包人与勘察人就完成建设工程地理、地质状况的调查研究工作而达成的协议。勘察合同就是反映并调整发包人与受托地质工程单位之间权利义务关系的依据。设计合同，是指发包人与设计人就完成建设工程设计工作而达成的协议。建设工程设计，通常需要根据建设工程的要求，对建设工程所需的技术、经济、资源、环境等条件进行综合分析、论证，并编制建设工程设计文件。建设工程设计一般涉及方案设计、初步设计以及施工图设计，它们之间具有一定的关联性。施工合同，是指发包人与施工单位就完成建设工程的一定施工活动而达成的协议。施工合同主要包括建筑和安装两方面内容，这里的建筑是指对工程进行营造的行为，安装主要是指与工程有关的线路、管道、设备等设施的装配。建设工程施工合同是工程建设质量控制、进度控制和投资控制的主要依据。

关于建设工程合同的法律规定，此前主要散见于合同法第十六章"建设工程合同"、《最高人民法院关于审理建设工程施工合同纠纷案件适用法律问题的解释》（法释〔2004〕14 号，已失效）、《最高人民法院关于审理建设工程施工合同纠纷案件适用法律问题的解释（二）》（法释〔2018〕20 号，已失效）及最高人民法院针对审判实践中的具体问题所作的相关批复、答复等。民法典合同编第十八章"建设工程合同"的规定亦是基于上述内容演化而来。从上述民法典的条文的具体规定来看，有关建设工程合同部分的修订主要集中在措辞表述、合同无效时工程价款如何结算、发包人与承包人的法定合同解除权等方面。在立法技术方面，多处文字表述进行了调整，条款措辞更为规范、更加精准：

原用词	现用词
肢解	支解
承担相应的民事责任	承担相应的责任
合同的内容包括	合同的内容一般包括
双方相互协作	相互协作
人身和财产损害	人身损害和财产损失
非法转包	转包
按照	根据
申请	请求

"建设工程合同"为原合同法典型有名合同（第十六章，第 269 条—第 287 条，共 19 条），该内容全部为此次民法典编纂所继承，只作了语词等非实质性修订，并在其基础上，新增了两个条款，由此构成该章全部内容（民法典第十八章，第 788 条—第 808 条，共 21 条）。对比可知，民法典"建设工程合同"章节新增的两个条款（第 793 条、第 806 条）由之前司法实践经验发展而来，主要参照文本为最高人民法院 2004 年发布的建设

工程施工解释（已失效）的相关规定。民法典将审判实践中适用的司法解释纳入正式的法律规定中，将司法解释条文引入民法典中予以修订，充分体现了我国近期以来司法解释立法化的趋势。司法解释"升级"为基本法律后，其适用范围和价值取向必然会在广度和深度上强力延伸至争议发生时的仲裁、调解等领域，而且在合同签订、履行、变更、终止等环节均会产生直接适用的效果。

为正确审理建设工程施工合同纠纷案件，依法保护当事人合法权益，维护建筑市场秩序，促进建筑市场健康发展，根据《中华人民共和国民法典》《中华人民共和国建筑法》《中华人民共和国招标投标法》《中华人民共和国民事诉讼法》等相关法律规定，在结合审判实践的基础上，2020年12月25日最高人民法院审判委员会第1825次会议通过了《关于审理建设工程施工合同纠纷案件适用法律问题的解释（一）》（法释〔2020〕25号），自2021年1月1日起施行。以上这些现行有效的法律规定和司法解释，在本出版物中均有体现。

基于以上的背景，本书精心挑选、整理汇编了40个与建设工程密切相关的法律问题，除了每个问题的解答外，还包括了"类案导读""法条指引""新旧对照"，以便读者在较短时间内了解立法背景、以案学法，全面理解掌握民法典中有关建设工程的法律规定。

在适用本书有关民法典的"法条指引"和"新旧对照"时，需要注意新旧民事法律体系的衔接。《最高人民法院关于适用〈中华人民共和国民法典〉时间效力的若干规定》（法释〔2020〕15号）已于2020年12月14日由最高人民法院审判委员会第1821次会议通过，自2021年1月1日起施行。根据《中华人民共和国立法法》及民法典等法律规定，就人民法院在审理民事纠纷案件中有关适用民法典时间效力问题作出了如下规定：

一、民法典施行后的法律事实引起的民事纠纷案件，适用民法典的规定。民法典施行前的法律事实引起的民事纠纷案件，适用当时的法律、司法解释的规定，但是法律、司法解释另有规定的除外。民法典施行前的法律事实持续至民法典施行后，该法律事实引起的民事纠纷案件，适用民法典的规定，但是法律、司法解释另有规定的除外。

二、民法典施行前的法律事实引起的民事纠纷案件，当时的法律、司法解释有规定，适用当时的法律、司法解释的规定，但是适用民法典的规定更有利于保护民事主体合法权益，更有利于维护社会和经济秩序，更有利于弘扬社会主义核心价值观的除外。

三、民法典施行前的法律事实引起的民事纠纷案件，当时的法律、司法解释没有规定而民法典有规定的，可以适用民法典的规定，但是明显减损当事人合法权益、增加当事人法定义务或者背离当事人合理预期的除外。

四、民法典施行前的法律事实引起的民事纠纷案件，当时的法律、司法解释仅有原则性规定而民法典有具体规定的，适用当时的法律、司法解释的规定，但是可以依据民法典具体规定进行裁判说理。

五、民法典施行前已经终审的案件，当事人申请再审或者按照审判监督程序决定再审的，不适用民法典的规定。

感谢中国民主法制出版社刘海涛社长、乔先彪副总经理、法律分社陈曦副社长等编辑的支持与帮助，在本书的编写过程中，得到了他们的悉心指导与建议。

限于编者水平，衷心希望能够得到读者的批评与指正！

王志毅

2021 年 9 月 16 日于北京

目　录

1.

追索工程款时，诉讼时效已经届满了怎么办？

建设工程施工合同纠纷案件中，不乏有施工单位因追索工程款时超过诉讼时效而承担败诉结果的案例。诉讼时效是权利人在法定期间内不行使权利，该期间届满后，发生义务人可以拒绝履行其给付义务效果的法律制度，即"法律不保护在权利上睡眠的人"。作为施工企业，如果在工程项目完工或结算后怠于催收工程款，当催收不顺利，不得不以提起诉讼或仲裁的方式要求发包人支付工程款时，一旦超过法律规定的诉讼时效，发包人往往会以此提出诉讼时效抗辩，施工企业则将面临合法权益失权而不被法律保护的风险。

工程款催收适用普通诉讼时效。为了督促权利人在合理期间内行使权利，公平分配权利义务关系，民法典第 188 条规定了普通诉讼时效期间，即向人民法院请求保护民事权利的诉讼时效期间为 3 年；诉讼时效期间起算规则为自权利人知道或者应当知道权利受到损害以及义务人之日起计算。这里指的"知道或者应当知道权利受到损害"和"知道或者应当知道义务人"两个条件应当同时具备。

关于诉讼时效期间届满后的法律后果，民法典第 192 条第 1 款规定，诉讼时效期间届满的，义务人可以提出不履行义务的抗辩。根据法律关于诉讼时效完成的效力规定，诉讼时效期间届满了即诉讼时效完成，义务人享有诉讼时效抗辩权，可拒绝履行义务。这就意味着，权利人享有起诉权，可以向人民法院主张其已过诉讼时效之权利，人民法院应当受理。如果义务人不提出时效完成的抗辩，人民法院将以公权力维护权利人的利益。如果义务人行使抗辩权，人民法院审查后会依法保护义务人的抗辩权，不得强制义务人履行义务。

根据《最高人民法院关于审理民事案件适用诉讼时效制度若干问题的规定》（2020 年修正）第 2 条、第 3 条的规定，当事人未提出诉讼时效抗辩，人民法院不应对诉讼时效问题进行释明。当事人在一审期间未提出诉讼时效抗辩，在二审期间提出的，人民法院不予支持，但其基于新的证据能够证明对方当事人的请求权已过诉讼时效期间的情形除外。当事人未按照前款规定提出诉讼时效抗辩，以诉讼时效期间届满为由申请再审或者提出再审抗辩的，人民法院不予支持。

根据民法典第 192 条第 2 款的规定，诉讼时效期间届满后，义务人同意履行的，不得以诉讼时效期间届满为由抗辩；义务人已经自愿履行的，不得请求返还。该第 2 款关于诉讼时效抗辩权的放弃，是指诉讼时效期间届满，义务人以明示或者默示的方式表明其不行使诉讼时效抗辩权，愿意履行诉讼时效期间届满的义务；另外，关于义务人放弃诉讼时效抗辩权的法律效力，义务人自愿履行的，即无论义务人是否知道诉讼时效期间已过的事实，只要其出于自愿履行诉讼时效期间已过的债务，就应认定该履行行为有效，其不得以诉讼时效期间已过为由主张撤销其自愿履行行为。

根据《最高人民法院关于审理民事案件适用诉讼时效制度若干问题的规定》（2020 年修正）第 19 条的规定，诉讼时效期间届满，当事人一方向对方当事人作出同意履行义务的意思表示或者自愿履行义务后，又以诉讼时效期间届满为由进行抗辩的，人民法院不予支持。当事人双方就原债务达成新的协议，债权人主张义务人放弃诉讼时效抗辩权的，人民法院应予支持。超过诉讼时效期间，贷款人向借款人发出催收到期贷款通知单，债务人在通知单上签字或者盖章，能够认定借款人同意履行诉讼时效期间已经届满的义务的，对于贷款人关于借款人放弃诉讼时效抗辩权的主张，人民法院应予支持。

关于建设工程施工合同纠纷中各类款项的诉讼时效从何时起算的问题，需要注意参考以下时间节点：（1）进度款的诉讼时效：从保修金前最后一笔工程款支付期限届满之次日起开始计算；（2）质保金的诉讼时效：从保修金返还期限届满之次日起开始计算；（3）违约金及利息的诉讼时效：除合同已明确约定支付时间外，从结算之次日起开始计算。

追索工程款时，诉讼时效已届满了怎么办？此时施工企业可以采取书面发函，需要对方签收或采取挂号信等形式证明已送达；向清欠主管部门及相关部门投诉乃至根据合同中的仲裁条款（如有）申请仲裁或者提起诉讼，注意保存书面文件和记录，证明主张过欠付的工程款；与发包人协商签订补充协议或还款协议等办法，设法将诉讼时效中断。

为保证工程款催收均处于诉讼时效内，施工企业可以采取如下防范风险的措施：（1）在施工合同签订后，提示项目经理或指定企业合同管理人员根据施工合同付款时间的约定，列明工程款、保修金、违约金及利息的诉讼时效最后期限，及时关注；（2）对于诉讼时效即将届满的债权，应采取发函催收或要求对方承诺付款以及签订补充协议等方式中断诉讼时效，以确保不会丧失权利。

类案导读

案例1：北京市市政二建设工程有限责任公司（以下简称市政公司）与北京城建中南土木工程集团有限公司（以下简称城建公司）建设工程施工合同纠纷案件，北京市第三中级人民法院（2019）京03民终13089号

法律适用导读

诉讼时效届满后，没有诉讼时效中断情形时，其诉讼请求不受法律保护。

本案争议裁判

一审法院认为：市政公司向人民法院请求保护民事权利的诉讼时效在民法总则实施之前已经届满，故应适用民法通则中有关诉讼时效的规定。民法通则规定向人民法院请求保护民事权利的诉讼时效期间为2年，法律另有规定的除外。该案中，市政公司、城建公司于2011年6月16日就工程款总额进行结算确认，市政公司向城建公司主张欠付的工程款613914元，应适用2年的诉讼时效。诉讼时效期间届满的，义务人可以提出不履行义务的抗辩。诉讼时效期间届满后，义务人同意履行的，不得以诉讼时效期间届满为由抗辩；义务人已自愿履行的，不得请求返还。有下列情形之一的，诉讼时效中断，从中断、有关程序终结时起，诉讼时效期间重新

计算：（1）权利人向义务人提出履行请求；（2）义务人同意履行义务；（3）权利人提起诉讼或者申请仲裁；（4）与提起诉讼或者申请仲裁具有同等效力的其他情形。

本案中，市政公司未举证证明在 2016 年 12 月之前，市政公司向城建公司主张过欠付的工程款或其他导致诉讼时效中断的情形；同时，根据市政公司提交的证据，亦不足以证明在 2016 年 12 月之后，城建公司明确表示同意支付市政公司工程款。综上，法院认为市政公司要求城建公司支付工程款的诉讼请求，已经超过诉讼时效，本院不予支持。对于市政公司以城建公司支付工程款为前提要求城建公司支付利息的诉讼请求，法院亦不予支持。

二审法院认为：综合双方诉辩主张及证据，本案二审的争议焦点在于市政公司请求城建公司支付工程款及利息的主张是否超过诉讼时效。根据已经查明的事实，市政公司与城建公司于 2011 年 6 月 16 日已经就涉案工程进行了结算，根据结算确认单记载，在办理结算后，双方即可办理支付合同款事项，因此市政公司于此后即可向城建公司行使请求付款的权利。现市政公司主张其于 2011 年至 2016 年期间一直与城建公司就付款事宜进行沟通，但提交的相关证据均表明其是在 2016 年之后才向城建公司主张款项，难以认定市政公司已经在诉讼时效期间内主张过权利。市政公司提交的网页照片打印件欲证明城建公司于 2016 年 12 月经其网上审批平台审批的情况，但该证据不足以证明在诉讼时效期间届满后城建公司明确作出过同意履行付款义务的意思表示，原审法院综合本案证据判决驳回市政公司的全部诉讼请求，并无不当，本院予以维持。

案例 2：昆明福恒建筑工程有限公司与郑某建设工程施工合同纠纷案件，云南省昆明市中级人民法院（2020）云 01 民终 6406 号

◇ **法律适用导读**

诉讼时效期间届满后，义务人同意履行的，不得以诉讼时效期间届满为由抗辩。

◇ 本案争议裁判

二审法院认为：关于上诉人主张被上诉人主张权利超过诉讼时效的观点，根据《中华人民共和国民法总则》第188条规定："向人民法院请求保护民事权利的诉讼时效期间为三年。法律另有规定的，依照其规定。诉讼时效期间自权利人知道或者应当知道权利受到损害以及义务人之日起计算……"第192条规定："诉讼时效期间届满的，义务人可以提出不履行义务的抗辩。诉讼时效期间届满后，义务人同意履行的，不得以诉讼时效期间届满为由抗辩；义务人已自愿履行的，不得请求返还。"第195条规定："有下列情形之一的，诉讼时效中断，从中断、有关程序终结时起，诉讼时效期间重新计算：（一）权利人向义务人提出履行请求；（二）义务人同意履行义务；（三）权利人提起诉讼或者申请仲裁；（四）与提起诉讼或者申请仲裁具有同等效力的其他情形。"第206条规定："本法自2017年10月1日起施行。"《最高人民法院关于适用〈中华人民共和国民法总则〉诉讼时效制度若干问题的解释》第3条规定："民法总则施行前，民法通则规定的二年或者一年诉讼时效期间已经届满，当事人主张适用民法总则关于三年诉讼时效期间规定的，人民法院不予支持。"《最高人民法院关于审理民事案件适用诉讼时效制度若干问题的规定》第19条第1款规定："诉讼时效期间届满，当事人一方向对方当事人作出同意履行义务的意思表示或者自愿履行义务后，又以诉讼时效期间届满为由进行抗辩的，人民法院不予支持。"

如一审判决所述，双方承诺中约定上诉人应在收到款项当日通知被上诉人按比例分成，上诉人未能提交书面证据证实其通知被上诉人的书面证据，被上诉人表示其系在2017年才知道本案所涉款项进入上诉人账户的相关情况，故对于2015年11月16日、2016年1月15日两笔款项并未超过诉讼时效；对于被上诉人主张的2014年10月23日的238万元，其在一审判决后并未提出上诉，本院不予审查。关于张某在承诺中提供抵押担保的相关责任，被上诉人一审判决后未提出上诉，在本案中不予审理。如上所述，一审判决对上诉人应付被上诉人款项及利息的认定并无不当，仅在主文表述中存在不当，本院予以调整。综上，上诉人的上诉请求不能成立，不予支持。

⚖ 法条指引

《中华人民共和国民法典》第一百八十八条

向人民法院请求保护民事权利的诉讼时效期间为三年。法律另有规定的，依照其规定。

诉讼时效期间自权利人知道或者应当知道权利受到损害以及义务人之日起计算。法律另有规定的，依照其规定。但是，自权利受到损害之日起超过二十年的，人民法院不予保护，有特殊情况的，人民法院可以根据权利人的申请决定延长。

《中华人民共和国民法典》第一百九十二条

诉讼时效期间届满的，义务人可以提出不履行义务的抗辩。

诉讼时效期间届满后，义务人同意履行的，不得以诉讼时效期间届满为由抗辩；义务人已经自愿履行的，不得请求返还。

⚖ 新旧对照

《中华人民共和国民法总则》第一百八十八条

向人民法院请求保护民事权利的诉讼时效期间为三年。法律另有规定的，依照其规定。

诉讼时效期间自权利人知道或者应当知道权利受到损害以及义务人之日起计算。法律另有规定的，依照其规定。但是自权利受到损害之日起超过二十年的，人民法院不予保护；有特殊情况的，人民法院可以根据权利人的申请决定延长。

《中华人民共和国民法总则》第一百九十二条

诉讼时效期间届满的，义务人可以提出不履行义务的抗辩。

诉讼时效期间届满后，义务人同意履行的，不得以诉讼时效期间届满为由抗辩；义务人已自愿履行的，不得请求返还。

2.

需要起算诉讼时效时，发包人和承包人对工程款尚未结算的怎么办？

诉讼时效是民事权利受到法律保护的期限，即民事权利的权利人向债务人主张权利的期限。如权利人在诉讼时效期间内未提起诉讼，同时又没有诉讼时效中止或中断的情形的，在诉讼时效届满之后，债务人便获得诉讼时效抗辩权，债权人则在债务人提出抗辩后丧失了胜诉权。

民法典第 188 条第 2 款规定："诉讼时效期间自权利人知道或者应当知道权利受到损害以及义务人之日起计算。法律另有规定的，依照其规定……"诉讼时效起算的前提条件是权利人"知道或者应当知道权利受到损害"，建设工程合同纠纷中如发包人与承包人没有进行最终结算，工程款数额没有最终确定，双方的债权债务关系尚未确定，因此诉讼时效未开始计算。

根据民法典第 189 条的规定，当事人约定同一债务分期履行的，诉讼时效期间自最后一期履行期限届满之日起计算：

（1）在发包人和承包人对工程款已结算的情况下，意味着债权的金额已经确定；已约定付款时间，意味着债务履行期限已经确定，如付款期限届满债务人未履行，意味着"权利人知道或者应当知道权利受到损害"即诉讼时效开始计算。

（2）发包人和承包人对工程款已结算，意味着债权的金额已经确定；未约定付款时间，意味着债务的履行期限未确定。2020 年修正的《最高人民法院关于审理民事案件适用诉讼时效制度若干问题的规定》第 4 条规定："……不能确定履行期限的，诉讼时效期间从债权人要求债务人履行义务的宽限期届满之日起计算，但债务人在债权人第一次向其主张权利之时明确表示不履行义务的，诉讼时效期间从债务人明确表示不履行义务之日起计算。"根据本条规定不能确定债务履行期限的，诉讼时效期间从债权人要求债务人履行义务的宽限期届满之日起计算，但在司法实践中，考虑建设工程合同纠纷的特殊性，一般会认为诉讼时效从债权人向债务人主张权利之日开始计算，而非宽限期届满之日起计算。

综上所述，在实践中承包人追索工程款过程中遇到诉讼时效问题时应当在专业律师的指导下，从发包人和承包人双方的工程进度款分期支付情况、往来函件、会议纪要、是否已办理结算、有无明确约定付款时间、有无请求延期履行、制定清偿债务计划等承诺或者行为、是否存在诉讼时效中止、中断的证据等各个方面进行综合分析判断，才能得出准确的结论。

⚖ 类案导读

> 案例 1：长春星宇集团恒泉建设有限责任公司（以下简称恒泉公司）与通榆县诚信房地产开发有限责任公司（以下简称诚信公司）建设工程施工合同纠纷案件，最高人民法院（2016）最高法民申 1531 号

◇ 法律适用导读

发包人与承包人对工程款未进行结算，诉讼时效未开始起算。

◇ 本案争议裁判

最高人民法院认为：对于恒泉公司所称诚信公司就违约金的主张已经超过诉讼时效的问题，经审查，无论是恒泉公司抑或诚信公司，在本案诉讼之前均就涉案工程款的支付及数额问题进行过交涉，相互主张过权利，且双方并未就工程款最终结算完毕达成一致意见，故至本案诉讼产生之前双方均不存在因超过诉讼时效而丧失胜诉权的问题。

> 案例 2：云南瑞安建材投资有限公司（以下简称瑞安公司）与中国中材国际工程股份有限公司（以下简称中材公司）、云南省丽江水泥有限责任公司建设工程施工合同纠纷案件，云南省高级人民法院（2013）云高民一终字第 241 号

2. 需要起算诉讼时效时，发包人和承包人对工程款尚未结算的怎么办？

◇ 法律适用导读

发包人与承包人对工程款未进行结算，诉讼时效未开始起算。

◇ 本案争议裁判

法院审理认为：1. 关于诉讼时效的问题。涉案工程虽于 2008 年 5 月 28 日完工交付，但瑞安公司与中材公司一直未就工程造价进行结算，双方所签订的工程总承包合同并未履行完毕，直至诉讼中，通过鉴定才确定了工程造价。故被上诉人的起诉并未超过诉讼时效期间，上诉人认为被上诉人的起诉超过诉讼时效的上诉理由不能成立。

2. 关于工程扣款问题。2009 年 8 月 7 日，中材公司与瑞安公司召开会议，并形成《关于邯郸中材丽江项目安装结算工作的会议纪要》，根据该份会议纪要的内容，双方对于会议纪要中列明的扣款项目尚存在争议且鉴定机构已经针对上诉人所主张的扣款项目逐项进行了检查、核对，并未找到能够扣减的依据。故上诉人所主张的扣款项目缺乏相应的证据予以证明，本院不予支持。工程造价 11183210.32 元，扣减瑞安公司已经支付的 7222669.36 元，瑞安公司尚欠中材公司的工程款为 3960540.96 元，该款项已经超过了中材公司请求支付的工程款，故本院对中材公司要求瑞安公司支付尚欠工程款 3778562.35 元的诉请予以支持；上诉人认为应当扣减部分工程款的上诉理由不能成立。

> 案例 3：南通市华泰建设有限公司（以下简称华泰公司）与南通苏中建设有限公司（以下简称苏中公司）建设工程施工合同纠纷申诉、申请案件，江苏省高级人民法院（2019）苏民申 5706 号

◇ 法律适用导读

发包人和承包人对工程款已结算，双方未约定付款时间，诉讼时效从承包人向发包人主张权利之日开始计算。

⟢ 本案争议裁判

法院经审查认为：《最高人民法院关于审理建设工程施工合同纠纷案件适用法律问题的解释》（2004 年）第 18 条规定："利息从应付工程价款之日计付。当事人对付款时间没有约定或者约定不明的，下列时间视为应付款时间：（一）建设工程已实际交付的，为交付之日；（二）建设工程没有交付的，为提交竣工结算文件之日；（三）建设工程未交付，工程价款也未结算的，为当事人起诉之日。"该条第二项规定的是当事人对付款时间约定不明情况下工程款利息起算时点的确定规则，不适用于工程款支付的诉讼时效计算，工程款的诉讼时效应当依据合同约定的工程款支付时间认定。根据《中华人民共和国合同法》第 62 条规定，约定履行期限不明确的，依照本法第六十一条的规定仍不能确定的，债权人可以随时要求履行。本案中，苏中公司与华泰公司之间未签订书面分包合同，没有约定工程款支付期限，华泰公司主张建设工程施工合同有关示范文本通用条款内容应为建筑领域的交易习惯，亦缺乏依据，故苏中公司主张工程结算价款的诉讼时效应自其向华泰公司主张权利之日起算，二审判决对此认定正确。在工程结算完成前，苏中公司客观上也不具备向华泰公司主张工程结算价款的条件。华泰公司主张案涉纠纷的诉讼时效自苏中公司提交竣工结算文件之日起算，不能成立。

⚖ 法条指引

《中华人民共和国民法典》第一百八十八条

向人民法院请求保护民事权利的诉讼时效期间为三年。法律另有规定的，依照其规定。

诉讼时效期间自权利人知道或者应当知道权利受到损害以及义务人之日起计算。法律另有规定的，依照其规定。但是，自权利受到损害之日起超过二十年的，人民法院不予保护，有特殊情况的，人民法院可以根据权利人的申请决定延长。

《中华人民共和国民法典》第一百八十九条

当事人约定同一债务分期履行的，诉讼时效期间自最后一期履行期限届满之日起计算。

2. 需要起算诉讼时效时，发包人和承包人对工程款尚未结算的怎么办？

新旧对照

《中华人民共和国民法总则》第一百八十八条

向人民法院请求保护民事权利的诉讼时效期间为三年。法律另有规定的，依照其规定。

诉讼时效期间自权利人知道或者应当知道权利受到损害以及义务人之日起计算。法律另有规定的，依照其规定。但是自权利受到损害之日起超过二十年的，人民法院不予保护；有特殊情况的，人民法院可以根据权利人的申请决定延长。

《中华人民共和国民法总则》第一百八十九条

当事人约定同一债务分期履行的，诉讼时效期间自最后一期履行期限届满之日起计算。

3.

发包人和承包人已办理工程款结算，想要中断诉讼时效怎么办？

诉讼时效期间中断，是指诉讼时效期间进行过程中，出现了权利人积极行使权利的法定事由，从而使已经经过的诉讼时效期间归于消灭，从时效期间中断、有关程序终结时起，重新开始计算的诉讼时效制度。根据民法典第195条的规定，诉讼时效期间中断的法定事由如下。

一是权利人向义务人提出履行请求。履行请求是指权利人对于因时效受利益的当事人，而于诉讼外行使其权利的意思表示。根据《最高人民法院关于审理民事案件适用诉讼时效制度若干问题的规定》（2020年修正）第8条，具有下列情形之一的，应当认定为民法典第195条规定的"权利人向义务人提出履行请求"，产生诉讼时效中断的效力：（1）当事人一方直接向对方当事人送交主张权利文书，对方当事人在文书上签名、盖章、按指印或者虽未签名、盖章、按指印但能够以其他方式证明该文书到达对方当事人的；（2）当事人一方以发送信件或者数据电文方式主张权利，信件或者数据电文到达或者应当到达对方当事人的；（3）当事人一方为金融机构，依照法律规定或者当事人约定从对方当事人账户中扣收欠款本息的；（4）当事人一方下落不明，对方当事人在国家级或者下落不明的当事人一方住所地的省级有影响的媒体上刊登具有主张权利内容的公告的，但法律和司法解释另有特别规定的，适用其规定。前款第（1）项情形中，对方当事人为法人或者其他组织的，签收人可以是其法定代表人、主要负责人、负责收发信件的部门或者被授权主体；对方当事人为自然人的，签收人可以是自然人本人、同住的具有完全行为能力的亲属或者被授权主体。需要注意的是，并非承包人的每次主张都可以中断诉讼时效，只有承包人的"有效"主张才能中断诉讼时效。所谓有效主张，即指承包人有充分的证据，证明其曾向发包人主张过涉案工程款的权利。

二是义务人同意履行义务。义务人承认，是指义务人表示知道权利存在的行为，并通过一定方式包括口头的或书面的向权利人作出愿意履行义务的意思表示。根据《最高人民法院关于审理民事案件适用诉讼时效制度若干问题的规定》（2020 年修正）第 14 条，义务人作出分期履行、部分履行、提供担保、请求延期履行、制定清偿债务计划等承诺或者行为的，应当认定为民法典第 195 条规定的"义务人同意履行义务"。

三是权利人提起诉讼或者申请仲裁。在诉讼时效期间内，当事人向法院提起诉讼，或者向仲裁机构提出申请时，已表明其已经开始行使自己的权利。根据《最高人民法院关于审理民事案件适用诉讼时效制度若干问题的规定》（2020 年修正）第 10 条，当事人一方向人民法院提交起诉状或者口头起诉的，诉讼时效从提交起诉状或者口头起诉之日起中断。

四是与提起诉讼或者申请仲裁具有同等效力的其他情形。根据《最高人民法院关于审理民事案件适用诉讼时效制度若干问题的规定》（2020 年修正）第 11 条，下列事项之一，人民法院应当认定与提起诉讼具有同等诉讼时效中断的效力：（1）申请支付令；（2）申请破产、申报破产债权；（3）为主张权利而申请宣告义务人失踪或死亡；（4）申请诉前财产保全、诉前临时禁令等诉前措施；（5）申请强制执行；（6）申请追加当事人或者被通知参加诉讼；（7）在诉讼中主张抵销；（8）其他与提起诉讼具有同等诉讼时效中断效力的事项。

另外，权利人向人民调解委员会以及其他依法有权解决相关民事纠纷的国家机关等社会组织提出保护相应民事权利请求的。根据《最高人民法院关于审理民事案件适用诉讼时效制度若干问题的规定》（2020 年修正）第 12 条、第 13 条，权利人向人民调解委员会以及其他依法有权解决相关民事纠纷的国家机关、事业单位、社会团体等社会组织提出保护相应民事权利的请求，诉讼时效从提出请求之日起中断。权利人向公安机关、人民检察院、人民法院报案或者控告，请求保护其民事权利的，诉讼时效从其报案或者控告之日起中断。上述机关决定不立案、撤销案件、不起诉的，诉讼时效期间从权利人知道或者应当知道不立案、撤销案件或者不起诉之日起重新计算；刑事案件进入审理阶段，诉讼时效期间从刑事裁判文书生效之日起重新计算。

诉讼时效的中断意味着诉讼时效期间的重新起算。在实践中，经常遇到的情形是工程项目的发包人可能因为各种原因和借口未能严格按约定及时支付每一笔工程款，而是在较长期间内陆续支付工程款；或是发包人与承包人已办理工程款结算、诉讼时效已起算后，发包人未能严格按约定按时支付结算款，而是分期、陆续支付，以上两种情形，在每次款项支付时均可发生中断诉讼时效的法律后果。

⚖ 类案导读

案例1：广东三穗建筑工程有限公司（以下简称三穗公司）与海南中标土石方工程有限公司（以下简称中标公司）建设工程合同纠纷案件，海南省海口市中级人民法院（2017）琼01民终212号

◇ 法律适用导读

工程款已结算、诉讼时效已起算，发包人陆续支付工程款，每次支付工程款均可以中断诉讼时效。

◇ 本案争议裁判

法院审理认为：三穗公司提出中标公司主张工程款利息已超过诉讼时效的理由是否成立的问题。按照涉案合同约定的内容，三穗公司在中标公司施工完工前支付总款90％的工程款，虽然海南中标公司已于2013年2月20日将涉案工程交付使用，但三穗公司委托城投公司于2014年6月13日向中标公司支付工程款200万元，该付款行为导致诉讼时效中断并重新起算，中标公司于2016年4月11日向法院提起诉讼，请求三穗公司支付尚欠的工程款及利息，并未超过2年的诉讼时效，故三穗公司提出的该项请求不能成立，本院不予支持。中标公司主张工程款利息虽然未超过诉讼时效，但其请求支付利息的计算标准错误。双方当事人在《沥青砼施工合同》中约定，最后剩余5％工程款在保质期结束后7天内付清。因为涉案路面已于2013年2月20日交付使用，故上述剩余5％工程款945335.2元（18906704元×5％）应在保质期结束后7天内即2014年2月27日前付

清，该部分工程款利息应从 2014 年 2 月 28 日开始计算。一审判决中关于利息部分的计算标准错误，应予纠正。

案例 2：叶某与江苏天绿园林工程有限公司（以下简称天绿园林公司）、江苏北方路桥工程有限公司等建设工程合同纠纷案件，江苏省南京市中级人民法院（2019）苏 01 民终 10492 号

◇ **法律适用导读**

- -

工程款已结算、诉讼时效已起算，承包人每次向发包人"有效"主张权利均可以中断诉讼时效。

◇ **本案争议裁判**

- -

一审法院认为：涉案工程于 2011 年 6 月 8 日竣工，2012 年 7 月 17 日竣工验收合格。工程款总计 386 万元，合同约定前期先付部分款项，余款于 2013 年 5 月 1 日前结清。从 2011 年 8 月 4 日到 2015 年 3 月 5 日涉案工程的总包方（十建公司）和分包方（叶某），陆续分 10 次给实际施工人（天绿园林公司）支付工程款，最后一次付款时间是 2015 年 3 月 5 日。

关于诉讼时效。一审法院认为向人民法院请求保护民事权利的诉讼时效期间为 3 年。法律另有规定的，依照其规定。诉讼时效期间自权利人知道或者应当知道权利受到损害以及义务人之日起计算。本案中，直到 2015 年 3 月 5 日十建公司还在为叶某代付工程款，仍在履行付款义务，且天绿园林公司在 2016 年 10 月 25 日发律师函主张支付工程款，故天绿园林公司的诉讼请求并未超过诉讼时效。

二审法院认为：上诉人虽主张天绿园林公司的诉讼请求已过诉讼时效，但十建公司直到 2015 年 3 月 5 日还在履行付款义务为叶某代付工程款，且天绿园林公司曾在 2016 年 10 月 25 日发送律师函主张工程款，故天绿园林公司的诉讼请求并未超过诉讼时效。

案例 3：苏某与北京市朝阳区建筑工程公司建设工程施工合同纠纷案件，
北京市第三中级人民法院（2020）京 03 民终 3773 号

◇ 法律适用导读

诉讼时效起算后，承包人无证据证明诉讼时效存在中断的情形，法院通常会认定承包人的诉求已超过诉讼时效。

◇ 本案争议裁判

法院审理认为：关于诉讼时效的问题，按照苏某的陈述以及《欠款及还款凭据单》上的记载，涉案工程已于 2005 年年初竣工，双方于 2005 年 1 月 4 日已进行了结算，此时建筑公司的付款义务已经确定，虽然《欠款及还款凭据单》上并未约定付款时间，但记载了后续的付款情况以及最后一次付款时间为 2007 年 2 月 16 日，结合转账支票的内容，可以认定苏某在 2009 年 2 月 25 日向建筑公司主张过付款并就债权问题再次得到了建筑公司的确认。而根据苏某的证言，其表示自转账支票之后，近十年未向建筑公司主张过债权，且苏某提交的录音证据内容未清晰明确地指向本案债权，其中体现的债权金额与本案诉争的债权金额亦并不一致，故本院认为，苏某未能提交充足有效的证据证明其自 2009 年 2 月 25 日后向建筑公司主张过本案债权，发生过诉讼时效中止、中断抑或建筑公司对债权再确认的情况。因此，苏某怠于主张权利，一审法院认定苏某起诉建筑公司已明显超过法律规定的诉讼时效期间，驳回了其要求支付工程款的诉求，并无不当，本院予以维持。

⚖ 法条指引

《中华人民共和国民法典》第一百九十五条

有下列情形之一的，诉讼时效中断，从中断、有关程序终结时起，诉讼时效期间重新计算：

（一）权利人向义务人提出履行请求；

（二）义务人同意履行义务；

（三）权利人提起诉讼或者申请仲裁；

3. 发包人和承包人已办理工程款结算，想要中断诉讼时效怎么办？

（四）与提起诉讼或者申请仲裁具有同等效力的其他情形。

⚖ 新旧对照

《中华人民共和国民法总则》第一百九十五条

有下列情形之一的，诉讼时效中断，从中断、有关程序终结时起，诉讼时效期间重新计算：

（一）权利人向义务人提出履行请求；

（二）义务人同意履行义务；

（三）权利人提起诉讼或者申请仲裁；

（四）与提起诉讼或者申请仲裁具有同等效力的其他情形。

4.

在建设工程合同履行过程中，遇到了不可抗力怎么办？

民法典第 180 条规定："因不可抗力不能履行民事义务的，不承担民事责任。法律另有规定的，依照其规定。不可抗力是不能预见、不能避免且不能克服的客观情况。"从前述法律规定可以看出，不可抗力是外来的、不受当事人意志左右的自然灾害和社会性突发事件，如地震、海啸、瘟疫、骚乱、戒严、暴动、战争等情形。不可抗力独立存在于人的行为之外，既非当事人的行为所产生，亦不为当事人的意志所左右，它的发生与损害后果之间具有事实上的因果联系。当事人按其现有的能力和应有的谨慎与勤勉不能对这种客观情况及其后果予以预见并加以控制和克服。

可以构成不可抗力的事由必须同时具备三个特征：（1）不可抗力是当事人不能预见的事件。能否"预见"取决于预见能力。判断当事人对某事件是否可以预见，应以现有的科学技术水平和一般人的预见能力为标准，而不是以当事人自身的预见能力为标准。"不能预见"是当事人尽到了一般应有的注意义务仍然不能预见，而不是因为疏忽大意或者其他过错没有预见。（2）不可抗力是当事人不能避免并不能克服的事件。也就是说，对于不可抗力事件的发生和损害结果，当事人即使尽了最大努力仍然不能避免，也不能克服，即当事人对此无法控制也无法在合同履行之前对其有合理的、充分的准备。不可抗力不为当事人的意志和行为所左右、所控制。如果某事件的发生能够避免，或者虽然不能避免但是能够克服，也不能构成不可抗力。（3）不可抗力是一种阻碍合同履行的客观情况。从法律关于不可抗力的规定可以知道，凡是不能预见、不能避免并不能克服的客观情况均属于不可抗力的范围，主要包括自然灾害和社会事件。对于不可抗力范围的确定，目前世界上有两种立法体例：一种是以列举的方式明确规定属于不可抗力的事件，即只有相关法律明确列举的不可抗力事件发生时，当事人才能以不可抗力作为抗辩事由并免除相应的责任；另一种则是采取概括描述的方式对不可抗力的范围进行原则性的规定，并不明确列举不可抗力事件的种类。我国民法典的规定即属于后者。

在建设工程合同签订过程中，承发包双方应明确不可抗力的内容，包括不可抗力的范围、性质和等级也可进一步明确约定。在实践中，当事人往往也会在合同中采用列举的方式约定不可抗力的范围（在侵权责任中，当事人不可能对不可抗力的范围进行事先约定）以消除原则性规定所带来的不确定因素，使得合同当事人的权利义务更加明确具体。例如，国际咨询工程师联合会（FIDIC）《施工合同条件》（1999年第1版）在第19.1条"不可抗力的定义"中规定，在本条中，"不可抗力"系指某种异常事件或情况：（1）一方无法控制的；（2）该方在签订合同前，不能对之进行合理准备的；（3）发生后，该方不能合理避免或克服的；（4）不能主要归因于他方的。只要满足上述（1）至（4）项的条件，不可抗力可以包括但不限于下列各种异常事件或情况：（1）战争、敌对行动（不论宣战与否）、入侵、外敌行为；（2）叛乱、恐怖主义、革命、暴动、军事政变或篡夺政权，或内战；（3）承包商人员和承包商及其分包商的其他雇员以外的人员的骚乱、喧闹、混乱、罢工或停工；（4）战争军火、爆炸物资、电离辐射或放射性污染，但可能因承包商使用此类军火、炸药、辐射或放射性引起的除外；（5）自然灾害，如地震、飓风、台风或火山活动。

工程遭遇不可抗力事件时，承发包双方应共同调查确认不可抗力事件的性质及其受损害程度，并收集不可抗力造成损失的证明材料。若双方对不可抗力的认定或对其损害程度的意见不一致时，可由监理人按约定程序商定或确定，发生争议时则按争议规则的约定处理。承发包双方都有义务采取措施将因不可抗力导致的损失降到最低限度。

发生不可抗力由发包人承担的责任范围通常包括：（1）属于永久性工程及其设备、材料、部件等的损失和损害；（2）因工程损坏造成第三方人员伤亡和财产的损失；（3）发包人受雇人员的伤亡和财产损失；（4）因不可抗力导致的停工期间必须支付的工人工资及赶工费用；（5）停工期间承包人所需的清理、修复费用；（6）发包人迟延履行合同约定的保护义务造成的延续损失和损害。

发生不可抗力由承包人承担的责任范围通常包括：（1）承包人受雇人

019

员的伤亡和财产损失；（2）属于承包人的机具、设备、财产和临时工程的损失和损害；（3）承包人迟延履行合同约定的保护义务造成的延续损失和损害。

此外，承包人应注意留存不可抗力发生后事故处理费用的相关证据。因为在实践中，由于不可抗力事件发生后，发包人承担责任的部分通常是采取承包人向监理工程师提出索赔要求的方式进行的，故承包人要注意保存相关证据，如证明工人受伤的医疗费、施工机械损坏的修理费等费用数额的相关票据等。

民法典第590条规定："当事人一方因不可抗力不能履行合同的，根据不可抗力的影响，部分或者全部免除责任，但是法律另有规定的除外。因不可抗力不能履行合同的，应当及时通知对方，以减轻可能给对方造成的损失，并应当在合理期限内提供证明。当事人迟延履行后发生不可抗力的，不免除其违约责任。"

在建设工程领域，不可抗力往往是当事人唯一的法定免责事由。但不可抗力的免责并非绝对的，法律赋予了遭受不可抗力一方的及时通知义务，该通知义务亦是从公平原则角度出发，旨在让对方当事人能够及时知晓不可抗力情形并采取补救措施以达到减损的效果。因此，若遭受不可抗力一方未及时履行通知义务，即违反了不可抗力的公平原则，应当承担过错责任。

在施工过程中，如发生了不可抗力情形，承包人可暂停施工，但应及时通知发包人、监理人，并提供证明发生不可抗力的相关证明材料。暂停施工后，承包人应当采取仅保留必要人员、必要机械在施工现场等合理措施减少损失。

不可抗力引起的风险主要包括地震、风暴、雨、雪及海啸和特殊的、未能依据一般常识预测到的地质条件。在司法实践中，对不可抗力如何界定是关系到工程实施过程中风险分担的一个重要问题。为了避免双方对某一现象是否属于不可抗力出现争议，较为有效的办法是当事人在合同签订时，充分考虑可能涉及的不可抗力因素，对不可抗力的范围、级别加以界定，充分考虑自然及环境对工程的影响，进行具体约定与明确说明。因此，工程当事人应当在合同中明确约定不可抗力的范围，并合理购买对应品种的不可抗力的工程保险，作为防范不可抗力风险的有效措施。

4. 在建设工程合同履行过程中，遇到了不可抗力怎么办？

⚖ 类案导读

案例1：典型案例：卓盈丰制衣纺织（中山）有限公司（以下简称卓盈丰公司）与广东长城建设集团有限公司建设工程合同纠纷案件，最高人民法院（2008）民一抗字第20号

◇ 法律适用导读

在建设工程领域，不可抗力往往是当事人唯一的法定免责事由。当事人将不可抗力排除在免责事由之外的约定无效。

◇ 本案争议裁判

最高人民法院认为：台风和暴雨都是独立于施工方之外的客观自然事件，会造成施工的中断，施工方对于台风和暴雨的发生以及施工中断的发生都是不能够避免和克服的，因此台风和暴雨应当属于施工中的不可抗力事件。《中华人民共和国民法通则》第107条规定："因不可抗力不能履行合同或者造成他人损害的，不承担民事责任，法律另有规定的除外。"同时《中华人民共和国合同法》第117条规定："因不可抗力不能履行合同的，根据不可抗力的影响，部分或者全部免除责任，但法律另有规定的除外。当事人迟延履行后发生不可抗力的，不能免除责任。本法所称不可抗力，是指不能预见、不能避免并不能克服的客观情况。"由于台风和暴雨属于不可抗力，其造成的损失，比如建设工程工期的延误，也就因具有不可归责于施工方的事由而应免除施工方的责任，应将所延误的时间计算到工期应该延长的时间中。

本案中，天气状况资料证明，从2002年3月18日到2002年11月2日，涉案工程所在地共发生暴雨天气（24小时降水量为50.0—99.9毫米）6天，发生台风天气3天，两者相加一共是9天时间。这9天时间应算到总工期和各个工程工期延长的时间中。

卓盈丰公司认为，由于双方在《工程合同》中约定："本工程限于2002年9月30日（雨天、所有节假日不扣除）前完工""充分考虑技术措施，包括雨季施工措施等，乙方（长城公司）不得以任何借口提出增加工

程款和延长工期的要求"，以及 2002 年 3 月 29 日的《例会纪要》载明
"监理公司提出注意雨天施工的质量维护措施，并凡雨天施工须征得业主
及监理方的同意方可进行"。因此，如果双方没有雨天延期的协议，按照
合同的约定，雨天这种情况应当不予延长工期。最高人民法院认为，这种
意见的不当之处在于没有认识到暴雨和台风是不可抗力，是人类的力量所
不能够避免的自然现象，不可抗力是法定免责事由，它不因当事人的例外
约定而免除。所以，即使双方在合同中约定工期不会因雨天而延长，暴雨
和台风造成的工程中断时间也应该计算在工程的延期之内。

> 案例2：张某与甘肃兰怡房地产开发有限公司（以下简称兰怡公司）商
> 品房预售合同纠纷案件，甘肃省兰州市中级人民法院（2014）兰民一终
> 字第 434 号

◇ 法律适用导读

不可抗力免责以遭受方及时履行通知义务为条件，未及时履行通知义
务的，应当对因不可抗力造成的对方损失承担部分或者全部赔偿责任。

◇ 本案争议裁判

法院审理认为：关于被上诉人迟延交房是否因不可抗力造成，是否有
合同约定的违约情形以及是否应承担违约责任的问题。根据《中华人民共
和国民法通则》第 153 条规定，本法所称的不可抗力，是指不能预见、不
能避免并且不能克服的客观情况。由此可见，民法上的不可抗力是指合同
签订后，不是由于合同当事人的过失或者疏忽，而是由于发生了合同当事
人无法预见、无法预防、无法避免和无法控制的事件，以致不能履行或不
能如期履行合同的情形。

本案中，被上诉人在履行合同的过程中，兰州市政府制发了《关于进
一步加强城市扬尘污染管理的通知》、《关于做好 2013 年城区燃煤锅炉限
期治理改造工作的通知》和《关于进一步调整城区道路交通流量缓解交通
拥堵的通告》，实施"蓝天工程"和解决道路拥堵问题客观上使被上诉人
兰怡公司的施工受到了一定的影响，是其不能按期交房的因素之一。被上

诉人兰怡公司对兰州市政府的上述行政行为无法预见、亦无法避免，应属不可抗力。此外，被上诉人兰怡公司与燃气安装公司签订《壁挂炉居民用户燃气管道安装施工合同》后，燃气公司依据此合同进行了施工。在施工期间，兰州煤气安装公司为了完成兰州市政府实行的"2年内完成煤改气工程"目标，没有按期完成"兰怡·幸福里"商住小区的煤气安装工程，致使涉案工程的燃气管道的改造工程没有在合同约定的期限内完工。《商品房买卖合同》第14条约定："出卖人关于基础设施、公共配套建筑正常运行的承诺。出卖人承诺与该商品房正常使用直接关联的下列基础设施、公共配套建筑按以下日期达到使用条件：供水、供电、供暖（天然气壁挂炉）、排水、天然气自交房之日起30个工作日内达到使用条件。如果在规定日期内未达到使用条件，非出卖人自身原因导致上述基础设施在商品房交付后不具备使用条件或未能投入使用的，出卖人不承担违约责任。"据此，"兰怡·幸福里"商住小区的煤气安装工程没有按期完工，并非被上诉人的原因所致，对此，被上诉人不应承担违约责任。

根据《中华人民共和国合同法》第118条规定，当事人一方因不可抗力不能履行合同的，应当及时通知对方，以减轻可能给对方造成的损失，并应当在合理期限内提供证明。本案中，被上诉人兰怡公司应当将其遭遇的上述不可抗力行为告知上诉人，但被上诉人并没有按照合同约定在60日内履行告知义务，故应承担相应的民事责任，以承担35%的民事责任为宜。

⚖️ 法条指引

《中华人民共和国民法典》第一百八十条

因不可抗力不能履行民事义务的，不承担民事责任。法律另有规定的，依照其规定。

不可抗力是不能预见、不能避免且不能克服的客观情况。

《中华人民共和国民法典》第五百九十条

当事人一方因不可抗力不能履行合同的，根据不可抗力的影响，部分或者全部免除责任，但是法律另有规定的除外。因不可抗力不能履行合同的，应当及时通知对方，以减轻可能给对方造成的损失，并应当在合理期限内提供证明。

当事人迟延履行后发生不可抗力的，不免除其违约责任。

新旧对照

《中华人民共和国民法总则》第一百八十条

因不可抗力不能履行民事义务的，不承担民事责任。法律另有规定的，依照其规定。

不可抗力是指不能预见、不能避免且不能克服的客观情况。

《中华人民共和国合同法》第一百一十七条

因不可抗力不能履行合同的，根据不可抗力的影响，部分或者全部免除责任，但法律另有规定的除外。当事人迟延履行后发生不可抗力的，不能免除责任。

本法所称不可抗力，是指不能预见、不能避免并不能克服的客观情况。

《中华人民共和国合同法》第一百一十八条

当事人一方因不可抗力不能履行合同的，应当及时通知对方，以减轻可能给对方造成的损失，并应当在合理期限内提供证明。

5.

建筑物、构筑物或者其他设施倒塌、塌陷造成他人损害了怎么办？

根据民法典第 1252 条第 1 款的规定，建筑物、构筑物或者其他设施倒塌、塌陷造成他人损害的，由建设单位与施工单位承担连带责任，但是建设单位与施工单位能够证明不存在质量缺陷的除外。建设单位、施工单位赔偿后，有其他责任人的，有权向其他责任人追偿。

在施工过程中，倒塌、塌陷等事故时有发生。建筑物、构筑物或者其他设施倒塌、塌陷有多种原因，有的是因质量不合格，有的是由于年久失修，有的是业主擅自改变承重结构，不宜都由建设单位和施工单位承担责任。因此民法典第 1252 条第 2 款规定，因所有人、管理人、使用人或者第三人的原因，建筑物、构筑物或者其他设施倒塌、塌陷造成他人损害的，由所有人、管理人、使用人或者第三人承担侵权责任。

针对实践中有的地方发生地面塌陷致人损害的情形，民法典第 1252 条在侵权责任法第 86 条的基础上增加了"塌陷"这一情形和不动产倒塌时建设单位与施工单位能够证明自己不存在质量缺陷的可以免责的规定。倒塌、塌陷，是指建筑物、构筑物或者其他设施倒覆、坍塌或沉陷，造成该建筑物、构筑物或者其他设施丧失基本使用功能。因建筑物、构筑物或者其他设施倒塌、塌陷，严重危害人民群众的人身和财产安全，因此归责原则是建设单位和施工单位承担的侵权责任系无过错责任，举证责任在建设单位和施工单位，证明的内容是建筑物等没有质量缺陷，证明成立的后果是免除责任；侵权责任法第 86 条第 2 款规定建筑物等管理缺陷责任的主体是"其他责任人"，既不具体，也不明确。民法典第 1252 条将其改为"所有人、管理人、使用人或者第三人"，明确了建筑物等管理缺陷损害责任的主体。

在实践中，建设单位作为建设工程的发包人，施工单位作为建设工程的承包人，虽然二者在施工合同中约定有明确的权利义务关系，但作为侵权行为人而言，二者处于同等地位。因此，民法典第 1252 条第 2 款规定的责任形态为建设单位和施工单位承担连带责任；之所以规定建设单位与施工单位承担无过错责任，是因为其施工的工程对人民生命财产安全造成了极大的威胁，如果工程质量不存在缺陷，意味着质量没有问题，则可让建设单位与施工单位从承担责任中解脱出来，因此本款规定建设单位与施工单位的免责事由，即建设单位与施工单位能够证明不存在质量缺陷的则能够免除责任。如果受害人向建设单位与施工单位请求赔偿，需要举证证明建设单位与施工单位是该建筑物、构筑物或者其他设施的建设方和施工方，以及因建筑物、构筑物或其他设施倒塌、塌陷存在损害，但无须举证证明对方有过错；建设单位与施工单位承担无过错责任，不能证明自己没有过错而免责，可以通过举证证明建筑物、构筑物或者其他设施不存在质量缺陷而免责；如果建设单位与施工单位承担责任后欲向其他责任人主张追偿的，需要另案起诉；如果受害人向所有人、管理人、使用人或者第三人请求赔偿，需要举证证明对方是该建筑物、构筑物或者其他设施的所有人、管理人、使用人或者第三人，且因建筑物、构筑物或者其他设施倒塌、塌陷存在损害，无须举证证明对方有过错，即从损害事实中推定责任人在主观上有过错；责任人则可以通过证明自己没有过错而免责。

⚖ 类案导读

案例 1：四川环宇房地产开发有限责任公司（以下简称环宇公司）、四川华泰建设有限责任公司（以下简称华泰公司）与何某、四川省西城物业经营管理有限公司建筑物、构筑物倒塌损害责任纠纷案件，四川省高级人民法院（2019）川民申 1615 号

◇ 法律适用导读

建筑物、构筑物或者其他设施倒塌、塌陷造成他人损害的，由建设单位与施工单位承担连带赔偿责任。

5. 建筑物、构筑物或者其他设施倒塌、塌陷造成他人损害了怎么办?

◇ 本案争议裁判

　　二审法院认为:关于本案案由的确定及法律适用。根据《中华人民共和国侵权责任法》第86条"建筑物、构筑物或者其他设施倒塌造成他人损害的,由建设单位与施工单位承担连带责任。建设单位、施工单位赔偿后,有其他责任人的,有权向其他责任人追偿。因其他责任人的原因,建筑物、构筑物或者其他设施倒塌造成他人损害的,由其他责任人承担侵权责任"的规定,建筑物、构筑物等设施倒塌的范围,既包括建筑物、构筑物等设施的完全倒塌,也包括仅其中的部分毁损。本案中,何某系去打开水阀的过程中经过采光井,因安装在采光井上的钢化玻璃碎裂而坠入地下室受伤,该碎裂的钢化玻璃更符合倒塌物的特征。因此,一审法院确定本案案由系建筑物、构筑物倒塌损害责任纠纷,符合法律规定;但本案应适用《中华人民共和国侵权责任法》第86条规定,确定各方当事人的权利义务关系。

　　关于本案承担责任主体的确定。根据《中华人民共和国侵权责任法》第86条规定,建筑物、构筑物倒塌损害责任应适用无过错责任原则,由建设单位与施工单位承担连带责任,该责任为法定责任;建设单位、施工单位赔偿后,有其他责任人的,有权向其他责任人追偿。本案案涉采光井建设单位为环宇公司,施工单位为华泰公司,在环宇公司、华泰公司没有提供充分证据证实何某有重大过失或因其他责任人的原因致使采光井钢化玻璃碎裂造成何某损害等事实的情形下,不能减轻或免除环宇公司、华泰公司所应承担的赔偿责任。因此,本案中承担责任的主体应为环宇公司、华泰公司,并应对何某全部合理损失承担连带赔偿责任。

　　关于何某上诉请求中相关损失的确定问题。综合全案,何某的合理经济损失共计为:265625.80元,其中医疗费124618.46元,住院伙食补助费2260元,营养费2260元,续医费16000元,护理费15435元,误工费14983.34元,残疾赔偿金86569元(79338元 + 被扶养人生活费7231元),精神抚慰金3000元,交通费500元。

　　再审法院认为:本案中,何某系为其子何伟装修房屋时到室外经过采光井去打开水阀的过程中,因安装在采光井上的钢化玻璃碎裂而坠入地下室受伤。案涉采光井建设单位为环宇公司,施工单位为华泰公司,事发后环宇公司对现场铺设了钢架,安装了防护栏,其在消除安全隐患,进一步证明事发前采光井的设置安装是存在安全隐患的。在环宇公司、华泰公司没有提供充分证据证实何某有重大过失或因其他责任人的原因致使采光井钢化玻璃碎裂造成何某损害等事实的情形下，承担责任的主体应为环宇公司、华泰公司，并应对何某全部合理损失承担连带赔偿责任。

> 案例 2：江苏龙海建工集团有限公司（以下简称龙海建工公司）与无锡市怡庭物业管理有限公司（以下简称怡庭物业公司）、无锡市北塘城市投资发展有限公司（以下简称北塘城投公司）人身损害赔偿追偿权纠纷案件，江苏省无锡市中级人民法院（2013）锡民终字第 0930 号

◇ 法律适用导读

建筑物脱落造成他人损害，建筑物的管理人不能证明自己没有过错的，应当承担侵权赔偿责任，其在赔偿后，有权向其他责任主体进行追偿。建筑物脱落发生在建筑物合理使用年限内，系因工程质量缺陷所造成的，建设单位、施工单位亦应对损害承担相应的赔偿责任。

◇ 本案争议裁判

一审法院认为：对林某某之死所造成的损失后果，本案当事人有无承担赔偿责任的义务，以及所应承担的责任比例，系本案的争议焦点。根据相关证明材料，可以确认林某某之死，系由房屋顶部挑檐板坠落的水泥砂浆粉层块所致。因而，该房屋的建设人、施工人、管理人负有不可推卸的责任，包括在事发后积极参与解决林某某的善后、与家属之间的赔偿协商事宜等。根据有关资料显示，本市某单位系事发房屋的建设人，龙海建工公司系施工人、怡庭物业公司系物业管理人。事发后，怡庭物业公司在有关部门的协调下，为了事发小区居民的正常生活秩序，先行与林某某家属达成赔偿协议后，并不排除其他责任人的应尽义务。该赔偿协议书的内容及赔偿数额，经审查，不违反法律规定，故予以确认。现怡庭物业公司对其他义务人行使追偿权，符合法律规定，应予以采纳。根据本案情形，判定本次事故的责任由怡庭物业公司承担 175000 元，由北塘城投公司承担

100000 元, 由龙海建工公司承担 224000 元。

二审法院认为:关于争议焦点一,建设工程保修期满后,建筑物发生倒塌、脱落等情形而造成他人损害的,施工单位是否应承担赔偿责任?本院认为,虽然《建设工程质量管理条例》将装修工程的最低保修期限规定为 2 年,但保修期限调整的是建设工程施工合同发包方与承包方之间的关系,保修期限是对施工单位就建设工程质量问题进行无偿修理期限的规定,建筑物致他人损害所产生的赔偿责任的确定,不应适用保修期限的有关规定。

建筑物的各分项工程,应当有合理使用年限,在合理使用年限内出现的倒塌、脱落等问题如非其他原因导致,即应认定建设工程存在质量缺陷,对因工程质量缺陷造成他人损害的,施工单位应当承担赔偿责任。虽然我国法律对建筑装修工程的合理使用年限没有明确规定,但不能就此确定其合理使用年限即为保修期限,否则,就意味着保修期满,即合理使用年限届满,保修期限也就成了"保坏期"。在确定其合理使用年限时,应当考虑房屋建筑属于可以长期使用的固定资产这一特性,符合社会公众对房屋合理使用年限的预期,为社会公众认同和接受,同时,可以参照同类装修工程普遍的、通常可以达到的实际合理使用年限,此外,还应考虑建筑物室外装修工程一旦出现脱落等质量问题而对公众安全所产生的危害。考察我们周围的建筑物可以发现,绝大多数建筑物在建成后数年甚至数十年仍未出现外墙抹灰层脱落等现象,社会公众对建筑物外墙装修工程的合理使用年限的预期不会低于此,如认定本案所涉装修工程的合理使用年限已经届满,不仅与通常建筑物外墙装修工程实际能够达到的合理使用年限明显不符,也与社会公众的普遍认识相悖,更不利于促进建筑施工企业注重施工质量以确保公共安全。因此,本院不能认定,本案所涉建筑物的外墙装修工程已超过合理使用年限。

关于争议焦点二,龙海建工公司对于质量合格及抹灰层脱落原因有无举证责任?本院认为,房屋所存在的内在质量缺陷和瑕疵,可能经过一定时期才能显露出来,竣工验收合格,只表明竣工验收时的状态,因此,竣工验收报告只有推定建筑物质量合格的证明效力,在有相反证据证明的情况下,仍可认定建筑物存在质量问题。本案建筑物抹灰层在合理使用年限内已然脱落,在无证据证明脱落系其他原因造成的情况下,脱落现象本身即证明建筑物存在质量问题。龙海建工公司主张脱落系建筑物改建等原因造成，对此应提供证据加以证明。本案二审过程中，龙海建工公司提供了专业工程师对有关问题的分析说明，但该说明并非法定证据形式，房屋改建等情况是否与抹灰层脱落有关、建筑装修工程本身有无质量问题，仍应当通过专业机构的鉴定明确，但龙海建工公司在一审期间并未申请鉴定，二审中经本院释明，仍然未提出鉴定申请，应承担举证不能的不利后果。对龙海建工公司关于抹灰层脱落系其他原因造成而非工程质量问题的主张，本院不予采信。

况且，本案所涉建筑物在事发前一年已出现挑檐板外侧立面抹灰层脱落并损坏他人财物的情况，龙海建工公司接报后虽进行了维修，但其作为专业建筑施工单位和本案所涉工程的施工人，对出现的问题并未引起足够重视，没有对挑檐板外侧立面抹灰层其他部位进行检修、排除安全隐患，以致再次发生事故，其对损害的发生存在过错，应承担相应责任。

⚖ 法条指引

《中华人民共和国民法典》第一千二百五十二条

建筑物、构筑物或者其他设施倒塌、塌陷造成他人损害的，由建设单位与施工单位承担连带责任，但是建设单位与施工单位能够证明不存在质量缺陷的除外。建设单位、施工单位赔偿后，有其他责任人的，有权向其他责任人追偿。

因所有人、管理人、使用人或者第三人的原因，建筑物、构筑物或者其他设施倒塌、塌陷造成他人损害的，由所有人、管理人、使用人或者第三人承担侵权责任。

⚖ 新旧对照

《中华人民共和国侵权责任法》第八十六条

建筑物、构筑物或者其他设施倒塌造成他人损害的，由建设单位与施工单位承担连带责任。建设单位、施工单位赔偿后，有其他责任人的，有权向其他责任人追偿。

因其他责任人的原因，建筑物、构筑物或者其他设施倒塌造成他人损害的，由其他责任人承担侵权责任。

6.

施工单位从事高空、高压、地下挖掘活动或者使用高速轨道运输工具地下挖掘活动造成他人损害的怎么办？

根据民法典第 1240 条的规定，从事高空、高压、地下挖掘活动或者使用高速轨道运输工具造成他人损害的，经营者应当承担侵权责任。与侵权责任法第 73 条相比，一是将可以导致责任减轻的被侵权人的"过失"，修改为"重大过失"，有利于强化对受害人的保护；二是确立了未经许可进入高度危险活动区域或高度危险物存放区域的免责规则。民法典第 1243 条对管理人的免责设置了更严格的条件，不仅明确了管理人负有举证责任；将原来的"采取安全措施"改为"采取足够安全措施"；而且将原来的"尽到警示义务"改为"尽到充分警示义务"。

民法典第 1240 条第 1 款规定中的"高空作业"通常指的是高处作业，指人在以一定位置为基准的高处进行的作业。国家标准 GB/T 3608—2008《高处作业分级》规定，凡在坠落高度基准面 2m 以上（含 2m）有可能坠落的高处进行作业，都称为高处作业。在建筑安装工程施工中，对建筑物和构筑物结构范围以内的各种形式的洞口与临边性质的作业、悬空与攀登作业、操作平台与立体交叉作业，以及在结构主体以外的场地上和通道旁的各类洞、坑、沟、槽等工程的施工作业，只要符合上述条件的，均应作为高处作业对待，并加以防护。"高压作业"，是指工业生产意义上的高压，包括高压电及高压容器等。在我国高度危险责任领域，高压电致害也是最为常见的情形。"地下挖掘活动"，是指在地表向下一定深度进行挖掘的行为，主要是地下采矿以及地下铁路施工等活动；"高速轨道运输工具"，是指沿着固定轨道行驶的车辆，包括铁路、地铁、轻轨、磁悬浮、有轨电车等。这类运输工具有两个特点：一是速度快；二是不可避让（轨道），因此构成高度危险源。

根据司法实践，"经营者"应理解为对从事地下挖掘活动享有运行支配和运行利益的人，即建设单位，受建设单位指示进行施工，并未擅自调整规划的施工单位不承担侵权责任。但各地法院也有判例认为应由施工总包单位对外承担侵权责任，分包单位不构成共同侵权，但施工总承包单位可以向分包单位追偿，建设单位不应直接承担责任。

根据民法典第 1240 条的规定，经营者能够证明损害是因受害人故意或者不可抗力造成的，不承担责任。被侵权人对损害的发生有重大过失的，可以减轻经营者的责任。

《最高人民法院关于审理铁路运输人身损害赔偿纠纷案件适用法律若干问题的解释》（2020 年修正）第 5 条至第 7 条的规定，铁路运输中发生人身损害，铁路运输企业举证证明有下列情形之一的，不承担赔偿责任：（1）不可抗力造成的；（2）受害人故意以卧轨、碰撞等方式造成的。

因受害人翻越、穿越、损毁、移动铁路线路两侧防护围墙、栅栏或者其他防护设施穿越铁路线路，偷乘货车，攀附行进中的列车，在未设置人行通道的铁路桥梁、隧道内通行，攀爬高架铁路线路，以及其他未经许可进入铁路线路、车站、货场等铁路作业区域的过错行为，造成人身损害的，应当根据受害人的过错程度适当减轻铁路运输企业的赔偿责任，并按照以下情形分别处理：（1）铁路运输企业未充分履行安全防护、警示等义务，受害人有上述过错行为的，铁路运输企业应当在全部损失的 20%—80% 之间承担赔偿责任；（2）铁路运输企业已充分履行安全防护、警示等义务，受害人仍施以上述过错行为的，铁路运输企业应当在全部损失的10%—20% 之间承担赔偿责任。

受害人横向穿越未封闭的铁路线路时存在过错，造成人身损害的，按照上述规定处理。受害人不听从值守人员劝阻或者无视禁行警示信号、标志硬行通过铁路平交道口、人行过道，或者沿铁路线路纵向行走，或者在铁路线路上坐卧，造成人身损害，铁路运输企业举证证明已充分履行安全防护、警示等义务的，不承担赔偿责任。

⚖ 类案导读

案例 1：中铁隧道集团有限公司（以下简称中铁集团）、武汉地铁集团有限公司（以下简称地铁集团）与王某财产损害赔偿纠纷案件，湖北省武汉市中级人民法院（2018）鄂 01 民终 2009 号

6. 施工单位从事高空、高压、地下挖掘活动或者使用高速轨道运输工具地下挖掘活动造成他人损害的怎么办？

◇ 法律适用导读

施工单位在地铁施工过程中造成的侵权，发包人应承担连带责任。

◇ 本案争议裁判

一审法院认为：诉争房屋因地铁施工工程受损属实。民太安公司出具的司法鉴定意见书的有关结论法院应该采信。本案中的房屋租金损失非直接损失，法院不予支持。法院确认王某的经济损失为 111477.17 元。中铁集团系本案地铁工程的施工单位，地铁集团系建设单位。根据《中华人民共和国侵权责任法》第 73 条"从事高空、高压、地下挖掘活动或者使用高速轨道运输工具造成他人损害的，经营者应当承担侵权责任，但能够证明损害是因受害人故意或者不可抗力造成的，不承担责任。被侵权人对损害的发生有过失的，可以减轻经营者的责任"的规定，中铁集团应对王某承担赔偿责任。施工现场指建筑施工企业从事工程施工作业的特定场所，本案中王某的受损房屋不属于中铁集团施工现场范围之内，《中华人民共和国建筑法》第 45 条"施工现场安全由建筑施工企业负责。实行施工总承包的，由总承包单位负责"适用的前提条件不能成立。地铁集团作为建设单位，不能举证证明损害系另一方造成，其辩称不承担赔偿责任的理由不能成立，故地铁集团亦应对王某承担赔偿责任。

二审法院认为：关于赔偿责任主体的问题。根据《中华人民共和国侵权责任法》第 73 条规定，从事高空、高压、地下挖掘活动或者使用高速轨道运输工具造成他人损害的，经营者应当承担侵权责任。本案系因中铁集团进行高度危险作业，即地下挖掘活动而导致的财产损害，并不是因地铁集团使用高速轨道运输工具造成的损害。中铁集团系对地下挖掘活动作业设备拥有支配权并享受运行利益的主体，应认定为上述法律条款中的经营者。而地铁集团对高速轨道运输工具所享有的支配权和运行利益与本案损害结果之间无因果关系。且地铁集团的发包行为符合法律规定，故地铁集团不应承担侵权责任，应由中铁集团承担侵权责任。原审认定地铁集团承担连带赔偿责任缺乏事实和法律依据。

房屋维修方案是以损坏前房屋的装修标准进行的损失认定，没有事隔 2 年后物价上涨加重损失的成分。民太安公司的司法鉴定意见书更能客观反映受损房屋的实际损害后果。故原审法院依据民太安公司的司法鉴定意见书的鉴定结论确认涉案房屋的损失并无不当。

案例2：鞍山时代新源公共设施管理有限公司（以下简称时代公司）与哈尔滨寅易龙建筑工程有限公司（以下简称寅易龙公司）、北京泰和众达工程技术有限公司（以下简称泰和公司）等财产损害赔偿纠纷案件，最高人民法院（2020）最高法民申781号

◇ 法律适用导读

建设单位因将工程分割发包给多个施工单位造成损失的，应当承担连带赔偿责任。

◇ 本案争议裁判

最高人民法院再审认为：关于寅易龙公司和泰和公司对案涉损失承担责任的比例，以及时代公司承担连带责任的法律适用是否错误的问题。根据原审查明的事实，寅易龙公司施工内容包括了顶板及以上工程，泰和公司施工内容包括了混凝土的灌注，而诉争地下空间工程导致联通鞍山分公司管线受损的原因包括了寅易龙公司施工过程中未采取管线防护措施和泰和公司灌注混凝土导致人井被灌死造成管线无法重新布放等。时代公司不能证明寅易龙公司、泰和公司对联通鞍山分公司的损失能够明确划分各自责任范围、比例。并且时代公司对寅易龙公司和泰和公司承担责任的比例问题提出再审申请，并不影响其自身责任的承担。二审判决依据《中华人民共和国侵权责任法》第10条判令寅易龙公司、泰和公司承担连带责任，并无不当。时代公司作为案涉工程项目的建设单位，对项目工程具有管控能力。而在案涉工程项目施工过程中，时代公司存在将工程分割发包给多个施工单位的情况，一审判决以时代公司未妥善履行监管义务，判令其对寅易龙公司、泰和公司施工不当造成的损失承担连带责任，二审判决对此予以认可，并非没有理据，结果并无不公。至于时代公司与寅易龙公司、泰和公司之间的最终责任承担问题，

6. 施工单位从事高空、高压、地下挖掘活动或者使用高速轨道
运输工具地下挖掘活动造成他人损害的怎么办？

可另循其他途径解决。

📏 法条指引

《中华人民共和国民法典》第一千二百四十条

从事高空、高压、地下挖掘活动或者使用高速轨道运输工具造成他人损害的，经营者应当承担侵权责任；但是，能够证明损害是因受害人故意或者不可抗力造成的，不承担责任。被侵权人对损害的发生有重大过失的，可以减轻经营者的责任。

📏 新旧对照

《中华人民共和国侵权责任法》第七十三条

从事高空、高压、地下挖掘活动或者使用高速轨道运输工具造成他人损害的，经营者应当承担侵权责任，但能够证明损害是因受害人故意或者不可抗力造成的，不承担责任。被侵权人对损害的发生有过失的，可以减轻经营者的责任。

7.

建筑物妨碍了相邻建筑物的通风、采光和日照怎么办？

随着城市土地价值的提高和高层建筑的增多，建筑物的通风、采光和日照矛盾日益突出。在土地之上建造建筑物，是土地的所有权人或者使用权人利用土地实现土地效益最为通常的形式，但通风、采光和日照，也是人类需要共同分享的资源。良好的通风、采光和日照，是人民群众对美好生活的期盼，是衡量一个人居住质量的重要标准。因我国幅员辽阔，各地的经济发展不平衡，区域差别较大，因此我国民法典第293条作了原则性规定："建造建筑物，不得违反国家有关工程建设标准，不得妨碍相邻建筑物的通风、采光和日照。"关于日常生活中涉及的通风、采光和日照问题，存在强制性国家标准的，优先适用强制性国家标准；没有强制性国家标准的，可以参照适用行业标准；没有行业标准的，则遵循生活经验的一般要求。

为保障相邻建筑物通风、采光和日照的合理利用，我国陆续发布了若干标准与规范：

其一，与通风相关的国家有关工程建设标准。对于通风问题，我国目前没有明确的国家标准，住房和城乡建设部发布的国家标准《民用建筑供暖通风和空气调节设计规范》（GB50376—2012）仅涉及民用建筑物在特定领域的通风问题。原则上，只要满足了日照间距和采光要求，通风一般情况下也是可以满足的。

其二，与采光相关的国家有关工程建设标准。采光，通常是指建筑物的所有人或使用人享有从室外取得适度光源，不同于日照。根据住房和城乡建设部批准的《建筑采光设计标准》（GB50033—2013）的强制性条文第4.0.1条规定，住宅建筑的卧室、起居室（厅）、厨房应有直接采光。

4.0.2 条规定，住宅建筑的卧室、起居室（厅）的采光不应低于采光等级Ⅳ级的采光标准值，侧面采光的采光系数不应低于 2.0%，室内天然光照度不应低于 300lx。

其三，与日照相关的国家有关工程建设标准。日照，通常就是物体表面被阳光直接照射的现象，建筑日照就是阳光直接照射到建筑物地段、建筑围护结构表面和房屋内部的现象。住房和城乡建设部发布的国家标准《城市居住区规划设计标准》（GB50180—2018）的强制性条文第 4.0.9 条规定，住宅建筑的间距应符合表 4.0.9 的规定，对特定情况，还应符合下列规定：老年人居住建筑日照标准不应低于冬至日日照时数 2 小时；在原设计建筑外增加任何设施不应使相邻住宅原有日照标准降低，既有住宅建筑进行无障碍改造加装电梯除外；旧小区改建项目内新建住宅建筑日照标准不应低于大寒日日照时数 1 小时。

民法典第 293 条的规定对于把自然人、法人的经济和社会行为限制在生态环境能够承受的限度内，对于形成有利于生态文明的生产和生活方式，给人们留下休养生息的时间和空间，具有十分重要的现实意义。我国建筑物相邻关系制度中，有关通风、采光和日照的妨碍行为的判断，系以国家有关工程建设标准内容为基本判断标准。建造建筑物违反国家有关工程建设标准的，应当视为超出了社会一般人的容忍程度。因此，从事建筑、装修或搭建活动的任何单位或个人，都应当按照有利生产、方便生活、团结互助、公平合理的精神，正确处理截水、排水、通行、通风、采光等方面的相邻关系，否则除了可能受到公众的谴责之外，还必将导致不利法律后果。

在司法实践中，相邻权利人被妨碍通风、采光和日照的，也可以依法提起诉讼，要求停止侵害，排除妨碍，赔偿损失。在通风、采光和日照纠纷案件中，通常是采取金钱赔偿的方法解决，很少裁判拆除建筑物。且在支持赔偿的案件中，赔偿的金钱数额也相对较低。相对于开发商违规建设获得的收益，通风、采光和日照受到影响的住户所得到的赔偿数额与其损失是不成比例的。法院通常存在按照房屋面积赔偿、按照日照时间减少程度赔偿、按照采光途径分区域进行补偿或是酌定一次性赔偿等不同的计算方法。以上处理方式，显然无法达到遏制并最终消灭违法行为的目的。

"在民法慈母般的眼里，每个人就是整个的国家。"民法的终极目标，就是要创造一个"各得其所、不害他人、体面生活"的理想世界。我国

《民法典》在第 1004 条首次开宗明义地宣告："自然人享有健康权。自然人的身心健康受法律保护。任何组织或者个人不得侵害他人的健康权。"建筑物妨碍了相邻建筑物的通风、采光和日照的违法行为不仅会导致疾病传播等隐患，还会严重影响业主的身心健康。每一位不动产的业主或使用人发现有妨碍相邻建筑物的通风、采光和日照的违法建设行为时，可以依法采取自力救济的紧急措施。即情况紧迫且不能及时获得国家机关保护、不立即采取措施将使其合法权益受到难以弥补的损害的，受害人可以在保护自己合法权益的必要范围内采取扣留侵权人的财物、制止其施工等合理措施；但是，应当立即请求有关国家机关处理，及时向行政主管部门进行举报，将违法行为尽早消灭在萌芽状态，减少未来的执法成本和影响。

⚖ 类案导读

> 案例 1：典型案例：云南铜业房地产开发有限公司与孟某、李某相邻采光、日照纠纷案件，云南省昆明市中级人民法院（2019）云 01 民终 2427 号

◇ 法律适用导读

相邻权利人被妨碍通风、采光和日照的，可以依法提起诉讼，要求停止侵害，排除妨碍，赔偿损失。

◇ 本案争议裁判

一审法院认为：本案的争议焦点为，被告是否对原告构成通风、采光、日照妨碍？若妨碍，是否应当予以赔偿及赔偿标准？《中华人民共和国物权法》第 84 条规定，不动产的相邻权利人应当按照有利生产、方便生活、团结互助、公平合理的原则，正确处理相邻关系。第 89 条规定，建造建筑物，不得违反国家有关工程建设标准，妨碍相邻建筑物的通风、采光和日照。根据该条法律规定，在建筑物相邻关系制度中，判断是否构成通风、采光、日照妨碍，应以是否违反国家有关工程建设标准为依据。

本案中，根据云南德胜司法鉴定中心出具的云南德胜〔2018〕鉴字第

J18550号司法鉴定意见书的记载: 1. 时代之窗建设行为对鉴定对象通风无影响。2. 时代之窗建设行为对鉴定对象日照、采光有影响。该影响不满足《城市居住区规划设计规范》(GBJ50180—93) 的条文 (2002年版及2016年版)、《住宅设计规范》(GB50096—2011)、《民用建筑设计通则》(GB50352—2005) 和《昆明市城乡规划管理技术规定》(2016年版) 条文要求。证实,时代之窗建设对原告所有的涉案房屋的通风权无影响,但对采光、日照造成了严重的影响,且该影响不符合国家规定的日照时间标准,违反了国家有关工程建设标准,可认定被告对原告构成采光、日照妨碍。原告要求被告赔偿采光、日照妨碍损失的诉讼请求有事实和法律依据,一审法院予以支持。关于具体的赔偿数额,一审法院认为,采光、日照权的侵害不仅体现在对物权的侵害,还可能导致健康权、身体权等其他权利的侵害,是多重侵权的综合,赔偿内容应当包括由于阳光遮挡导致电费、采暖设施增加的费用、健康补偿费、视觉污染费、因采光损失导致房屋贬值的损失等。本案中,根据原告实际受损的情况,结合本市的经济发展水平,原告参照被告赔偿同一小区的其他业主的赔偿金额主张人民币165000元的诉讼请求并无不当,一审法院予以支持。关于原告主张的利息,无法律依据,一审法院不予支持。关于原告垫付的鉴定费人民币8000元,系合理支出,因鉴定事项中时代之窗对原告房屋通风权无影响,一审法院酌情确定由被告承担人民币5500元,原告自行承担人民币2500元。关于被告辩称涉案建筑经过合法审批,系合法建造,无侵权的法律依据的意见。一审法院认为,侵权的建筑物是否经过合法审批不是侵权与否的判断标准,即建筑物无论是否取得合法审批,只要造成了采光、日照事实上被侵害,就应当承担相应的赔偿责任,经过合法审批不应成为加害人采光、日照权侵害的免责事由。

二审法院认为:首先,涉案房屋阳台封闭是否是影响鉴定结论的因素。从鉴定人员出庭接受质询的陈述来看,阳台是否封闭、是否凸窗对涉案房屋日照、采光没有影响,鉴定是以窗户的角点作为鉴定的基准,故上诉人主张涉案房屋阳台封闭是对日照、采光影响的原因,而其建设行为对房屋日照、采光没有影响的理由不成立,本院不予支持。其次,对于一审判令的损失赔偿标准的问题。一审基于上诉人的建设行为对涉案房屋的日照、采光会造成影响的事实,酌定165000元的赔偿金额并无不当,本院予以维持。

案例2：北京华都饭店有限责任公司（以下简称华都公司）与张某相邻采光、日照纠纷案件，北京市第三中级人民法院（2020）京03民终5819号

◇ **法律适用导读**

相邻权利人被妨碍通风、采光和日照的，可以依法提起诉讼，要求停止侵害，排除妨碍，赔偿损失。

◇ **本案争议裁判**

一审法院认为：《中华人民共和国物权法》第89条规定："建造建筑物，不得违反国家有关工程建设标准，妨碍相邻建筑物的通风、采光和日照。"不动产的相邻各方，应当按照有利生产、方便生活、团结互助、公平合理的精神，正确处理截水、排水、通行、通风、采光等方面的相邻关系。给相邻方造成妨碍或者损失的，应当停止侵害，排除妨碍，赔偿损失。

本案中，根据国家建筑工程质量监督检验中心司法鉴定所出具鉴定检验报告书的结论显示，华都公司建筑建设后，张某住宅南向居住空间日照满足大寒日2小时的日照标准，故华都公司不构成对张某的侵权。但从报告上看，张某房屋受华都公司建筑的遮挡，致使大寒日日照时间由5小时39分减少为2小时29分。尽管剩余日照时间仍符合国家规定的相关标准，但华都公司的建筑确实使张某房屋在日照、采光等方面受到了严重影响，进而会造成张某房屋价值的贬损以及取暖、照明等方面费用的增加。一审法院认为华都公司基于相邻关系的公平合理原则，应当对张某的相关损失进行补偿，具体补偿金额，一审法院将根据鉴定检验报告书并结合张某房屋具体的位置等因素予以酌定，判决华都公司于判决生效后7日内补偿张某110000元；关于张某基于华都公司侵权所主张的各项赔偿的诉讼请求，因依据不足，且一审法院已判令华都公司对张某给予相应补偿，故一审法院对张某的诉讼请求不予支持。

二审法院认为：一审法院酌定数额并无明显不当，较好平衡了双方的利益，本院不再调整。

7. 建筑物妨碍了相邻建筑物的通风、采光和日照怎么办?

⚖ 法条指引

《中华人民共和国民法典》第二百九十三条

建造建筑物，不得违反国家有关工程建设标准，不得妨碍相邻建筑物的通风、采光和日照。

《中华人民共和国民法典》第一千零四条

自然人享有健康权。自然人的身心健康受法律保护。任何组织或者个人不得侵害他人的健康权。

《中华人民共和国民法典》第一千一百七十七条

合法权益受到侵害，情况紧迫且不能及时获得国家机关保护，不立即采取措施将使其合法权益受到难以弥补的损害的，受害人可以在保护自己合法权益的必要范围内采取扣留侵权人的财物等合理措施；但是，应当立即请求有关国家机关处理。

受害人采取的措施不当造成他人损害的，应当承担侵权责任。

⚖ 新旧对照

《中华人民共和国物权法》第八十九条

建造建筑物，不得违反国家有关工程建设标准，妨碍相邻建筑物的通风、采光和日照。

8.

建设工程合同没有采用书面形式怎么办？

根据民法典第 789 条的规定，建设工程合同应当采用书面形式。书面形式是合同书、信件等可以有形地表现所载内容的形式。以电报、电传、传真、电子数据交换和电子邮件等方式能够有形地表现所载内容，并可以随时调取查用的数据电文，视为书面形式。建设工程合同一般具有合同标的额大，合同内容复杂、履行期较长等特点，为慎重起见，法律规定建设工程合同应当采用书面形式明确双方的权利义务。书面形式的合同由于对承发包双方之间约定的权利义务都有明确的文字记载，能够提示双方适时地正确履行合同义务，当发生合同纠纷时，也便于分清责任，正确、及时地解决纠纷。

建设工程合同没有采用书面形式，应当视为合同不成立。依据民法典合同编第 490 条第 2 款的规定，法律、行政法规规定或者当事人约定合同应当采用书面形式订立，当事人未采用书面形式但是一方已经履行主要义务，对方接受时，该合同成立。本款对应采取书面形式订立而未采用书面形式订立的合同的效力问题进行了规范，此时合同成立的要件为"一方已经履行主要义务、且对方接受"，考虑到民法典第 789 条规定建设工程合同为书面合同，因此对于建设工程双方而言，若合同未采用书面形式，则需要满足民法典第 490 条第 2 款规定的上述两个要件，合同才可成立。

实践中，工程建设当事方多采用合同书的形式订立合同。鉴于建设工程涉及公众安全，为了维护公共利益，同时也为了规范建筑市场秩序，保障建设工程合同当事人的合法权益，国家相关部门相继发布了建设工程合同示范文本，向全国建筑行业推荐使用，并根据建筑业的发展变化而不断地进行了修订。当事人也可以选择有关的合同示范文本作为参照订立建设工程合同,例如,《建设工程项目总承包合同(示范文本)》(GF-2020-0216)、《建设工程施工合同(示范文本)》(GF-2017-0201)、《建设工程勘察合同(示范文本)》(GF-2016-0203)、《建设工程设计合同示范文本(房屋建筑工程)》(GF-2015-0209)、《建设工程设计合同示范文本(专业建设工程)》(GF-2015-0210)、《建设工程造价咨询合同(示范文本)》(GF-2015-0212)、《建设工程监理合同(示范文本)》(GF-2012-0202)等。

在争议解决实践中,书面形式的建设工程合同对于法官迅速准确判断当事人双方诉讼主体地位及权利义务关系以定分止争具有重要作用。因此,在建设工程合同纠纷中,建设工程合同一直被作为核心证据提出。在没有签订书面建设工程合同的情况下,法院通常根据案件情况判断是否建立了事实上的建设施工合同关系,需要由主张权利的一方当事人举证证明要约内容和承诺过程、没有签订书面合同的原因、实际履行情况,包括承包方式、取费标准、施工现场的管理、财务管理、人事管理和税费的处理、建设工程的验收和工程款结算等方面的事实,综合进行全面分析后进行认定。

在解决争议时,遇到建设工程合同没有采用书面形式的,对于已进行或完成施工建设工程,可根据民法典第490条第2款的规定予以解决:(1)对已施工的工程,认定合同已成立,对施工的工程质量合格的,如合同有效且能够根据当事人举证确定双方对工程价款有约定的,则按照当事人约定支付工程价款;(2)如合同无效,则参照当事人约定,折价返还施工方;(3)当事人不能举证证明双方对工程价款达成一致的,按照市场造价进行鉴定的方式确定支付工程价款或折价返还的金额;(4)已施工的工程质量不合格且无法修复或修复后仍不合格的,施工方主张支付工程价款的,法院不予支持。

⚖ 类案导读

案例1:湖北红旗建设集团有限公司(以下简称红旗公司)与中国人民解放军69242部队(以下简称69242部队)、中国人民解放军69240部队建设工程施工合同纠纷再审案件,最高人民法院(2017)最高法民申829号

◇ 法律适用导读

　　承发包双方未采用书面形式订立建设工程合同，但是承包人已经履行主要义务，发包人接受时，该合同成立。

◇ 本案争议裁判

　　最高人民法院再审认为：双方形成事实上的建设工程施工合同是否应解除。依照原《中华人民共和国合同法》第10条规定，当事人订立合同，有书面形式、口头形式和其他形式。法律、行政法规规定采用书面形式的，应当采用书面形式。当事人约定采用书面形式的，应当采用书面形式。第36条规定，法律、行政法规规定或者当事人约定采用书面形式订立合同，当事人未采用书面形式但一方已经履行主要义务，对方接受的，该合同成立。第270条规定，建设工程合同应当采用书面形式。

　　本案中，红旗公司与69242部队就涉案工程虽未签订书面合同，但红旗公司已履行了部分施工义务，69242部队予以认可并接收了红旗公司的工作成果，双方已形成事实上的建设工程施工合同关系，从合同实际履行情况来看，从2013年6月10日进场施工到23日停工，直至本案双方发生诉讼，共计施工13天。2016年4月8日，红旗公司与69242部队在二审法院主持下达成《协议书》，明确约定69242部队同意支付红旗公司原判决款项767322.19元（含案件受理费、鉴定费），红旗公司在收到款项当天对施工现场进行移交。4月12日，69242部队将上述款项支付给红旗公司，红旗公司出具了收据。基于上述事实，双方当事人已通过自己的行为实际解除了合同，因此二审对红旗公司与69242部队解除合同的行为予以确认，定性准确，本院予以维持。

> 案例2：中铁十六局集团有限公司（以下简称中铁十六局）、叶某等建设工程施工合同纠纷再审案件，最高人民法院（2014）民提字第12号

◇ 法律适用导读

　　建设工程合同应当采用书面形式而未采用书面形式的口头分包合同无效。

◇ 本案争议裁判

云南省高级人民法院认为：关于双方当事人口头合同性质及效力的问题：根据《中华人民共和国合同法》第 10 条的规定，当事人可以订立口头合同，从叶某等人的起诉和中铁十六局的答辩来看，双方认可口头合同约定中铁十六局以工程造价的 10% 向叶某等人收取管理费和工程造价的 3.41% 的代缴税金，扣除中铁十六局已经支付的款项，其余的工程款为中铁十六局应支付叶某等人的工程价款。因此，双方之间具有口头合同。叶某等人认为双方之间系挂靠关系的意见，不符合本案工程系中铁十六局向业主昆明铁路局承包后，由叶某等人对中铁十六局承包的部分工程建设施工，叶某等人并没有直接与业主就本案建设工程进行磋商的实际情况。中铁十六局将承包的工程部分交给叶某等人施工，表面上中铁十六局将叶某等人编为中铁十六局工程施工的结构队，但实际施工系叶某等人自己组织施工队伍进行的，叶某等人又与中铁十六局结算工程价款，实质是变相向中铁十六局承包建设施工工程。本案合同系建设工程施工的口头合同。根据合同法第 10 条第 2 款、第 270 条的规定，建设工程合同应当采用书面形式，加之叶某等人未取得建筑施工企业资质，根据 2004 年《最高人民法院关于审理建设工程施工合同纠纷案件适用法律问题的解释》第 1 条第（一）项、合同法第 52 条第（五）项的规定，本案口头建设工程施工合同违反法律、行政法规的强制性规定，系无效合同。

最高人民法院再审认为：关于案涉合同约定的管理费应否从中铁十六局应付工程款中扣除的问题。叶某等人无建筑工程施工资质，中铁十六局与叶某等人之间的口头分包合同应认定为无效合同。合同无效，双方关于管理费的约定也应当认定为无效条款。但是，由于中铁十六局是案涉工程的总承包人，承担了案涉工程的组织、管理等工作，此类工作也已经物化入案涉工程之中。因此，从不当得利返还的角度看，中铁十六局要求扣除相应的管理费，应予支持。考虑建设工程的实践，本院酌定按照工程造价的 3% 从工程款中扣除管理费。二审法院未考虑中铁十六局在组织施工、管理等方面的付出和消耗，有所不当，本院予以纠正。

法条指引

《中华人民共和国民法典》第七百八十九条

建设工程合同应当采用书面形式。

新旧对照

《中华人民共和国合同法》第二百七十条

建设工程合同应当采用书面形式。

9.

规范进行建设工程的招标投标活动应当怎么办？

　　根据我国建筑法的规定，建筑工程应当依法实行招标发包，对不适用于招标发包的才可以直接发包。民法典第790条规定，建设工程的招标投标活动，应当依照有关法律的规定公开、公平、公正进行。

　　本条规定的"公开"，是指进行招标投标活动的有关信息要公开，招标人应当通过在新闻媒体上刊发广告或者以其他适当形式，发布建设工程招标信息，并在公开提供的招标文件中，载明招标工程的主要技术要求以及投标人的资格要求等内容，使所有符合条件的承包人都能有机会参与投标竞争。同时，招标投标的程序要公开，包括领取招标文件的时间、地点，投标的截止日期，开标的时间、地点以及评标与定标的标准、方法等，都应当公开透明，以便各方面监督，不允许进行"暗箱操作"。

　　本条规定的"公平"，是指招标人平等地对待每一份投标，投标人也要以正当手段进行竞争，不得向招标人及其工作人员行贿、提供回扣等不正当竞争行为，以保证竞争的平等。

　　本条规定的"公正"，是指招标人在招标过程中要严格按照公开的招标文件和程序办事，严格按照既定的评标标准定标，公平地对待每一个投标人，不得厚此薄彼、明招内定。

　　招标投标是订立建设工程合同的基本方式。建设工程招标投标，是指建设工程的发包人作为招标方或者委托中介机构，采用适当的方式，发布拟建工程的有关信息，如工程内容、主要技术条件、对承包人的资质要求等，但不标明工程的造价，通过这些行为表明发包人将选择符合条件的承包人与之订立建设工程合同的意向，由各有意承包该工程项目的承包人作为投标方向招标方提出自己的工程报价和其他响应条件，参加投标竞争，经招标方对各投标方的报价和其他条件进行审查比较后，从中择优选定中标者，并与之签订建设工程合同的活动。

采用招标投标方式进行建设工程的发包与承包，具有显著的优越性：（1）从发包人的角度来说，可以综合比较各投标竞争者的报价和其他条件，从中选择技术力量强、质量有保障、具有良好信誉且报价相对较低的投标人作为承包人，与之签订建设工程合同，从而在保证工程质量、工期的前提下，降低工程成本，提高投资效益；（2）从承包人的角度来说，通过招标投标方式承包工程，可以获得一个公平竞争的环境；（3）严格依照法律规定进行招标投标活动，可以防范建设工程领域发生的行贿受贿等行为。

在此需要明确哪些工程是强制性招标项目。建设工程是否属于强制性招标项目应当从项目性质和使用资金来源两方面来进行判断，依据我国招标投标法第3条的规定，大型基础设施、公用事业等关系社会公共利益、公众安全的项目；全部或者部分使用国有资金投资或者国家融资的项目；使用国际组织或者外国政府贷款、援助资金的项目的勘察、设计、施工、监理以及与工程建设有关的重要设备、材料等的采购，必须进行招标。

建设工程招标投标活动不仅应当遵守法律关于招标投标的强制性规定，还必须遵守其他相关法律的规定，如民法典有关民事主体、民事法律行为等基本民事制度的规定，建筑法关于规范建筑企业资质的规定，城乡规划法有关建设工程规划许可的规定，等等。

根据《最高人民法院关于审理建设工程施工合同纠纷案件适用法律问题的解释（一）》第1条的规定，建设工程必须进行招标而未招标或者中标无效的，建设工程施工合同应当依据民法典第153条第1款的规定，认定无效。除此之外，违反法律的效力性强制性规定进行招标投标而订立的建设工程施工合同，如不具有承建招标工程资质的建筑企业订立的合同，没有办理建设工程规划许可证的合同等都属于无效合同。

如果因为未能规范进行建设工程的招标投标活动导致合同无效，根据《最高人民法院关于审理建设工程施工合同纠纷案件适用法律问题的解释（一）》第6条的规定，建设工程施工合同无效，一方当事人请求对方赔偿损失的，应当就对方过错、损失大小、过错与损失之间的因果关系承担举证责任。损失大小无法确定，一方当事人请求参照合同约定的质量标准、建设工期、工程价款支付时间等内容确定损失大小的，人民法院可以结合双方过错程度、过错与损失之间的因果关系等因素作出裁判。

📌 类案导读

案例1：歌山建设集团有限公司（以下简称歌山公司）与合肥创景物业发展有限责任公司（以下简称创景公司）建设工程合同纠纷案件，最高人民法院（2016）最高法民终485号

◇ 法律适用导读

建设工程必须进行招标而未招标或者中标无效的，应当根据违反法律、行政法规的强制性规定的情形认定建设工程施工合同无效。

◇ 本案争议裁判

最高人民法院认为：根据本案查明的事实，案涉工程为商品住宅工程，根据《中华人民共和国招标投标法》第3条第1款和《工程建设项目招标范围和规模标准规定》第3条的规定，属于依法必须进行招标的建设项目。而从案涉几份合同的签订过程看，创景公司和歌山公司在招投标之前，进行实质性的谈判，存在串标情形，违反了《中华人民共和国招标投标法》第32条第2款和第43条的规定。根据《中华人民共和国招标投标法》第53条、第55条第2款的规定，案涉工程的中标结果应为无效。根据《最高人民法院关于审理建设工程施工合同纠纷案件适用法律问题的解释》第1条规定，《补充协议》、《总承包合同》及两份《建设工程施工合同》因违反法律的效力性强制性规定均属无效合同。

歌山公司作为多年从事建设工程施工的专业企业，对建设工程相关法律法规应当充分知悉，且根据一审庭审笔录记载，歌山公司在庭审中对案涉工程不符合法律规定是明知的，因此其完全有能力预见到合同归于无效后的法律后果，但歌山公司并未变更相关的诉讼请求，主张相应损失，法律后果应由其自行承担。一审判决依照法律规定对合同效力进行认定，属于行使审判权的行为，并无不当。

案例 2：道隧集团工程有限公司（以下简称道隧公司）与博尔塔拉蒙古自治州五台工业园园区（湖北工业园）管理委员会（以下简称五台工业园管委会）建设工程施工合同纠纷案件，最高人民法院（2020）最高法民终 475 号

◇ 法律适用导读

依法必须进行招标的项目，发包人未经招标投标程序与承包人就工程进行实质性谈判所签订的施工合同因违反法律法规的强制性规定为无效合同；在施工过程中或部分工程施工完毕后又通过招标投标方式签订的施工合同亦因违反招标投标的规定，中标应属无效。

◇ 本案争议裁判

最高人民法审理认为：1. 《协议书》效力问题。案涉工程系政府投资建设的大型基础设施项目，属于《招标投标法》第 3 条规定必须进行招投标的项目，五台工业园管委会未经招投标程序，与道隧公司就案涉工程进行实质性谈判，签订《协议书》并开展施工，违反了法律、行政法规的强制性规定，依据建设工程司法解释（2004 年）第 1 条第（三）项："建设工程施工合同具有下列情形之一的，应当根据合同法第五十二条第（五）项的规定，认定无效：……（三）建设工程必须进行招标而未招标或者中标无效的"规定，一审法院认定《协议书》为无效合同并无不当。同时，五台工业园管委会在各部分工程施工完毕或施工过程中，又通过招标投标方式与道隧公司及鑫磊公司签订了六份《建设工程施工合同》，亦因违反《招标投标法》第 43 条、第 55 条规定，中标应属无效，一审法院对此认定正确。

2. 资金占用损失问题。因案涉双方为建设工程施工合同法律关系，一审判决认定道隧公司主张的投资款实为五台工业园管委会应向道隧公司支付的工程款并无不当。同时，因五台工业园管委会未履行招标义务致使合同无效，亦未依约定按时支付工程款，客观上造成道隧公司存在资金占用损失，五台工业园管委会为过错较多的一方，一审法院根据公平和诚实信用原则，综合认定五台工业园管委会按照同期银行贷款利率向道隧公司支

付资金占用损失并无不当，本院予以确认。关于资金占用损失的起付时间，因《协议书》无效，一审判决依据建设工程司法解释第 18 条第（一）项以各部分工程交付之日为起算点计算资金占用损失亦无不当。一审判决在计算资金占用损失时，存在将部分在后付款预先扣除导致利息计算基数错误、个别时段起算点错误、部分利率标准与中国人民银行公布的同期银行贷款基准利率不符等计算错误，本院予以纠正。

3. 奖励、滞纳金问题。关于道隧公司主张的奖励、滞纳金，如前所述，《协议书》为无效合同，自始没有法律约束力，有关奖励、滞纳金的约定亦非结算和清理条款，一审判决未予支持道隧公司该项主张并无不当。

案例 3：山西昊晖房地产开发有限公司（以下简称山西昊晖公司）与南通市常青建筑安装工程有限公司（以下简称南通常青公司）建设工程施工合同纠纷再审审查与审判监督案件，最高人民法院（2019）最高法民申 5009 号

◇ 法律适用导读

依法必须招标的建设工程未履行招标投标程序违反法律法规的强制性效力性规定，建设工程合同无效后，承包人要求发包人返还工程质量保证金与履约保证金的，应予以支持。

◇ 本案争议裁判

最高人民法院审理认为：1. 关于建设工程施工合同无效的认定依据是否有误的问题。原审判决认定案涉工程属于依法必须招标投标的建设工程，因未履行招标投标程序，故案涉合同违反法律法规的强制性效力性规定而无效。虽然山西昊晖公司主张案涉工程系实际施工人赵某、薛某挂靠在南通常青公司名下施工，属于没有资质的实际施工人借用有资质的建筑施工企业名义订立建设工程施工合同而无效。但山西昊晖公司提供的证据不足以证明赵某、薛某与南通常青公司之间为挂靠关系，故山西昊晖公司的该再审理由，不能成立。

2. 退还质保金和履约保证金是否有误的问题。关于质量保证金问题。《建设工程质量保证金管理办法》第 2 条规定，缺陷责任期一般为 1 年，最长不超过 2 年，由发、承包双方在合同中约定。第 8 条规定：缺陷责任期从工程通过竣工验收之日起计。本案中，双方约定的缺陷责任期为 1 年，原审查明 2013 年 9 月 9 日山西昊晖公司在未经竣工验收的情况下，接收案涉工程并交付业主（购房人）使用。即，案涉工程虽未竣工验收但至 2015 年 2 月 4 日一审立案时，已实际投入使用超过一年。根据《最高人民法院关于审理建设工程施工合同纠纷案件适用法律问题的解释》（2004 年）第 14 条第（三）项"建设工程未经竣工验收，发包人擅自使用的，以转移占有建设工程之日为竣工日期"的规定，原审法院将质量保证金计入总工程款中，并无不妥。关于履约保证金问题。施工合同第 8 条约定：本工程需缴纳合同履约保证金 1000000 元，合同签订后 2 日内交付，酒店工程主体二层封顶后一周内一次性返还。南通常青公司按约定支付了该款项。因案涉合同无效，根据合同法第 58 条的规定，合同无效后，因该合同取得的财产，应予以返还。南通常青公司要求山西昊晖公司返还该履约保证金，原审法院予以支持，并无不当。

法条指引

《中华人民共和国民法典》第七百九十条

建设工程的招标投标活动，应当依照有关法律的规定公开、公平、公正进行。

新旧对照

《中华人民共和国合同法》第二百七十一条

建设工程的招标投标活动，应当依照有关法律的规定公开、公平、公正进行。

10.

因串通投标行为违反招标投标法的规定导致施工合同无效的怎么办？

民法典第 790 条规定，建设工程的招标投标活动，应当依照有关法律的规定公开、公平、公正进行。根据招标投标法的规定，投标人不得相互串通投标报价，不得排挤其他投标人的公平竞争，损害招标人或者其他投标人的合法权益；投标人不得与招标人串通投标，从事"先定后招""明招暗定"等损害国家利益、社会公共利益或者他人的合法权益。串通投标行为是不良商人欺诈心态的集中体现，严重败坏社会风气、侵蚀商业道德、扰乱市场秩序，因此法律予以严格禁止。

串通投标行为的构成要件如下：（1）串通投标行为的主体为特殊主体，一般而言必须为投标人或者招标人的一方（包含投标、招标的公司以及主管，负责投标、招标项目的人员），在实务中往往还可以包括招标代理机构、评标委员会等相关主体；（2）串通投标的认定，要求行为主体在主观上必须具有相互串通的主观故意，对于自身串通行为以及对招标投标竞争程序的破坏是明知的；（3）串通投标行为的认定，核心在于"串通行为"的实施；（4）串通投标行为在客观上损害了投标人或者其他投标人的利益，且破坏了招标投标竞争秩序。

我国招标投标法实施条例第 39 条规定，禁止投标人相互串通投标。有下列情形之一的，属于投标人相互串通投标：（1）投标人之间协商投标报价等投标文件的实质性内容；（2）投标人之间约定中标人；（3）投标人之间约定部分投标人放弃投标或者中标；（4）属于同一集团、协会、商会等组织成员的投标人按照该组织要求协同投标；（5）投标人之间为谋取中标或者排斥特定投标人而采取的其他联合行动。

招标投标法实施条例第 41 条则进一步规定了禁止招标人与投标人串通

投标。有下列情形之一的，属于招标人与投标人串通投标：（1）招标人在开标前开启投标文件并将有关信息泄露给其他投标人；（2）招标人直接或者间接向投标人泄露标底、评标委员会成员等信息；（3）招标人明示或者暗示投标人压低或者抬高投标报价；（4）招标人授意投标人撤换、修改投标文件；（5）招标人明示或者暗示投标人为特定投标人中标提供方便；（6）招标人与投标人为谋求特定投标人中标而采取的其他串通行为。

如投标人相互串通投标或者与招标人串通投标的，中标无效。需要注意的是，串通投标行为是刑法和招标投标法均明确禁止的行为，根据行为的严重程度，可能被追究行政责任或者刑事责任。具体如下：

（1）行政责任。根据招标投标法第53条的规定，投标人相互串通投标或者与招标人串通投标的，投标人以向招标人或者评标委员会成员行贿的手段谋取中标的，中标无效，处中标项目金额千分之五以上千分之十以下的罚款，对单位直接负责的主管人员和其他直接责任人员处单位罚款数额百分之五以上百分之十以下的罚款；有违法所得的，并处没收违法所得；情节严重的，取消其一年至二年内参加依法必须进行招标的项目的投标资格并予以公告，直至由工商行政管理机关吊销营业执照；构成犯罪的，依法追究刑事责任。给他人造成损失的，依法承担赔偿责任。

（2）刑事责任。根据刑法第223条的规定，串通投标，情节严重的，处三年以下有期徒刑或者拘役，并处或者单处罚金。此外，本罪可由单位构成，依照刑法第231条的规定，单位犯本罪的，对单位判处罚金，并对其直接负责的主管人员和其他直接责任人员，依照刑法相关规定处罚。

根据《最高人民检察院、公安部关于经济犯罪案件追诉标准的规定》和司法实践，投标人相互串通投标报价，或者投标人与招标人串通投标，有下列情形之一的，应认定为情节严重：（1）损害招标人、其他投标人或者国家、集体、公民的合法利益，造成直接经济损失数额在50万元以上的；（2）串通投标的中标人卖标、参与串通投标的其他投标人获取"好处费""补偿"等，违法所得总额在30万元以上的；（3）对其他投标人、招标人等投标招标的参加人采取威胁、欺骗、贿赂等非法手段，或者盗用其他单位名义投标的；（4）虽未达到上述数额标准，但因串通投标，受过行政处罚二次以上，又串通投标的；（5）在国家和省重点项目的招标活动中串通投标，造成恶劣的社会影响或者国际影响的；（6）其他情节严重的情形。

10. 因串通投标行为违反招标投标法的规定导致施工合同无效的怎么办？

类案导读

案例1：中国建筑第六工程局有限公司（以下简称中建六公司）与哈尔滨凯盛源置业有限责任公司（以下简称凯盛源公司）建设工程施工合同纠纷案件，最高人民法院（2017）最高法民终730号

法律适用导读

必须进行招标投标的项目，双方当事人签订的施工合同因未履行招标投标程序属无效合同；且因先施工后招标而签订的合同属于"先定后招、明招暗定"亦属无效合同，承发包双方应当按照导致合同无效的缔约过错承担相应民事责任。

本案争议裁判

最高人民法院审理认为：1. 关于案涉合同效力的问题。《最高人民法院关于审理建设工程施工合同纠纷案件适用法律问题的解释》第1条第（三）项规定："建设工程施工合同具有下列情形之一的，应当根据合同法第五十二条第（五）项的规定，认定无效：……（三）建设工程必须进行招标而未招标或者中标无效的。"本案中，双方当事人于2012年5月27日签订"玖郡6号庄园"《施工协议书》。2012年7月15日，中建六公司对"玖郡6号庄园"的A、B、C、D四个区进行全面施工。凯盛源公司于2012年9月对"玖郡6号庄园"的B区项目进行招标投标。2012年10月8日，双方当事人签订"玖郡6号庄园"B区《建设工程施工合同》，2012年12月19日，双方当事人办理"玖郡6号庄园"B区《建设工程施工合同》备案手续。本院认为，案涉工程系大型商品住宅小区，涉及社会公共利益及公众安全，属于《中华人民共和国招标投标法》第3条规定必须进行招投标的范畴，双方当事人签订的《施工协议书》因未经招标投标程序，应属无效合同。而双方当事人签订的《建设工程施工合同》因先施工后招标的行为，明显属于先定后招、明招暗定，也属无效合同。因此，一审法院认定双方当事人之间一系列施工合同因违反《最高人民法院关于审理建设工程施工合同纠纷案件适用法律问题的解释》第1条第（三）项及

《中华人民共和国招标投标法》等法律、司法解释的效力性、强制性规定而无效，认定正确。双方当事人也均认可案涉施工合同无效，本院对此予以确认。中建六公司作为大型专业施工企业，凯盛源公司作为专业房地产开发企业，对上述行为违反法律、行政法规的禁止性规定应为明知，对案涉合同无效均存缔约过错。

2. 关于合同无效后的过错承担问题。施工合同无效，缔约双方应当按照导致合同无效的缔约过错承担相应民事责任。凯盛源公司作为施工合同发包人、招标投标程序中的招标人，在案涉工程招标投标程序中，明显居于主导和支配地位。对于因为讼争工程建设项目依法应当招标而未招标、先施工后招标的串标行为等导致施工合同无效，凯盛源公司应当承担主要过错责任。中建六公司作为具有特级资质的大型专业施工企业，明知承揽本案讼争建设工程违反法律规定而配合发包人，也应当承担相应的过错责任。

案例2：阿克苏金鹰房地产开发有限公司（以下简称金鹰公司）与浙江成泰建筑工程有限公司（以下简称成泰公司）建设工程施工合同纠纷再审审查与审判监督案件，最高人民法院（2018）最高法民申105号

◇ **法律适用导读**
....

必须进行招标投标的项目，双方当事人签订的施工合同因未履行招标投标程序属无效合同；因先施工后招标而签订的合同属于"先定后招、明招暗定"亦属无效合同，但工程项目已竣工验收合格并交付使用的，承包人请求参照合同约定支付工程价款的，应予支持。

◇ **本案争议裁判**
....

最高人民法院审理认为：涉案新和县金鹰商贸物流中心工程建设项目属于关系社会公共利益、公众安全的项目，金鹰公司与成泰公司于2013年6月20日签订《建设工程施工合同》前，未经招标投标程序。2004年《最高人民法院关于审理建设工程施工合同纠纷案件适用法律问题的解释》第1条第（三）项规定，建设工程必须进行招标而未招标或者中标无效

的，应当根据合同法第 52 条第（五）项的规定，认定合同无效。原判决认定 2013 年 6 月 20 日签订《建设工程施工合同》无效，具有事实与法律依据。

上述合同签订后，成泰公司于 2013 年 7 月进场施工，2013 年 10 月 4 日工程基础完工。此情形下，金鹰公司与成泰公司于 2013 年 10 月 24 日又签订《建设工程施工合同》，明显属于先定后招，明招暗定。《中华人民共和国招标投标法》第 43 条规定，在确定中标人前，招标人不得与投标人就投标价格、投标方案等实质性内容进行谈判。原判决认定 2013 年 10 月 24 日签订《建设工程施工合同》无效，具有事实与法律依据。

成泰公司履行了 2013 年 6 月 20 日《建设工程施工合同》约定的相关义务，涉案工程项目已竣工验收合格并交付使用。2004 年《最高人民法院关于审理建设工程施工合同纠纷案件适用法律问题的解释》第 2 条规定，建设工程施工合同无效，但建设工程经竣工验收合格，承包人请求参照合同约定支付工程价款的，应予支持。原判决认定双方应当参照 2013 年 6 月 20 日《建设工程施工合同》结算工程价款，适用法律没有错误。涉案工程于 2014 年 10 月 8 日竣工验收合格并交付使用，根据 2004 年《最高人民法院关于审理建设工程施工合同纠纷案件适用法律问题的解释》第 18 条规定，建设工程已实际交付的，应从实际交付之日起计付工程款利息。故原判决确定金鹰公司自 2014 年 10 月 18 日起计付利息，具有事实与法律依据。

> 案例 3：江苏省苏中建设集团股份有限公司（以下简称苏中公司）与宁夏银古实业有限公司（以下简称银古公司）建设工程施工合同纠纷案件，最高人民法院（2020）最高法民申 1388 号

◇ 法律适用导读

双方当事人在履行法定的招标投标程序之前就订立合同进场施工，属于"先定后招、明招暗定"的串标行为，签订的施工合同应当认定无效后，工程项目已竣工验收合格的，可以参照合同约定支付工程价款，但双方在合同中对据实结算并未进行约定的，按照鉴定意见认定工程造价。

⟨→ 本案争议裁判

最高人民法院审理认为：1. 关于合同效力问题。根据原审查明，苏中公司与银古公司在 2011 年 7 月 18 日就案涉工程签订《银古花园补充协议》，之后苏中公司即进场施工。2011 年 8 月 18 日苏中公司中标，2011 年 8 月 25 日双方签订《建设工程施工合同》。双方在履行法定的招标投标合同之前就订立协议，进场施工，此行为属于先定后招、明招暗定的串标行为，违反法律法规的禁止性规定。因此，双方签订的上述施工协议应当认定无效。

2. 工程是否合格问题。因银古公司主张由苏中公司承担案涉工程的维修费用，经鉴定机构对案涉工程修复方案及费用鉴定，可以据此认定银古公司认可案涉工程经修复有使用价值，视为工程验收合格，故苏中公司有权要求银古公司参照合同约定支付工程价款。

3. 工程价款的确定。双方在一审庭审中均认可实际履行的是《建设工程施工合同》，该合同约定招标工程的合同价款依据中标通知书中的中标价格在协议书内约定，任何一方不得擅自改变，采用可调价格合同，可调价因素包括定额、取费标准、甲供材保费计取比例、图纸会审纪要、工程变更、工程签证单等双方认可的其他有效文件。双方当事人在合同中对据实结算并未进行约定，而鉴定机构对案涉工程进行鉴定时已依据 2008 年宁夏回族自治区《建设工程费用定额》、建筑、安装工程《计价定额》及相关文件作为鉴定依据。苏中公司在本案一、二审中亦未举出双方以实际行为对工程款计价方式进行变更的证据，原判决据此认定案涉工程按照鉴定机构作出的以投标价加减变更的鉴定意见认定工程造价，并无不当。

⚖ 法条指引

《中华人民共和国民法典》第七百九十条

建设工程的招标投标活动，应当依照有关法律的规定公开、公平、公正进行。

⚖ 新旧对照

《中华人民共和国合同法》第二百七十一条

建设工程的招标投标活动，应当依照有关法律的规定公开、公平、公正进行。

11.

承发包双方就同一建设工程另行签订的施工合同与中标合同中有关工程范围、建设工期、工程质量、工程价款等实质性内容不一致的怎么办？

"合同实质性内容"通常是指有关工程质量、工程期限和工程价款的内容。工程质量是指施工合同约定的工程具体条件，也是该工程区别于其他同类工程的具体特征；工程期限，即工期，是施工合同约定工程完工并交付验收的时间；工程价款，是发包人按照合同约定应当支付给承包人为其施工建设的对价，包括工程款的计价方式等。在实践中还经常遇到工程价款的隐性变更，如果建设工程合同当事人另行签订合同，以明显高于市场价格购买承建房产、无偿建设住房配套设施、让利、向建设单位捐赠财物等变相降低工程价款的，均属于变更中标合同的实质性内容。

根据民法典第 790 条的规定，建设工程的招标投标活动，应当依照有关法律的规定公开、公平、公正进行；招标投标法第 46 条第 1 款也规定：招标人和中标人应当自中标通知书发出之日起 30 日内，按照招标文件和中标人的投标文件订立书面合同。招标人和中标人不得再行订立背离合同实质性内容的其他协议；招标投标法实施条例第 57 条第 1 款则细化规定，"招标人和中标人应当依照招标投标法和本条例的规定签订书面合同，合同的标的、价款、质量、履行期限等主要条款应当与招标文件和中标人的投标文件的内容一致。招标人和中标人不得再行订立背离合同实质性内容的其他协议"。因此，招标投标行为和中标结果对招标人和投标人具有法律约束力——即招标人和投标人必须按照招标文件、投标文件、中标通知书所确定的实质性内容签订合同。法律严格禁止承发包双方就同一建设工程另行签订与中标合同中有关工程范围、建设工期、工程质量、工程价款等实质性内容不一致的施工合同，因为这样会导致对其他投标人的不公平，且有违诚信并破坏来之不易的建筑市场秩序。

违反上述规定除可能导致行政、刑事责任外，根据《最高人民法院关于审理建设工程施工合同纠纷案件适用法律问题的解释（一）》的相关规定，招标人和中标人另行签订的建设工程施工合同约定的工程范围、建设工期、工程质量、工程价款等实质性内容，与中标合同不一致，一方当事人请求按照中标合同确定权利义务的，人民法院应予支持；当事人签订的建设工程施工合同与招标文件、投标文件、中标通知书载明的工程范围、建设工期、工程质量、工程价款不一致，一方当事人请求将招标文件、投标文件、中标通知书作为结算工程价款的依据的，人民法院应予支持；发包人将依法不属于必须招标的建设工程进行招标后，与承包人另行订立的建设工程施工合同背离中标合同的实质性内容，当事人请求以中标合同作为结算建设工程价款依据的，人民法院应予支持，但发包人与承包人因客观情况发生了在招标投标时难以预见的变化而另行订立建设工程施工合同的除外。

实务中解决相关争议时，还需要注意以下几个问题：

（1）合同签订后，当事人各方经协商一致，可以对合同进行正常的变更，变更后的合同对各方均有约束力。合同双方当事人可以合意对合同相关内容进行修改，由此产生的合同变更是法律赋予合同双方当事人的基本权利。合同变更权的形式存在于所有合同履行的过程，中标合同的履行当然也不例外。在一般的合同领域，当事人协商一致时通常可以实现合法变更合同内容的目的，但是在工程领域，根据招标投标法第 46 条第 1 款的规定，招标人和中标人不得再行订立背离合同实质性内容的其他协议。即对于实质性合同条款，须以中标合同确定双方的权利及义务，而不以另行签订的施工合同作为确定双方权利义务的依据。因为对于中标后的合同，如果允许当事人随意变更中标合同的条款，有可能导致招标投标的程序形同虚设，也会造成对其他投标人合法权益的损害。

（2）根据民法典第 795 条的规定，施工合同的内容一般包括工程范围、建设工期、中间交工工程的开工和竣工时间、工程质量、工程造价、技术资料交付时间、材料和设备供应责任、拨款和结算、竣工验收、质量保修范围和质量保证期、相互协作等条款。民法典在合同法关于施工合同内容中新增"一般"两个字，表明条文所列的参照性内容不是必须的，双方可自行约定，彰显了合同自愿原则在建设工程领域同样适用。而合同实质性内容是影响和决定当事人基本权利义务的条款。招标投标法实施条例第 57 条第 1 款规定："招标人和中标人应当依照招标投标法和本条例的规定签

订书面合同，合同的标的、价款、质量、履行期限等主要条款应当与招标
文件和中标人的投标文件的内容一致。招标人和中标人不得再行订立背离
合同实质性内容的其他协议。"从该条例规定可以看出，"合同的标的、价
款、质量、履行期限等主要条款"与"合同实质性内容"是基本一致的。

需要注意的是，承发包双方就同一建设工程另行签订的施工合同与中
标合同中有关工程范围、建设工期、工程质量、工程价款等实质性内容也
可能出现不一致的例外情况，即如果签订中标合同后客观形势发生了根本
变化，应当允许当事人对原合同的实质性内容进行变更：

（1）签订中标合同后，设计变更、规划调整的。如果合同在实际履行
过程中，因设计变更导致工程量明显增加或减少，导致工程价款、工程质
量、工期等方面的变更使得与中标合同内容存在重大差异，也应当认定为
正常的合同变更；

（2）实际地质情况与中标条件不符的。在签订施工合同之前，发包人
应当进行地质勘查，并以此作为签订合同的条件。如果签订施工合同后，
发现实际的地质情况与地质勘查不一致，严重影响当事人之间的重大利益
平衡的，应当视为客观形势发生根本变化；

（3）主要建筑材料价格异常波动的。签约后，建筑材料价格的变动一
般属于商业风险，根据风险自担的原则，应当按照原合同约定执行，不能
随意变更合同条款。只有建筑材料价格异常波动，执行原合同将导致合同
双方权利义务显著失衡的，方可对中标合同进行变更。对于"异常"的判
断标准，应当达到"情势变更"的程度。

⚖ 类案导读

案例1：海南省核工业地质大队（以下简称地质大队）与海南琼山建筑
工程公司（以下简称琼山建筑公司）建设工程施工合同纠纷再审案件，
最高人民法院（2017）最高法民再249号

◇ 法律适用导读

当事人就同一建设工程另行订立的建设工程施工合同与经过备案的中
标合同实质性内容不一致，对实质性内容进行了变更，另行订立的施工合

同因违反法律的强制性规定应认定无效，工程款的结算应当以备案的施工合同作为依据。

◇ 本案争议裁判

最高人民法院审理认为：本案中，地质大队和琼山建筑公司于 2011 年 12 月 8 日依据中标文件签订《建设工程施工合同》并办理了合同备案。该合同约定：工程价款为 15816541.39 元，合同价款采用固定价格方式确定，无论工程是否有变更或工程量是否有增加或减少，工程价款均不得变更。同日，地质大队和琼山建筑公司签订的《合作合同书》约定：建成的职工住宅楼第 17 层至第 18 层共 6 套职工宿舍套房分给琼山建筑公司；地质大队所得的 60 套住房按定死造价每平方米 2280 元结算，总造价约为 13800000 元，项目建设所需的其余建设资金由琼山建筑公司全部承担。2011 年 12 月 18 日，地质大队和琼山建筑公司签订的《补充协议书》又约定：地下室由琼山建筑公司投资建设，工程项目底层架空层临路 27 米长的场地使用权归琼山建筑公司所有；小区道路、园林绿化、围墙工程由琼山建筑公司施工，工程价款另行结算。

从《合作合同书》及《补充协议书》约定的内容看，其均涉及对案涉工程总造价及支付方式的约定，且同招标人和中标人经备案登记的《建设工程施工合同》关于案涉工程款结算的约定不同，属于对《建设工程施工合同》的实质性内容进行变更。因此，《合作合同书》和《补充协议书》因违反法律的强制性规定而无效，案涉工程款的结算应以《建设工程施工合同》为依据。

案例 2：陕西瑞龙建筑工程有限公司（以下简称瑞龙公司）与榆林市针灸按摩专科医院（以下简称针灸医院）合同纠纷案件，陕西省高级人民法院（2017）陕民终 919 号

◇ 法律适用导读

工程项目属于公用事业项目，所签订的合作框架协议因未履行招标手续而无效，备案合同因中标无效而导致合同无效的情况下，应尊重双方当事人的真实意思表示，参照双方当事人达成合意并实际履行的合同结算工程价款。

11. 承发包双方就同一建设工程另行签订的施工合同与中标合同中有关工程范围、
　　建设工期、工程质量、工程价款等实质性内容不一致的怎么办？

◇ 本案争议裁判

　　法院审理认为：本案所涉工程项目属于关系社会公共利益、公众安全的公用事业项目，根据上述法律规定，工程建设必须依法进行招标。本案中，瑞龙公司与针灸医院在 2013 年 5 月 30 日签订了合作框架协议，之后瑞龙公司开始实际施工，同年 7 月 3 日瑞龙公司取得理疗办公楼建设中标通知书，双方于当日再行签订了一份建设工程施工合同并进行了备案。双方 2013 年 5 月 30 日签订的合作框架协议因未履行招标手续而无效，同年 7 月 3 日签订的备案合同因中标无效而导致合同无效。一审认定合作框架协议和备案合同无效正确，二审予以维持。

　　在合作框架协议与备案合同均无效的情况下，应尊重双方当事人的真实意思表示，参照双方当事人达成合意并实际履行的合同结算工程价款。履行合作框架协议是瑞龙公司与针灸医院的真实意愿，备案合同签订的目的仅是备案管理，并未实际履行，故应参照合作框架协议确定工程价款，并作为认定双方当事人本案法律责任的依据。导致合作框架协议无效，瑞龙公司与针灸医院均有过错。在协议履行过程中，瑞龙公司违背诚实信用原则，停止施工致使项目烂尾，给双方造成的直接损失和相较于对协议履行的预期而言后果是严重的。在此情况下，为尽快解决当事人之间的纠纷，减少双方当事人的损失，从本案实际出发，综合考量致使合作框架协议无效、项目停工的责任，以及造成的损失后果，本院酌情认定由针灸医院承担 80% 的责任支付瑞龙公司工程款，剩余 20% 的责任由瑞龙公司自负。

⚖ 法条指引

《中华人民共和国民法典》第七百九十条

　　建设工程的招标投标活动，应当依照有关法律的规定公开、公平、公正进行。

⚖ 新旧对照

《中华人民共和国合同法》第二百七十一条

　　建设工程的招标投标活动，应当依照有关法律的规定公开、公平、公正进行。

12.

发包人将应当由一个承包人完成的建设工程支解成若干部分发包给数个承包人怎么办？

比较民法典第 791 条及其变迁而来的合同法第 272 条，仅文字措辞上略有调整。民法典第 791 条第 1 款规定，发包人不得将应当由一个承包人完成的建设工程支解成若干部分发包给数个承包人。建设工程的发包是采取总承包方式还是单项工程承包方式，可以由发包人根据实际情况自行确定。但是不论发包人采取何种方式与承包人签订合同，都不得将建设工程支解发包。

建设工程合同发包承包根据订约双方的不同，可以分为直接承包和分包两大类。直接承包是指发包人直接将工程承包给承包人，包括工程总承包和单项工程承包两种方式；分包是指总承包人或者勘察、设计、施工承包人经发包人同意，可以将自己承包的部分工作交由第三人完成。无论发包人采取何种方式与承包人签订合同，都应当遵守民法典第 791 条的规定，不得将建设工程支解发包，即不得将应当由一个承包人完成的建设工程支解成若干部分发包给几个承包人。

根据住房和城乡建设部《建筑工程施工转包违法分包等违法行为认定查处管理办法（试行）》第 4 条的规定，违法发包是指建设单位将工程发包给不具有相应资质条件的单位或个人，或者支解发包等违反法律法规规定的行为。该办法第 5 条第 1 款第（五）项规定，支解发包是指建设单位将一个单位工程的施工分解成若干部分发包给不同的施工总承包或专业承包单位。按照《建设工程分类标准》（GB/T50841—2013）规定，单位工程是指具备独立施工条件并能形成独立使用功能的建筑物或构筑物。除单独立项的专业工程外，建设单位不得将一个单位工程的部分工程施工发包给专业承包单位。

发包人不得将应当由一个承包人完成的建设工程支解成若干部分发包给几个承包人。由于支解发包行为不仅导致一些不正当行为，同时也危害了公共安全，从保证建设工程质量的角度考虑，建筑工程支解发包违反了法律法规的强制性规范，应确认无效。

根据民法典第793条的规定，建设工程施工合同无效，但是建设工程经验收合格的，可以参照合同关于工程价款的约定折价补偿承包人。发包人对因建设工程不合格造成的损失有过错的，应当承担相应的责任。本条规定解决了建设工程施工合同如被确认无效所涉及的工程价款如何确定的问题。按照民法典的相关规定，导致建设工程施工合同无效的因素有很多。如果在合同签订和履行等环节未能有效控制合同无效风险，为了正确、及时解决相关争议，应当根据民法典第793条所规定的原则区分不同情形进行处理：（1）建设工程施工合同无效，但是建设工程经验收合格的，可以参照合同关于工程价款的约定折价补偿承包人；（2）建设工程施工合同无效，且建设工程经验收不合格的，按照以下情形处理：①修复后的建设工程经验收合格的，发包人可以请求承包人承担修复费用；②修复后的建设工程经验收不合格的，承包人无权请求参照合同关于工程价款的约定折价补偿。发包人对因建设工程不合格造成的损失有过错的，应当承担相应的责任。

🔨 类案导读

案例1：实事集团建设工程有限公司（以下简称实事建设有限公司）与浙江华和叉车有限公司（以下简称华和叉车公司）建设工程施工合同纠纷案件，浙江省高级人民法院（2016）浙民申3829号

◇ 法律适用导读

发包人将应当由一个承包人完成的建设工程支解成若干部分发包给数个承包人，建设工程施工合同无效后，工程未竣工验收合格时，承包人要求支付工程款的请求将得不到支持。

◇ 本案争议裁判

法院经审理认为：就本案而言，双方当事人于 2007 年 8 月 28 日签订了两份建设工程施工合同，其中一份的承包范围含桩基工程，另一份不含桩基工程，因此结合华和叉车公司一审提供的混凝土钻芯法检测收样单及钻芯法检测混凝土强度原始记录等证据，可以认定实事建设有限公司在签订合同时已经明知华和叉车公司将桩基工程发包给他人施工，并在合同的履行过程中，双方实际已经变更了施工的范围，华和叉车公司又将给排水、电气、门窗、内外墙涂料及钢结构等工程另外发包给他人承建。原审根据上述法律法规的规定，认定讼争工程系支解发包并确认涉案建设工程施工合同无效，并无不当。

在涉案建设工程施工合同被确认无效而实事建设公司又未有充足的证据证明工程经验收合格的情形下，作为承包人的实事建设公司主张工程款也缺乏法律依据。一审法院已就合同效力问题依法行使相应的释明权，但本诉原告、反诉原告均不变更合同效力的主张和诉讼请求，故一审驳回双方的诉讼请求于法有据。况且二审已告知双方可就合同无效所产生的法律后果另行解决。

> 案例 2：内蒙古云泉药业有限公司（以下简称云泉公司）与大连顺杰建筑劳务有限公司（以下简称顺杰公司）建设工程施工合同纠纷案件，内蒙古自治区高级人民法院（2019）内民申 56 号

◇ 法律适用导读

法律允许发包单位将建筑工程发包给具有施工总承包资质条件的承包单位，也允许工程总承包人将其承包的劳务作业发包给具有施工劳务资质的建筑业劳务企业完成，但法律禁止发包单位将建筑工程直接发包给具有施工劳务资质的建筑业劳务企业来完成以及将建筑工程支解发包。

◇ 本案争议裁判

法院审理认为：本案中，内蒙古科沅建筑工程有限公司（以下简称科沅公司）为案涉办公楼及水丸剂车间工程项目的中标单位，顺杰公司取得的相应资质是建筑业企业施工劳务资质，而其未取得的相应资质是建筑业

企业施工总承包资质和专业承包资质，即顺杰公司不具备建筑工程承包单位的相应资质条件。云泉公司在一审庭审中陈述"工程总造价 446 多万元，他们占了 158 万元，应该他们承担税款，他们借助科沅公司的资质"。云泉公司法定代表人陈景阳在一审询问笔录中陈述："当时顺杰公司没有相应工程施工资质，需找一家有相关工程资质的公司挂靠，当时经顺杰公司与科沅公司协商，顺杰公司挂靠科沅公司，挂靠费用由云泉公司承担。"云泉公司与顺杰公司虽签订《建筑施工劳务合同》，但从顺杰公司相应资质条件、云泉公司的上述陈述、该合同约定及实际履行的情况来看，科沅公司未对案涉工程进行施工，顺杰公司并不具备施工总承包的相应资质，云泉公司明知顺杰公司借用科沅公司的资质进行建设工程施工，故二审判决综合本案事实，认定顺杰公司是涉案工程的实际施工人，有事实依据，并无不当。云泉公司以劳务承包的形式将案涉工程直接发包给顺杰公司承包施工的行为违反法律的强制性规定，二审判决认定双方所签合同应为无效合同并无不当，有法律依据。云泉公司主张顺杰公司具备施工资质且施工内容没有超越其资质等级许可范围，也没有借用科沅公司资质的事实，与查明的事实不符，其主张合同有效无法律依据，不能成立。

　　根据《中华人民共和国合同法》第 56 条规定，无效的合同自始没有法律约束力，第 58 条规定，合同无效或者被撤销后，因该合同取得的财产，应当予以返还；不能返还或者没有必要返还的，应当折价补偿。有过错的一方应当赔偿对方因此所受到的损失，双方都有过错的，应当各自承担相应责任。鉴于工程承包合同的特殊性，施工方的施工成果已经物化到建设工程中，客观上也无法返还，本案显然不能适用返还原则，双方只须结算工程款即可，故云泉公司主张依照《中华人民共和国合同法》第 58 条的规定计算顺杰公司劳务所得的再审理由不能成立，本院不予支持。云泉公司主张顺杰公司给付违约赔偿金，因该合同为无效合同，导致该合同自始无效，该合同对当事人不再具有任何约束力，自然也包括合同约定的违约责任条款，故云泉公司的该项再审申请理由不能成立。

⚖ 法条指引

《中华人民共和国民法典》第七百九十一条第一款

发包人可以与总承包人订立建设工程合同，也可以分别与勘察人、设计人、施工人订立勘察、设计、施工承包合同。发包人不得将应当由一个承包人完成的建设工程支解成若干部分发包给数个承包人。

新旧对照

《中华人民共和国合同法》第二百七十二条第一款

发包人可以与总承包人订立建设工程合同，也可以分别与勘察人、设计人、施工人订立勘察、设计、施工承包合同。发包人不得将应当由一个承包人完成的建设工程肢解成若干部分发包给几个承包人。

13.

承包人将其承包的全部建设工程转包给第三人或者将其承包的全部建设工程支解以后以分包的名义分别转包给第三人怎么办？

根据《建设工程质量管理条例》第78条第3款的规定，转包，是指承包单位承包建设工程后，不履行合同约定的责任和义务，将其承包的全部建设工程转给他人或者将其承包的全部建设工程支解以后以分包的名义分别转给其他单位承包的行为。工程转包的基本形式主要表现为以下两种：（1）将承包的全部建设工程转给他人承包；（2）将承包的全部建设工程支解以后，以分包的名义分别转给其他单位承包。

建设工程的分包，是指工程总承包人、勘察承包人、设计承包人、施工承包人承包建设工程后，将其承包的某一部分工程或某几部分工程，再发包给其他承包人，与其签订承包合同项下的分包合同的发包承包方式。总承包人或者勘察、设计、施工承包人在分包合同中即成为分包合同的发包人。其中，施工工程分包是指建筑业企业将其所承包的房屋建筑和市政基础设施工程中的专业工程或劳务作业发包给其他建筑业企业完成的活动。工程分包又包括专业工程分包和劳务作业分包。专业工程分包，是指施工总承包企业将其所承包工程中的专业工程发包给具有相应资质的其他建筑业企业完成的活动；劳务作业分包，是指施工总承包企业或者专业承包企业将其承包工程中的劳务作业发包给劳务分包企业完成的活动。

转包与分包的根本区别在于：转包行为中，原承包人将其工程全部倒手转给他人，自己并不实际履行合同约定的义务；而在分包行为中，承包人只是将其承包工程的某一部分或几部分再分包给其他承包人，承包人仍然要就承包合同约定的全部义务的履行向发包人负责。本条关于禁止转包的规定，既符合我国的实际情况，也与国际通行做法相一致。

根据《建设工程质量管理条例》第 78 条第 2 款的规定，违法分包是指下列行为：（1）总承包单位将建设工程分包给不具备相应资质条件的单位的；（2）建设工程总承包合同中未有约定，又未经建设单位认可，承包单位将其承包的部分建设工程交由其他单位完成的；（3）施工总承包单位将建设工程主体结构的施工分包给其他单位的；（4）分包单位将其承包的建设工程再分包的。

根据民法典第 791 条第 2 款的规定，承包人不得将其承包的全部建设工程转包给第三人或者将其承包的全部建设工程支解以后以分包的名义分别转包给第三人。违反前述法律强制性规定的合同，为无效合同。无效合同，自始没有法律约束力；因该无效合同而取得的财产，应当予以返还，不能返还的或没有必要返还的，应当折价补偿。

基于违反上述法律规定所导致的建设工程施工合同无效，可根据民法典第 793 条所规定的原则区分不同情形进行处理：（1）建设工程施工合同无效，但是建设工程经验收合格的，可以参照合同关于工程价款的约定折价补偿承包人；（2）建设工程施工合同无效，且建设工程经验收不合格的，按照以下情形处理：①修复后的建设工程经验收合格的，发包人可以请求承包人承担修复费用；②修复后的建设工程经验收不合格的，承包人无权请求参照合同关于工程价款的约定折价补偿。发包人对因建设工程不合格造成的损失有过错的，应当承担相应的责任。

根据《最高人民法院关于审理建设工程施工合同纠纷案件适用法律问题的解释（一）》第 43 条、第 44 条的规定，实际施工人以转包人、违法分包人为被告起诉的，人民法院应当依法受理。实际施工人以发包人为被告主张权利的，人民法院应当追加转包人或者违法分包人为本案第三人，在查明发包人欠付转包人或者违法分包人建设工程价款的数额后，判决发包人在欠付建设工程价款范围内对实际施工人承担责任。实际施工人依据民法典第 535 条规定，以转包人或者违法分包人怠于向发包人行使到期债权或者与该债权有关的从权利，影响其到期债权实现，提起代位权诉讼的，人民法院应予支持。

13. 承包人将其承包的全部建设工程转包给第三人或者将其承包的全部建设工程
   支解以后以分包的名义分别转包给第三人怎么办？

⚖ 类案导读

案例1：黄某、北京建工集团有限责任公司（以下简称北京建工）与海
口明光旅游发展有限公司（以下简称明光旅游公司）、海口明光大酒店
有限公司（以下简称明光酒店）、北京建工集团有限责任公司海南分公
司（以下简称北建海南分公司）建设工程施工合同纠纷案件，最高人民
法院（2018）最高法民终611号

◇ 法律适用导读

　　总承包人通过分包的方式将其承包的全部工程转包给第三人实际控制
的企业进行施工，法院认定构成事实上的违法转包关系，相关转包协议依
法属于无效合同后，对于已经竣工验收的工程，违法转包的总承包人应承
担欠付的工程款，而发包人在其所欠工程款范围内，对总承包人的付款义
务承担连带清偿责任。

◇ 本案争议裁判

　　最高人民法院审理认为：北京建工或北建海南分公司承揽明光酒店相
关建设工程后，即通过分包方式将其承包的全部工程转给由黄某实际控制
的企业进行施工。原审期间，北京建工及北建海南分公司亦认可停工前工
程、续建工程和商业广场等涉案工程，均由黄某实际垫资完成施工。因
此，北京建工及北建海南分公司与黄某之间已就涉案工程构成事实上的违
法转包关系。如前所述，北京建工及北建海南分公司承包涉案工程后，又
将工程非法转包给黄某实际施工，相关转包协议依法属于无效合同。

　　涉案工程经过竣工验收认定为合格工程，明光旅游公司、明光酒店公
司共同确认尚欠停工前工程价款数额，明光酒店公司与北建海南分公司签
订确认书确认续建工程欠款数额。黄某与北京建工上诉未对原审判决认定
的工程欠款数额提出异议，黄某请求按照前述确认数额支付相应工程价
款，依法应予支持。北京建工及北建海南分公司作为违法转包合同当事
人，对于黄某因履行转包合同而发生的工程价款，依法应当承担清偿责
任。原审判决前述判项确定的实体义务虽然无须再作实质调整，但鉴于需

要改判北京建工及北建海南分公司向黄某支付续建工程欠款，故将原审判决前述判项变更为明光酒店公司在其所欠工程款范围内，对北京建工及北建海南分公司的付款义务承担连带清偿责任。

案例 2：汕头市伟达房地产有限公司（以下简称伟达公司）与中通信息服务有限公司第一分公司（以下简称中通公司）、深圳公众信息技术有限公司（以下简称公众公司）建设工程施工合同纠纷案件，广东省汕头市中级人民法院（2020）粤 05 民终 701 号

◇ 法律适用导读

承包人将其承包的全部建设工程转包给第三人的，建设工程合同无效，但建设工程经竣工验收合格的，请求参照合同约定支付工程款的，应予支持。

◇ 本案争议裁判

一审法院认为：本案伟达公司与公众公司签订《投建协议》，约定由公众公司负责碧海阳光住宅区的光纤到户通信设施工程的投资、共建，实际是伟达公司将其开发建设的碧海阳光住宅区的通讯建设工程发包给公众公司施工建设，而公众公司作为工程承包人并不具有通讯建设工程的施工资质。根据 2004 年《最高人民法院关于审理建设工程施工合同纠纷案件适用法律问题的解释》（以下简称《建设工程施工解释》）第 1 条第（一）项规定，承包人未取得建筑施工企业资质或者超越资质等级的，建设工程施工合同无效。伟达公司与公众公司签订的《投建协议》依法无效。公众公司与中通公司签订《施工合同》，约定由中通公司施工涉案通讯工程，双方的约定实为公众公司将涉案通讯工程整体转包给中通公司。上述《施工合同》已违反了合同法第 272 条第 2 款 "……承包人不得将其承包的全部建设工程转包给第三人或者将其承包的全部建设工程肢解以后以分包的名义分别转包给第三人" 的规定，根据合同法第 52 条第（五）项的规定，《施工合同》亦因违反法律的强制性规定而无效。因此，伟达公司与公众公司签订的《投建协议》，以及公众公司与中通公司签订的《施工合同》

13. 承包人将其承包的全部建设工程转包给第三人或者将其承包的全部建设工程支解以后以分包的名义分别转包给第三人怎么办？

均属无效。

关于工程款支付问题。虽然中通公司与公众公司签订的《施工合同》无效，但中通公司已施工完毕涉案小区通讯工程并分别于 2016 年 2 月 4 日和同年 10 月 31 日通过通信管理部门审核作出《审核意见书》，经验收合格，根据 2004 年《建设工程施工解释》第 2 条"建设工程施工合同无效，但建设工程经竣工验收合格的，承包人请求参照合同约定支付工程款的，应予支持"的规定，中通公司有权请求公众公司按照《施工合同》约定支付工程价款。

关于伟达公司应否对案涉工程款及其利息的支付承担连带清偿责任的问题。中通公司是涉案小区通讯工程的实际施工人，公众公司是转包人，伟达公司是发包人，根据 2004 年《建设工程施工解释》第 26 条规定，伟达公司将涉案通讯工程发包给不具有相应建筑施工资质的公众公司，伟达公司的行为具有违法性，故伟达公司应与公众公司对未能向中通公司支付工程价款承担共同的违法过错责任。

二审法院审理认为：因《投建协议》属于建设工程施工合同，而公众公司作为工程承包人并不具有通讯建设工程的施工资质。故一审法院认定《投建协议》无效符合法律规定，本院予以维持。

本案中，实际施工人中通公司起诉发包人伟达公司和转包人公众公司支付工程款，伟达公司依照上述规定应在欠付公众公司工程款的范围内承担清偿责任。鉴于伟达公司无权将涉案小区光纤网及相关资产的使用、管理、维护权利交付给公众公司，即伟达公司未履行也不能履行《投建协议》约定的对价，故一审判决认定伟达公司应向公众公司履行的工程对价义务应不低于公众公司向中通公司支付涉案通讯工程的工程款并无不当，一审判决伟达公司在工程价款 361020 元的范围内连带向中通公司支付未付工程价款 234762 元、质保金 18051 元及相应利息亦无不当，本院对此予以维持。

案例 3：北京中景恒基工程管理有限公司、鄂尔多斯市鑫聚源化工有限公司（以下简称鑫聚源公司）与徐州宏源钢结构安装有限公司（以下简称宏源公司）、徐州中煤钢结构建设有限公司（以下简称中煤公司）、上海同济宝冶建设机器人有限公司（以下简称宝冶公司）建设工程施工合同纠纷案件，最高人民法院（2016）最高法民终 267 号

◇ 法律适用导读

发生安全生产事故，总承包单位和分包单位就分包工程对建设单位承担连带责任。

◇ 本案争议裁判

最高人民法院认为：根据发包人与总包人签订的《建设工程施工承包合同》及《安全施工协议书》的约定，总包人负有按照约定时间和质量标准，完成案涉储煤棚网架结构制作安装工作的合同义务，并负有按照合同约定和相关法律规定，保证安全生产的义务。

根据总包人与专业分包人签订的《技术服务合同》及专业分包人编制的《鄂尔多斯煤棚网架钢结构液压提升施工方案》的内容，案涉储煤棚网壳液压提升工程的提升重量约1920吨，网壳顶点标高约为52米，该工程项目应当属于《危险性较大的分部分项工程安全管理办法》中所称的"超过一定规模的危险性较大的分部分项工程"范围，施工单位应当在施工前编制专项方案并应当组织专家对专项方案进行论证。总包人在负有按照国家法律、法规、规范、标准、操作规程等规定要求组织施工，并确保安全生产的合同义务及法定义务的情况下，未就专业分包人提交的《鄂尔多斯煤棚网架钢结构液压提升施工方案》组织专项方案论证。而根据《批复》及《报告》的内容，提升工程施工方案存在漏洞，是造成案涉事故的直接原因。总包人作为该工程的施工单位，违反相关法律规定和合同约定，未尽到安全生产责任，已构成违约，应当承担相应民事责任。

关于专业分包人宝冶公司是否应当就损失赔偿承担连带责任的问题。本院认为，案涉储煤棚网壳提升工程，属于中煤公司承包的储煤棚网架结构部分制作安装工程中一部分专业性较强的施工内容，根据中煤公司与宝冶公司签订的《技术服务合同》，宝冶公司负责编制该工程的液压同步提升方案并负责液压提升作业，故该合同性质应当认定为分包合同。双方同时约定，安全责任依据该技术服务合同范围，参照中煤公司与鑫聚源公司签订合同中的相关条款执行。故就宝冶公司实际负责的液压提升作业工程，宝冶公司应对中煤公司负相应依法组织施工并保证安全生产等责任。根据《批复》内容，宝冶公司制定的提升施工方案存在漏洞是导致事故发生的直接原因，且宝冶

13. 承包人将其承包的全部建设工程转包给第三人或者将其承包的全部建设工程
    支解以后以分包的名义分别转包给第三人怎么办？

公司亦存在未依法履行安全生产相应职责的问题。根据《中华人民共和国建筑法》第29条第2款规定，建筑工程总承包单位按照总承包合同的约定对建设单位负责；分包单位按照分包合同的约定对总承包单位负责。总承包单位和分包单位就分包工程对建设单位承担连带责任。故鑫聚源公司要求宝冶公司就未能保证安全生产导致发生事故造成的经济损失，与中煤公司承担连带赔偿责任的主张，具有事实和法律依据，本院对此予以支持。

关于劳务分包人宏源公司是否应当就损失赔偿承担连带责任的问题。本院认为，根据中煤公司与宏源公司签订的《工程劳务分包合同书》的约定，宏源公司就案涉储煤棚网架结构工程分包的劳务施工范围为网架、檩条安装及彩板维护，并不包括案涉提升工程的劳务施工。故案涉提升工程不属于宏源公司劳务分包合同范畴，该事实亦为《批复》所认定。根据《批复》载明的事故原因，宏源公司虽然存在派员参与其合同外监视压力表等协助工作，但该事项并非导致案涉事故发生的直接原因。故鑫聚源公司要求宏源公司就因事故造成的经济损失，与中煤公司承担连带赔偿责任，缺乏事实和法律依据，本院对此不予支持。

⚖ 法条指引

《中华人民共和国民法典》第七百九十一条第二款

总承包人或者勘察、设计、施工承包人经发包人同意，可以将自己承包的部分工作交由第三人完成。第三人就其完成的工作成果与总承包人或者勘察、设计、施工承包人向发包人承担连带责任。承包人不得将其承包的全部建设工程转包给第三人或者将其承包的全部建设工程支解以后以分包的名义分别转包给第三人。

⚖ 新旧对照

《中华人民共和国合同法》第二百七十二条第二款

总承包人或者勘察、设计、施工承包人经发包人同意，可以将自己承包的部分工作交由第三人完成。第三人就其完成的工作成果与总承包人或者勘察、设计、施工承包人向发包人承担连带责任。承包人不得将其承包的全部建设工程转包给第三人或者将其承包的全部建设工程肢解以后以分包的名义分别转包给第三人。

14.

建设工程转包、违法分包合同被确认无效后，对于已经收取的管理费及尚未收取的管理费应当怎么办？

在我国，由于长期存在建设工程实践中建筑企业资质的管理规定，众多没有资质的市场主体出于利益的考量往往会采取转包、违法分包、挂靠的方式进入建筑市场。而在这些通过转包、违法分包、挂靠签订的合同中，转包、违法分包、被挂靠人通常会与实际施工人约定上缴或扣除某个比例或数额的"管理费"，从而赚取一定的差价。

2004 年最高人民法院发布的《建设工程施工解释》第 4 条规定："承包人非法转包、违法分包建设工程或者没有资质的实际施工人借用有资质的建筑施工企业名义与他人签订建设工程施工合同的行为无效。人民法院可以根据民法通则第一百三十四条规定，收缴当事人已经取得的非法所得。"所谓"非法所得"，是指单位或个人通过非法行为、不正当方法、损害他人利益情况下所取得的利益。依据该条款，管理费往往会被认定为"非法所得"，但是在审判实践中，却鲜有法院按本条规定将管理费予以收缴。

鉴于民法典已删除民事责任条款中有关收缴非法所得的规定，为确保法律体系的完整和协调、防止出现矛盾，司法解释中的相关规定亦不能再予以适用，最高人民法院在 2020 年 12 月 30 日公布的《最高人民法院关于审理建设工程施工合同纠纷案件适用法律问题的解释（一）》中，已经删除了 2004 年最高人民法院发布的《建设工程施工解释》第 4 条的内容。

虽然今后即使发包人收取了管理费但实际并未进行管理，法院也不应对其收取的管理费予以收缴，但是法院对非法所得不予收缴并不意味着法院对民事审判中发现的违法行为放任不管，对于违反行政法或既违反民法又违反行政法的，如对转包、违法分包等建设违法行为，更宜采用行政处

罚方式予以制裁。建筑法第 66 条规定，"建筑施工企业转让、出借资质证
书或者以其他方式允许他人以本企业的名义承揽工程的，责令改正，没收
违法所得，并处罚款，可以责令停业整顿，降低资质等级；情节严重的，
吊销资质证书……"；第 67 条第 1 款规定，"承包单位将承包的工程转包
的，或者违反本法规定进行分包的，责令改正，没收违法所得，并处罚
款，可以责令停业整顿，降低资质等级；情节严重的，吊销资质证书"。

　　根据《最高人民法院关于审理建设工程施工合同纠纷案件适用法律问
题的解释（一）》第 1 条第 2 款的规定，承包人因转包、违法分包建设工
程与他人签订的建设工程施工合同，应当依据民法典第 153 条第 1 款及第
791 条第 2 款、第 3 款的规定，认定无效。在转包、违法分包合同无效情
况下，如果因为自身没有资质或不具备施工能力等，将工程转包、违法分
包给具有资质或具备施工能力的实际施工人，转包人、违法分包人实际严
格按照"无效合同"约定履行了管理义务，且约定了合理的管理费标准，
转包人、违法分包人主观上不具有赚取"管理费差价"的主观恶意，则此
种情况下，可以结合当事人签订合同之初的真实意思表示及合同履行情
况，将管理费认定为工程价款的一部分，工程管理费对应的是工程管理义
务；若转包人、违法分包人主观上想通过转包、违法分包工程，赚取管理
费差价；或者即使转包人、违法分包人履行了部分管理义务，但是管理费
标准明显约定过高；或者转包人、违法分包人没有履行管理义务或仅履行
很少一部分管理义务，则此时如果将管理费认定为工程价款的一部分，显
然不符合当事人签订合同之初的本意，也有违我国民法中的公平原则与诚
实信用原则，此时依法应当不予保护。

　　在司法实践中，建设工程转包、违法分包合同被确认无效后，对于已
经收取的管理费及尚未收取的管理费应当如何处理以及管理费是否属于工
程价款的一部分等问题，通常可以参照以下处理规则：

　　（1）全额支持管理费：①涉案合同虽然无效，但是涉案工程验收合
格，双方在参照合同关于工程价款的约定进行折价补偿时，亦应当参照合
同约定对属于工程价款的管理费进行结算；②总包单位所收取的管理费中
有其必要的管理支出，不同于不进行管理而仅通过转包获取非法利益的情
形，并且涉案工程均已竣工验收合格，因此应参照合同约定对属于工程价
款的管理费进行结算。

　　（2）酌定支持部分管理费：①根据施工单位对项目进行管理的实际情

况，酌定计取管理费；②根据合同双方当事人对涉案合同无效的过错程度，自由裁量确定管理费金额；③综合考量项目管理的实际情况及合同无效的过错程度，酌情认定管理费比例。

（3）不予支持管理费：①合同无效，管理费收取没有法律依据，并且基于利益平衡和公平公正原则的考量，收取的管理费应当予以返还；②由于转包合同无效，双方关于管理费的约定亦无效，因此转包人主张管理费没有法律依据，不予支持，已经收取的，应予返还。

类案导读

案例1：谢某标与四川路航建设工程有限责任公司（以下简称路航公司）、谢某建设工程施工合同纠纷再审案件，最高人民法院（2014）民申字第1078号

法律适用导读

涉案合同虽然无效，但是涉案工程验收合格，双方在参照合同关于工程价款的约定进行折价补偿时，亦应当参照合同约定对属于工程价款的管理费进行结算。

本案争议裁判

最高人民法院认为：对管理费，从二审查明的案件事实来看，双方在有关会议纪要中明确路航公司按工程造价的5.5%比例向谢某标收取。对此，实系路航公司为履行合同所发生的必需的开支，属于工程价款的一部分，即使合同无效，双方亦应根据合同履行情况按实进行结算。因此，二审判决认定谢某标应按工程造价的5.5%比例向路航公司支付管理费，并无不当。谢某标申请再审提出其不应支付管理费的理由，缺乏事实和法律依据，不能成立。

案例2：四川红源建筑工程有限公司（以下简称红源公司）、重庆中环建设有限公司建设工程（以下简称中环公司）施工合同纠纷再审审查与审判监督案件，最高人民法院（2017）最高法民申4383号

14. 建设工程转包、违法分包合同被确认无效后，对于已经收取的
管理费及尚未收取的管理费应当怎么办？

◇ 法律适用导读

总包单位所收取的管理费中有其必要的管理支出，不同于不进行管理而仅通过转包获取非法利益的情形，并且涉案工程均已竣工验收合格，因此应参照合同约定对属于工程价款的管理费进行结算。

◇ 本案争议裁判

最高人民法院认为：关于中环公司应否退还管理费，应否在支付工程款时扣除管理费的问题。因红源公司不具备案涉工程要求的施工资质，故其与中环公司签订的《项目合作补充协议》属无效合同。因红源公司未向中环公司支付管理费，故不存在退还管理费的问题。根据《项目合作补充协议》约定，案涉工程洞外一切临时设施、炸药库等由中环公司负责提供，基本保险费用亦由中环公司负责购买。《项目合作补充协议》虽无效，但因中环公司对案涉工程实际进行了管理，故可参照补充协议约定，在工程结算时扣除管理费。

关于二审判决认定红源公司承担案涉工程所产生电费、租赁费、罚款的一半费用是否有误的问题。红源公司施工量占案涉工程施工总量的50％，其分享了案涉工程一半的收益，二审认定红源公司应承担其施工期间案涉项目部支出的电费、租赁费、罚款等开支的一半，并无不当。

案例3：上海联众建筑装潢安装工程有限公司（以下简称上海联众公司）、湖北工程建设总承包有限公司（以下简称湖北工程公司）建设工程合同纠纷再审案件，最高人民法院（2018）最高法民再317号

◇ 法律适用导读

综合考量项目管理的实际情况及合同无效的过错程度，酌情认定管理费比例。

◇ 本案争议裁判

最高人民法院认为：本案中，案涉建设工程已经竣工验收合格，上海

联众公司依法可以参照《协作型联营协议书》的约定结算工程价款。根据《协作型联营协议书》约定，上海联众公司应当按照最终审定的结算总额的13%缴纳管理费。上海联众公司认为，湖北工程公司违法分包，其收取的管理费违背客观事实，缺乏法律依据。对此，本院认为，因湖北工程公司将其承包的工程以联营协议的方式分包给上海联众公司，违反了建筑法第28条、合同法第272条的规定，该协议应为无效。故湖北工程公司要求按照该合同约定收取13%的管理费据理不足。综合考虑上海联众公司作为实际施工人，在施工中实际接受了总包单位湖北工程公司的管理服务，上海联众公司应向湖北工程公司支付相应的管理费用。结合双方对于合同无效均有过错，且上海联众公司在其法定代表人易某东已与湖北工程公司签订《协作型联营协议书》的情况下，违背诚实信用原则否认案涉协议及授权委托书的存在，过错较大，本院酌定按照审定总价的9%计算管理费，即7371396元（81904400元×9%），超出的管理费3276176元作为工程款由湖北工程公司支付给上海联众公司。上海联众公司的该项再审请求部分成立，本院予以支持。

> 案例4：胡某雄与湖北中民建筑工程有限公司（以下简称中民建公司）建设工程施工合同纠纷审判监督案件，最高人民法院（2014）民抗字第10号

◇ 法律适用导读

合同无效，管理费收取没有法律依据，并且基于利益平衡和公平公正原则的考量，收取的管理费应当予以返还。

◇ 本案争议裁判

最高人民法院认为：对建设工程施工合同中的民事违法行为是否惩罚应根据案件实际情况及当事人违法情节而定，不能因为适用惩罚措施而导致当事人利益严重失衡。本案中，105万元管理费是中民建公司与胡某雄签订合同后，胡某雄即支付中民建公司的。此外，《工程劳务分包协议书》约定十六化建公司收取中民建公司管理费130万元，但双方结算时除去工

程终审金额 630 万元外，十六化建公司又补给中民建公司管理费 100 万元。实际上，中民建公司除了已经取得胡某雄上交的 105 万元管理费外，还另外从十六化建公司获得管理费 100 万元。中民建公司亦承认这个 100 万元管理费与胡某雄没有任何关系，是十六化建公司对中民建公司的补偿。胡某雄组织几十名民工施工，最终完成了挖运工程，且验收合格，其理应获得施工的劳务费。如果将该 105 万元管理费予以收缴，则胡某雄仅得 525 万元劳务费，与其付出的劳动不相符。而非法转包的中民建公司在收取的胡某雄 105 万元管理费被收缴后，仍然获得了十六化建公司补偿中民建公司的 100 万元管理费，势必造成新的不平衡，激发新的矛盾。二审判决综合考虑上述实际情况，在中民建公司与胡某雄签订的《设备租赁合同书》因中民建公司非法转包而无效的情况下，判令中民建公司将实际施工前便已经收取的 105 万元管理费向胡某雄予以返还，而非予以收缴，充分考虑了司法解释本意和本案具体情况，适用法律并无不当。检察机关上述抗诉意见，不符合本案的实际情况，亦不符合本院司法解释规定的精神，本院不予支持。

🔨 法条指引

《中华人民共和国民法典》第七百九十一条第二款

总承包人或者勘察、设计、施工承包人经发包人同意，可以将自己承包的部分工作交由第三人完成。第三人就其完成的工作成果与总承包人或者勘察、设计、施工承包人向发包人承担连带责任。承包人不得将其承包的全部建设工程转包给第三人或者将其承包的全部建设工程支解以后以分包的名义分别转包给第三人。

🔨 新旧对照

《中华人民共和国合同法》第二百七十二条第二款

总承包人或者勘察、设计、施工承包人经发包人同意，可以将自己承包的部分工作交由第三人完成。第三人就其完成的工作成果与总承包人或者勘察、设计、施工承包人向发包人承担连带责任。承包人不得将其承包的全部建设工程转包给第三人或者将其承包的全部建设工程肢解以后以分包的名义分别转包给第三人。

15.

承包人将工程分包给不具备相应资质条件的单位怎么办？

民法典第 791 条第 3 款规定："禁止承包人将工程分包给不具备相应资质条件的单位。禁止分包单位将其承包的工程再分包。建设工程主体结构的施工必须由承包人自行完成。"

为了保证工程的质量，防止某些承包人在拿到工程项目后以分包的名义倒手转包，损害发包人的利益，破坏建设市场秩序，法律禁止承包人将工程分包给不具备相应资质条件的单位。根据《建筑业企业资质管理规定》第 5 条的规定，建筑业企业资质分为施工总承包资质、专业承包资质、施工劳务资质 3 个序列。施工总承包资质、专业承包资质按照工程性质和技术特点分别划分为若干资质类别，各资质类别按照规定的条件划分为若干资质等级。施工劳务资质不分类别与等级。因此，施工总承包或专业承包的承包人，不但要取得建筑企业资质，且只能从事符合自身资质类别与资质等级的建筑活动。

承包人应按照其拥有的注册资本、专业技术人员、技术装备和已完成的建设工程业绩等资质条件，划分为不同的资质等级，经资质审查合格，取得相应等级的资质证书后，方可在其资质等级许可的范围内从事建设活动。承包人在将工程分包时，应当审查分包人是否具备承包该部分工程建设的资质条件。承包人将工程分包给不具备相应资质条件的分包人，该分包合同无效。

承包人未取得建筑施工企业资质或者超越资质等级承揽建设工程的，据此签订的建设工程施工合同无效。合同无效后，需要根据民法典第 793 条所规定的原则区分不同情形进行处理：（1）建设工程施工合同无效，但是建设工程经验收合格的，可以参照合同关于工程价款的约定折价补偿承包人；（2）建设工程施工合同无效，且建设工程经验收不合格的，按照以下情形处理：①修复后的建设工程经验收合格的，发包人可以请求承包人承担修复费用；②修复后的建设工程经验收不合格的，承包人无权请求参照合同关于工程价款的约定折价补偿。发包人对因建设工程不合格造成的损失有过错的，应当承担相应的责任。

根据《最高人民法院关于审理建设工程施工合同纠纷案件适用法律问题的解释（一）》第4条、第5条、第7条的规定，承包人超越资质等级许可的业务范围签订建设工程施工合同，在建设工程竣工前取得相应资质等级，当事人请求按照无效合同处理的，人民法院不予支持。具有劳务作业法定资质的承包人与总承包人、分包人签订的劳务分包合同，当事人请求确认无效的，人民法院依法不予支持。

缺乏资质的单位或者个人借用有资质的建筑施工企业名义签订建设工程施工合同，发包人请求出借方与借用方对建设工程质量不合格等因出借资质造成的损失承担连带赔偿责任的，人民法院应予支持。

⚖ 类案导读

> 案例1：冷某与湖南对外建设集团有限公司（以下简称外建公司）建设工程施工合同纠纷再审民事案件，湖南省高级人民法院（2019）湘民再199号

◇ 法律适用导读

总承包人将部分工程分包给不具备施工资质的第三方，分包合同因违反法律强制性规定而应认定无效后，工程已验收合格的，可参照司法解释之规定按照合同约定确定工程价款。

◇ 本案争议裁判

法院再审认为：本案为建设工程施工合同纠纷。根据《中华人民共和国合同法》第272条规定，承包人不得将其承包的全部建设工程转包或支解以后以分包的名义分别转包给第三人，禁止承包人将工程分包给不具备

相应资质条件的单位,外建公司将从渝东公司承包的梁长高速公路路基工程分包给冷某,由于冷某不具备施工资质,因此,外建公司与冷某签订的《联营合同》和《内部经营承包责任书》因违反法律禁止性规定而应认定无效。虽然,本案冷某于 2003 年 12 月 31 日提起诉讼时,《建设工程施工解释》并未施行,但在该司法解释出台之前,对于建设工程施工合同被认定无效后应如何支付工程款问题,法律并无明文规定,因而,一、二审法院基于涉案工程已验收合格,参照该司法解释之规定按照合同约定确定工程价款并无不当,本院予以维持。

案例 2:拉萨市华宇建设有限责任公司(以下简称华宇公司)、冯某建设工程施工合同纠纷案件,最高人民法院(2019)最高法民终 1752 号

◇ 法律适用导读

承包人将工程分包给不具备资质条件的自然人,施工合同无效,转包人及实际施工人均应承担相应的赔偿责任。

◇ 本案争议裁判

原审法院认为:华宇公司与佘龙于 2013 年 9 月 14 日签订的《工程承包合同》与 2013 年 10 月 29 日中铁七局三公司西藏自治区省道 303 线洛隆至边坝公路改建工程 D 标段项目经理部和华宇公司之间签订的《施工协议书》内容一致。而冯某和佘龙作为自然人,不具有工程施工资质,故《工程承包合同》违反《中华人民共和国合同法》第 272 条第 2 款、第 3 款中的"承包人不得将其承包的全部建设工程转包给第三人或者将其承包的全部建设工程肢解以后以分包的名义分别转包给第三人。禁止承包人将工程分包给不具备相应资质条件的单位。禁止分包单位将其承包的工程再分包。建设工程主体结构的施工必须由承包人自行完成"的规定以及第 52 条第(五)项"违反法律行政法规的强制性规定"的规定,属于无效合同,另,《中华人民共和国建筑法》第 28 条,亦明确规定禁止转包工程项目,《建设工程质量管理条例》第 25 条规定了不得转包工程。无效合同自始无效,无须再经法院裁判解除。

15. 承包人将工程分包给不具备相应资质条件的单位怎么办?

最高人民法院认为:从《工程承包合同》约定的内容和实际履行情况来看,华宇公司与冯某之间并无劳动或隶属管理关系,不符合法律规定的内部承包合同关系。冯某的财务管理、经营风险等方面均独立于华宇公司,工程建设所需投资、机械设备、各方面管理人员费用等亦由其自行承担,故冯某系本案的实际施工人。原判认定华宇公司违法转包,《工程承包合同》因违反法律、行政法规的强制性规定而无效,冯某作为实际施工人参与工程建设活动,并无不当。

⚖ 法条指引

《中华人民共和国民法典》第七百九十一条第三款

禁止承包人将工程分包给不具备相应资质条件的单位。禁止分包单位将其承包的工程再分包。建设工程主体结构的施工必须由承包人自行完成。

⚖ 新旧对照

《中华人民共和国合同法》第二百七十二条第三款

禁止承包人将工程分包给不具备相应资质条件的单位。禁止分包单位将其承包的工程再分包。建设工程主体结构的施工必须由承包人自行完成。

16.

挂靠有资质的建筑施工企业签订的建设工程施工合同被确认无效后怎么办?

"挂靠"本是建筑行业内约定俗成的通行名词,与其相对应的法律概念是"借用资质"。在工程施工领域,"挂靠"是指单位或个人以其他有资质的施工单位的名义承揽工程的行为。一般而言,承揽工程包括参与投标、订立合同、办理有关施工手续、从事施工等在内的一系列活动。民法典第791条第3款规定,禁止承包人将工程分包给不具备相应资质条件的单位。

根据住房和城乡建设部《建筑工程施工发包与承包违法行为认定查处管理办法》第8条、第10条的规定,存在下列情形之一的,属于挂靠:(1)没有资质的单位或个人借用其他施工单位的资质承揽工程的;(2)有资质的施工单位相互借用资质承揽工程的,包括资质等级低的借用资质等级高的,资质等级高的借用资质等级低的,相同资质等级相互借用的;(3)施工总承包单位或专业承包单位未派驻项目负责人、技术负责人、质量管理负责人、安全管理负责人等主要管理人员,或派驻的项目负责人、技术负责人、质量管理负责人、安全管理负责人中一人及以上与施工单位没有订立劳动合同且没有建立劳动工资和社会养老保险关系,或派驻的项目负责人未对该工程的施工活动进行组织管理,又不能进行合理解释并提供相应证明,且有相关证据证明存在借用资质行为的;(4)合同约定由承包单位负责采购的主要建筑材料、构配件及工程设备或租赁的施工机械设备,由其他单位或个人采购、租赁,或施工单位不能提供有关采购、租赁合同及发票等证明,又不能进行合理解释并提供相应证明,且有相关证据证明存在借用资质行为的;(5)专业作业承包人承包的范围是承包单位承包的全部工程,专业作业承包人计取的是除上缴给承包单位"管理费"之

16. 挂靠有资质的建筑施工企业签订的建设工程施工合同被确认无效后怎么办？

外的全部工程价款，且有相关证据证明存在借用资质行为的；（6）承包单位通过采取合作、联营、个人承包等形式或名义，直接或变相将其承包的全部工程转给其他单位或个人施工，且有相关证据证明存在借用资质行为的；（7）专业工程的发包单位不是该工程的施工总承包或专业承包单位或建设单位，且有相关证据证明存在借用资质行为的；（8）专业作业的发包单位不是该工程承包单位的，且有相关证据证明存在借用资质行为的；（9）施工合同主体之间没有工程款收付关系，或者承包单位收到款项后又将款项转拨给其他单位和个人，不能进行合理解释并提供材料证明，且有相关证据证明存在借用资质行为的。

由此可见，主要从资质借用、项目核心管理人员派驻及劳动关系认定、材料设备采购、管理费收取、专业分包中的实际承发包关系、工程款项收支及转付等方面来判断施工企业是否存在挂靠。"工程挂靠"一般具有如下特征：

（1）被挂靠的施工企业具有相应的资质等级，挂靠人并非该施工企业的职工或关联机构，但挂靠人以该施工企业名义承接工程及施工；

（2）挂靠人通常会向被挂靠的施工企业交纳一定数额的管理费，对工程进行独立核算、自负盈亏，而被挂靠的施工企业也只是以其名义代为签订合同及办理各项手续，在工程中不承担具体施工及实质管理义务；

（3）挂靠人通常以被挂靠企业的分支机构、某某施工队或者项目经理部等形式对外开展活动。

工程挂靠会导致不利的法律后果。在法律调整规范的分类上，挂靠导致的法律后果主要包括民事责任、行政责任和刑事责任。

（1）民事责任：①挂靠人与被挂靠施工企业之间签订的挂靠协议无效，双方根据过错承担责任；②被挂靠的施工企业与发包人所订立的工程施工合同无效，被挂靠的施工企业与挂靠人对发包人承担连带赔偿责任。如果发包人在知情的情况下仍与该被挂靠的施工企业签订合同，则发包人应当承担相应的过错责任。承包人可根据工程竣工验收情况主张工程款；③被挂靠的施工企业可能对拖欠的农民工工资承担先行清偿责任。

（2）行政责任：①被挂靠的施工企业面临被罚款、停业整顿、限制或取消投标资格、限制承揽新的工程项目、降低资质等级、被撤销或吊销资质证书等行政处罚；②挂靠人面临被罚款、停业整顿、限制或取消投标资格、限制承揽新的工程项目、降低资质等级、被撤销或吊销资质证书等行政处罚；③发包人面临被要求责令整改、罚款等行政处罚。

（3）刑事责任：根据挂靠过程中的具体行为及客观情节，可能涉嫌刑法中贿赂类犯罪、合同诈骗罪、重大责任事故罪、虚开增值税发票罪、伪造印章罪、拒不支付劳动报酬罪等相关罪名。

工程挂靠除导致上述法律后果外，实践中常常还会出现挂靠人拖欠农民工劳务费、材料款、工程质量和工期等出现违约、发生人身伤亡事故等一系列问题，从而导致被挂靠的施工企业面临巨大的风险。作为施工企业，应谨慎地对待工程挂靠问题，逐步调整业务经营模式，降低经营风险。着力解决自身业务来源，加强自身造血功能，建立健全企业制度，从长效机制上杜绝挂靠的产生。施工企业应树立合法经营的意识，设立相关制度防控挂靠产生，实现稳健经营，才能从根本上解决挂靠问题。

在司法实践中，法院通常通过重点审查投标保证金的缴纳主体和资金来源、实际施工人是否以承包人的委托代理人身份签订合同、实际施工人有没有与发包人就合同事宜进行磋商，并以此来确定是否为挂靠。因挂靠签订的建设工程施工合同违反法律的强制性规定而无效后，需要根据民法典第 793 条所规定的原则区分不同情形进行处理：（1）建设工程施工合同无效，但是建设工程经验收合格的，可以参照合同关于工程价款的约定折价补偿承包人；（2）建设工程施工合同无效，且建设工程经验收不合格的，按照以下情形处理：①修复后的建设工程经验收合格的，发包人可以请求承包人承担修复费用；②修复后的建设工程经验收不合格的，承包人无权请求参照合同关于工程价款的约定折价补偿。发包人对因建设工程不合格造成的损失有过错的，应当承担相应的责任。

根据《最高人民法院关于审理建设工程施工合同纠纷案件适用法律问题的解释（一）》第 7 条的规定，缺乏资质的单位或者个人借用有资质的建筑施工企业名义签订建设工程施工合同，发包人请求出借方与借用方对建设工程质量不合格等因出借资质造成的损失承担连带赔偿责任的，人民法院应予支持。

16. 挂靠有资质的建筑施工企业签订的建设工程施工合同被确认无效后怎么办？

⚖ 类案导读

> **案例 1：**重庆市仁义建筑工程有限责任公司（以下简称仁义公司）、贵州恒达房地产开发有限公司（以下简称恒达公司）建设工程施工合同纠纷再审审查与审判监督民事案件，最高人民法院（2020）最高法民申2340 号

◇ 法律适用导读

没有资质的实际施工人借用有资质的建筑施工企业名义签订的建设工程施工合同无效。挂靠行为的实质在于借用他人资质，应该结合合同的签订情况、项目经营情况、财务支配情况等进行实质审查。

◇ 本案争议裁判

最高人民法院经审理认为：

1. 本案中，签订建设工程施工合同的主体是仁义公司，唐某作为仁义公司的委托代理人在《建设工程施工合同》第一部分协议书上签字，之后，仁义公司为唐某出具了《法人授权书》，由唐某作为案涉工程的项目负责人，对工程的建设相关事宜、工程质量承担全面责任。唐某作为仁义公司的项目负责人，与仁义公司没有订立劳动合同且没有建立劳动工资和社会养老保险关系，对此仁义公司不能进行合理解释并提供相应证明。

2. 在工程施工过程中，唐某代表仁义公司出面协调拖欠农民工工资问题，工程竣工结算书和结算相关资料的移交也由唐某签收，可以证明唐某负责管理案涉工程。仁义公司主张其公司副董事长刘某也参与了项目管理，与唐某负责管理并不矛盾。

3. 仁义公司向恒达公司交纳的履约保证金，是唐某个人以仁义公司名义交纳，之后唐某向恒达公司申请将该保证金退还到郭某义（唐某岳父）账户，经过法院调解，恒达公司同意退还保证金至郭某义账户。若唐某只是仁义公司的管理人员，却自筹资金垫付保证金，明显有悖常理。

4. 恒达公司的将近 4000 万元工程款均是支付到唐某或者郭某义账户，虽然仁义公司主张其中一部分是支付材料商的款项、工人班组的工资以及

代扣代缴的部分，但该部分款项均是挂在唐某账上，该收款行为能够直接证明唐某对财务享有支配权。

唐某在与仁义公司不存在劳动关系的情况下，以仁义公司的名义从事工程建设，并且自筹资金垫付保证金、参与工程经营管理、最终收取工程款，唐某是实体义务的履行者和权利的最终享有者，符合挂靠关系的实质要件。二审判决依据 2004 年《建设工程施工解释》第 1 条认定案涉建设工程施工合同无效，并按照中国人民银行发布的同期同类贷款利率计付拖欠工程款利息，在认定事实和适用法律上均无不当。

> 案例 2：河南东方建设集团发展有限公司（以下简称东方公司）、黄某建设工程施工合同纠纷案件，最高人民法院（2020）最高法民终 576 号

◇ 法律适用导读

没有资质的实际施工人借用有资质的建筑施工企业名义施工，借用资质的行为违反了法律的强制性规定，双方约定的管理费实际是借用资质所支付的对价。其主张双方系内部承包关系，进而主张签订的《工程施工内部承包协议书》有效，要求支付管理费的缺乏法律依据，法院不予支持。

◇ 本案争议裁判

最高人民法院审理认为：

1. 关于东方公司与黄某之间是借用资质关系还是内部承包关系的问题。二审中，东方公司虽提交了《河南省城镇职工企业养老保险在职职工信息查询单》，但黄某否认与东方公司之间存在劳动合同关系，且在二审庭审中称不知道东方公司为其购买养老保险的事实，主张其已经在天津购买了社会保险。东方公司一审中认可其与黄某之间是借用资质关系，二审中亦未提交证据证明其与黄某之间签订过劳动合同或者向黄某发放过工资。故一审判决认定本案实质上是没有资质的实际施工人黄某借用有资质的东方公司名义施工建设工程，并无不当。东方公司关于其与黄某之间系内部承包关系、案涉《工程施工内部承包协议书》有效的上诉理由不能成立。

2. 关于案涉 9034759.29 元社会保险费是否应当支付给黄某的问题。案涉工程系由黄某实际施工。东方公司未提交证据证明其对案涉工程进行过施工或者为参与案涉工程施工的建筑工人购买了社会保险，故其关于案涉 9034759.29 元社会保险费不应当支付给黄某的上诉理由不能成立。

3. 关于东方公司请求黄某按照案涉工程价款的 1.2% 支付管理费是否有事实和法律依据的问题。黄某与东方公司之间系借用资质关系，但建设工程领域借用资质的行为违反了法律的强制性规定。双方约定的管理费实际是黄某借用资质所支付的对价。东方公司请求黄某按照案涉工程价款的 1.2% 支付管理费缺乏法律依据，本院不予支持。

4. 关于案涉工程款利息应从何时起算的问题。本案中，黄某是实际施工人。东方公司在收到亚星公司支付的工程款后应当及时支付给黄某。亚星公司于 2017 年 3 月 7 日将剩余工程款向东方公司支付完毕，于 2017 年 5 月 26 日将社会保险费 9034759.29 元支付给东方公司。一审判决认定东方公司应当于收到的次日向黄某支付工程款，并以此为依据认定案涉工程款利息的起算时间，并无不当。

案例3：桂林高星置业有限公司（以下简称高星公司）与桂林科创置业有限公司、赵某建设工程施工合同纠纷再审审查与审判监督民事案件，最高人民法院（2020）最高法民申 4881 号

◇ 法律适用导读

挂靠人以被挂靠人名义对外签订合同的效力，应根据合同相对人是否善意、在签订协议时是否知道挂靠事实来作出认定。挂靠有资质企业的施工协议无效情形下对善意相对人的利益保护。

◇ 本案争议裁判

最高人民法院审理认为：在处理无资质的企业或个人挂靠有资质的建筑企业承揽工程产生的纠纷时，应区分内部关系和外部关系。挂靠人与被挂靠人之间的协议因违反法律的禁止性规定，属于无效协议。而挂靠人以被挂靠人名义对外签订合同的效力，应根据合同相对人是否善意、在签订

协议时是否知道挂靠事实来作出认定。本案中，高星公司并未提供证据证实案涉《承包协议书》是赵某挂靠盛丰公司签订，也未提供证据证实上述合同系高星公司明知挂靠施工情形下签订的合同。结合赵某和盛丰公司之间的《内部工程经济承包合同书》系在案涉《承包协议书》之后签订的事实，二审判决确认《承包协议书》合法有效并无不当。

法条指引

《中华人民共和国民法典》第七百九十一条第三款

禁止承包人将工程分包给不具备相应资质条件的单位。禁止分包单位将其承包的工程再分包。建设工程主体结构的施工必须由承包人自行完成。

新旧对照

《中华人民共和国合同法》第二百七十二条第三款

禁止承包人将工程分包给不具备相应资质条件的单位。禁止分包单位将其承包的工程再分包。建设工程主体结构的施工必须由承包人自行完成。

17.

分包单位将其承包的工程再分包怎么办？

根据民法典第 791 条第 3 款的规定，禁止承包人将工程分包给不具备相应资质条件的单位。禁止分包单位将其承包的工程再分包。建设工程主体结构的施工必须由承包人自行完成。

分包人不得将其承包的工程再分包，即对工程建设项目只能实行一次分包。分包单位承包的工程通常都是专业技术相对较强的某一方面工作任务，如允许再分包，一方面不利于施工计划安排和现场管理，导致施工秩序混乱，出了问题难以分清责任；另一方面因层层分割利润，可能导致再分包的承包人为了降低施工成本、获取最大利润而偷工减料，从而难以保证工程质量。

实行施工承包的，建设工程的主体结构必须由承包人自行完成，不得分包，即承包人承包工程全部施工任务的，该工程的主体结构必须由承包人自行完成，即使经发包人同意，也不得将主体工程的施工再分包给第三人，承包人违反本款规定，将工程主体部分的施工任务分包给第三人的，该分包合同无效。

分包人就其分包的工程与总承包人或者勘察人、设计人、施工承包人向发包人承担连带责任。在承包与分包相结合的承包形式中，存在承包合同与分包合同两个不同的合同关系。承包合同是发包人与总承包人或者勘察人、设计人、施工承包人之间订立的合同，总承包人与勘察、设计、施工承包人应当就承包合同的履行向发包人承担全部的责任，即使总承包人与勘察人、设计人、施工承包人根据合同约定或者发包人的同意将承包合同范围内的部分建设项目分包给他人，总承包人及勘察人、设计人、施工承包人也要对分包的工程向发包人负责。

分包合同是承包合同中的总承包人或者勘察人、设计人、施工承包人与分包人之间订立的合同，通常来说，分包人仅就分包合同的履行向总承包人或者勘察人、设计人、施工承包人负责，并不直接向发包人承担责任，但为了维护发包人的利益，保证工程的质量，民法典第791条适当加重了分包人的责任，即分包人就其完成的工作成果与总承包人或者勘察人、设计人、施工承包人向发包人承担连带责任。因分包的工程出现问题，发包人既可以要求总承包人和勘察人、设计人、施工承包人承担责任，也可以直接要求分包人承担责任。

如果分包单位将其承包的工程再分包，由此签订的建设工程施工合同因违反法律的强制性规定而可能导致无效，此时仍要根据民法典第793条所规定的原则区分不同情形进行处理：（1）建设工程施工合同无效，但是建设工程经验收合格的，可以参照合同关于工程价款的约定折价补偿承包人；（2）建设工程施工合同无效，且建设工程经验收不合格的，按照以下情形处理：①修复后的建设工程经验收合格的，发包人可以请求承包人承担修复费用；②修复后的建设工程经验收不合格的，承包人无权请求参照合同关于工程价款的约定折价补偿。发包人对因建设工程不合格造成的损失有过错的，应当承担相应的责任。

⚖ 类案导读

案例1：黄某诉刘某某、杭州商祝装饰工程有限公司（以下简称商祝公司）、河北杭萧钢构有限公司（以下简称杭萧公司）建设工程分包合同纠纷案件，江苏省南通市通州区人民法院（2012）通民初字第0588号

◇ 法律适用导读

分包人将其承包的工程再分包的，分包合同无效，分包人及再分包人均应承担赔偿责任。

◇ 本案争议裁判

法院审理认为：被告杭萧公司承包天津博信汽车零部件有限公司厂房

工程后,将其中的钢结构安装部分分包给没有钢结构安装施工资质的商祝公司施工,被告刘某某挂靠商祝公司承接上述钢结构安装工程后再分包给没有施工资质的原告施工,上述行为均违反了法律的禁止性规定,故杭萧公司与商祝公司之间签订的分包合同及原告与被告刘某某之间签订的内部承包合同均无效,被告刘某某与商祝公司之间挂靠行为亦无效。

原告根据协议约定完成的部分钢结构安装工程,工程量已经杭萧公司及刘某某确认,原告未完成的部分已经杭萧公司同意分包给了他人施工,原告完成的签证工程量亦经杭萧公司确认,刘某某亦答应协同黄某到杭萧公司进行结算,但刘某某一直未去杭萧公司结算。故对杭萧公司已经确认的原告完成的工程量(包括签证工程量)应予确认。据此,可以确认原告完成的工程量为:2616.24 吨 × 280 元/吨 + 100150 元 = 832697.2 元,扣除被告刘某某已支付的 510000 元,尚欠原告 322697.2 元,被告刘某某应予支付,被告商祝公司、被告杭萧公司应承担连带责任。刘某某及商祝公司以未与杭萧公司最终结算为由拒付工程款的理由不能成立。

> 案例 2:黄某标与浙江精工世纪建设工程有限公司(以下简称精工公司)、陈某建设工程分包合同纠纷案件,浙江省绍兴市中级人民法院(2009)浙绍民终字第 611 号

◇ 法律适用导读

分包人将其承包的工程再分包的,分包合同无效,分包人及再分包人均应承担赔偿责任。

◇ 本案争议裁判

一审法院审理认为:根据法律规定,总承包人不得将其承包的全部建设工程转包给第三人或者将其承包的全部建设工程支解以后以分包的名义分别转包给第三人;禁止承包人将工程分包给不具有相应资质条件的单位,禁止分包单位将其承包的工程再分包,建设工程主体结构的施工必须由承包人自行完成。被告精工公司从发包方华特奇公司处承包了名门庄园的工程,后将工程分为两部分由傅某明及被告陈某参照管理责任协议书承

包开发，根据管理协议书可认定被告精工公司实际将承包的全部建设工程支解以后以分包的名义分别转包给傅某明及被告陈某，故这种分包行为无效。被告陈某从被告精工公司处分包工程后又将部分工程分包给原告，其行为也违反了上述法律规定。

虽然两被告之间的管理责任协议书对责任承包人的定义中写明是甲方在本工程项目上授权代表，但该处同时注明是协议范围内，且后面的补充条款写明"乙方未经甲方同意，杜绝非法转包或违法分包"，故被告陈某在将部分工程分包给原告的行为上，不能视为代表被告精工公司的行为。原告已经实际完成了工程，且被告陈某与原告也进行了结算，故被告陈某应支付给原告尚欠的工程款，而被告精工公司应在欠付工程价款范围内向原告承担责任。

本院认为两被告之间的分包合同无效，其约定的管理费不能在欠付工程价款内抵扣；被告陈某向被告精工公司的借款因实际用于工程开发过程中的工程款支付，故本院在欠付工程价款内抵扣，如果被告陈某不借款从而不向下一层的实际施工人或分包人支付工程款，则下一层的实际施工人或分包人支付工程款可以要求被告精工公司支付，根本无须在欠付工程价款中扣除所谓的利息，况且被告陈某本人对所谓的借款利息有异议，故被告陈某与被告精工公司约定的利息不能对抗下一层的实际施工人或分包人，不能在本案中的欠付工程价款内抵扣；涉及被告陈某承包工区的诉讼费、代理费，系被告精工公司违法分包造成，且系他人与被告精工公司之间的纠纷，故不能在工程价款中扣除。至于两被告之间的管理费、利息及保证金等，可由两被告另案根据合同约定进行结算。

二审法院认为：原审所作分析具有事实和法律依据，判处得当，可予维持。

⚖️ 法条指引

《中华人民共和国民法典》第七百九十一条第三款

禁止承包人将工程分包给不具备相应资质条件的单位。禁止分包单位将其承包的工程再分包。建设工程主体结构的施工必须由承包人自行完成。

📛 新旧对照

《中华人民共和国合同法》第二百七十二条第三款

禁止承包人将工程分包给不具备相应资质条件的单位。禁止分包单位将其承包的工程再分包。建设工程主体结构的施工必须由承包人自行完成。

18.

建设工程主体结构的施工不是承包人自行完成的怎么办？

《建筑工程施工质量验收统一标准》规定，建筑工程包含地基与基础、主体结构、建筑装饰装修、屋面等 10 个分部工程。其中"主体结构"是指基于地基基础之上，接受、承担和传递建设工程所有上部荷载，维持结构整体性、稳定性和安全性的承重结构体系，可由混凝土结构、砌体结构、钢结构、钢管混凝土结构等构成。主体结构的概念适用于建筑工程的施工阶段，是建设工程结构安全、稳定、可靠的载体和重要组成部分，保障建设工程主体结构质量是保证建设工程安全和人民群众生命财产安全的基础，也是建设工程抵御自然灾害、保证人民群众生命财产安全的关键。

对于除建筑工程外的其他建设工程类型，主体结构概念的内涵和外延需要结合具体情况分析，例如《水利建设工程施工分包管理规定》中第 6 条明确规定："水利建设工程的主要建筑物的主体结构不得进行工程分包。本规定所称主要建筑物是指失事以后将造成下游灾害或严重影响工程功能和效益的建筑物，如堤坝、泄洪建筑物、输水建筑物、电站厂房和泵站等。主要建筑物的主体结构，由项目法人要求设计单位在设计文件或招标文件中明确。"

在建筑工程领域，应按照建筑工程施工质量验收及行业其他相关标准确定主体结构的概念；在除建筑工程外建设工程的其他领域，主体结构的内涵和外延需综合考虑工程的种类和内容、工程造价、工程量、重要性等多方面因素并结合相关行业规范确定。

根据民法典第 791 条第 3 款的规定，禁止承包人将工程分包给不具备相应资质条件的单位。禁止分包单位将其承包的工程再分包。建设工程主体结构的施工必须由承包人自行完成。建设工程的主体结构是工程的核心和关键，主体结构部分质量合格是保证工程整体质量的基础，主体结构部分通常也是工程投入最多、施工技术难度最大的部分，承包人不得将工程主体结构部分分包给第三人施工，因此，本条对工程分包进行了明确的规制，其中建设工程主体结构的施工必须由总承包单位自行完成，违反该禁止性规定除导致行政责任外，当事人还要承担分包合同无效的法律后果。

如果建设工程主体结构的施工不是承包人自行完成，由此签订的建设工程施工合同因违反法律的强制性规定而可能导致无效，此时仍要根据民法典第793条所规定的原则区分不同情形进行处理：（1）建设工程施工合同无效，但是建设工程经验收合格的，可以参照合同关于工程价款的约定折价补偿承包人；（2）建设工程施工合同无效，且建设工程经验收不合格的，按照以下情形处理：①修复后的建设工程经验收合格的，发包人可以请求承包人承担修复费用；②修复后的建设工程经验收不合格的，承包人无权请求参照合同关于工程价款的约定折价补偿。发包人对因建设工程不合格造成的损失有过错的，应当承担相应的责任。

⚖ 类案导读

案例1：中国江苏国际经济技术合作集团有限公司（以下简称中江公司）与新疆中泰矿冶有限公司（以下简称中泰公司）、中国电力工程顾问集团中南电力设计院有限公司（以下简称中南公司）、中国能源建设集团江苏省电力建设第三工程有限公司（以下简称电建公司）建设工程施工合同纠纷再审审查与审判监督案件，最高人民法院（2019）最高法民申5189号

◇ 法律适用导读

建设工程主体结构的施工必须由总承包单位自行完成，对于除建筑工程外的其他建设工程类型，主体结构概念的内涵和外延需要结合具体情况分析。

◇ 本案争议裁判

最高人民法院认为：关于案涉《分包合同》效力的问题。中江公司主

张《分包合同》违反"主体结构不得分包""工程不得二次分包"等强制性法律规定，应为无效合同。经原审查明，案涉工程为电石项目动力站工程，工程核心及合同主要目的为机组设备的采购与安装，电建三公司负责案涉工程施工的核心和主体工程，即设备机组的采购和安装。而中江公司承接的工程范围为 A 标段工程项目中的土建工程，并非主体工程，不属于《建设工程质量管理条例》第 78 条第 2 款第（三）项规定的"施工总承包单位将建设工程主体结构的施工分包给其他单位"的情形。中泰公司与中南公司作为联合招标人，共同与电建三公司签订《施工合同》，将案涉 A 标段工程交由电建三公司施工。电建三公司系从发包人中泰公司处取得施工承包权利，为案涉 A 标段工程的施工总承包方，不属于《建设工程质量管理条例》第 78 条第 2 款第（四）项规定的"分包单位将其承包的建设工程再分包"的情形。故此，原审认定《分包合同》合法有效，并无不当。

案件2：江苏常虹钢结构工程有限公司（以下简称常虹公司）与十一冶建设集团有限责任公司（以下简称十一冶公司）、新疆嘉润资源控股有限公司、中国电建集团湖北工程有限公司（以下简称中国电建湖北公司）建设工程施工合同纠纷案件，新疆维吾尔自治区高级人民法院（2016）新民终 628 号

◇ 法律适用导读

建设工程主体结构的施工不是总承包单位自行完成的，其施工合同无效。

◇ 本案争议裁判

法院审理认为：根据《中华人民共和国合同法》第 272 条规定，建设工程主体结构的施工必须由承包人自行完成。本案中，十一冶公司并未对其承包的 2# 动力站机组的主体进行施工，而是由十一冶公司项目部将"年产 80 万吨电解铝项目动力站 4×350MW 工程"钢结构工程项目中主厂房钢结构、主厂房中汽机房钢结构工程、主厂房中煤仓间（11）轴至（39）

轴钢结构工程（不含 11 轴钢柱）、主厂房中（11）轴至（39）轴的煤斗钢结构工程的现场制作、材料、安装、喷砂除锈、油漆、运输等工程内容分包给常虹公司进行施工。中国电建湖北公司与十一冶公司签订的《2#机组土建工程施工合同》第二部分通用条款第 11 条 38.1 约定："非经甲方书面同意，乙方不得将承包工程的任何部分分包。更不得将其承包的全部工程转包给他人。"由于十一冶公司未征得中国电建湖北公司的同意，就由十一冶公司项目部违反法律禁止性规定和合同约定擅自将诉争工程违法超范围分包给常虹公司，故十一冶公司项目部与常虹公司签订的《施工合同》为无效合同。

🔨 法条指引

《中华人民共和国民法典》第七百九十一条第三款

禁止承包人将工程分包给不具备相应资质条件的单位。禁止分包单位将其承包的工程再分包。建设工程主体结构的施工必须由承包人自行完成。

🔨 新旧对照

《中华人民共和国合同法》第二百七十二条第三款

禁止承包人将工程分包给不具备相应资质条件的单位。禁止分包单位将其承包的工程再分包。建设工程主体结构的施工必须由承包人自行完成。

19.

需要订立国家重大建设工程合同时应当怎么办？

国家重大建设工程合同，是指以国家为发包人，建设施工单位为承包人的建设工程合同。此类合同以国家重大建设工程项目为标的，此类项目关系国计民生。国家重大项目的建设工程合同，从合同的签订到履行，从资金的投入到最终的成果验收，都要受到国家相关部门严格的管理和监督。为了规范国家重大工程的建设，保证国家投资计划得以实现，保证质量，避免资源浪费，保证投资效益，减少投资风险，民法典第 792 条对国家重大建设工程合同订立作出了更为严格的规定，即国家重大建设工程合同应当根据国家规定的程序和国家批准的投资计划、可行性研究报告等文件订立。在此需要明确以下几个问题：

（1）哪些建设工程属于国家重大建设工程？在实践中，并不是国家政府投资的项目都属于国家重大建设工程，一般列入国家重点投资计划而且投资额巨大，建设周期特别长，由中央政府全部投资或者参与投资的工程，属于国家重大建设项目，如三峡工程。有些虽然未列入国家重点投资计划，投资额不算巨大，但影响很大的工程项目，也属于国家重大建设工程项目，如国家大剧院工程。也有些工程，虽然属于地方政府投资，但投资巨大、影响广泛的工程项目，如 2022 年亚运会工程建设，是主要由杭州市政府投资的工程，其投资计划是经过国家批准的，也属于国家重大建设工程项目。

（2）国家重大建设工程合同订立需要哪些程序？根据民法典第 792 条的规定，国家重大建设工程合同，应当根据国家规定的程序和国家批准的投资计划、可行性研究报告等文件订立。国家重大建设工程应当先进行可行性研究，对工程的投资规模、建设效益进行论证分析，并编制可行性研究报告，然后申请立项。立项批准后，再根据立项制定投资计划并报有关国家计划部门进行批准。投资计划批准后,有关建设单位根据工程的可行性研究报告和国家批准的投资计划,遵照国家规定的程序进行发包,与承包人订立建设工程合同。此处"国家规定的程序"是指建筑法等有关法律、行政法规规定的重大工程建设项目订立的程序。国家重大建设工程合同必须实行公开招标发包,公开招标时,发包人应当按照法定的程序和方式进行。发包人应当按照法定的程序和方式,发布招标公告,提供载有招标工程的主要技术要求、主要合同条款、评标标准和方法以及开标、评标、定标的程序等内容的招标文件。开标应当在招标文件规定的时间、地点公开进行。开标后应当按照招标文件规定的评标标准和程序对标书进行评价、比较,确定中标候选名单,中标候选单位必须具备能够建设该重大工程项目的相应资质。发包人在具有相同资质条件的投标人中,择优选择中标人。发包人应当同中标人订立建设工程承包合同。国家重大工程建设项目一般都属于国家强制监理的建设工程,因此发包人应当委托具有相应资质条件的工程监理单位对工程建设进行监理。发包人应当与其委托的工程监理单位签订书面的委托监理合同。

103

(3)国家重大建设工程项目通常含有国家财政性资金投入的工程,结算时须报财政部门审查。但是,财政部门对财政投资的评定审核是国家对建设单位基本建设资金的监督管理,不影响建设单位与承建单位的合同效力及履行。在司法实践中,如果当事人明确约定以财政评审报告作为工程款结算依据的,应尊重当事人的意思自由。人民法院通常会对财政评审报告的合法性、合理性进行审查,若财政评审报告明显不合理的则不应作为认定工程款结算的依据。另外,国家规定的相关程序会对所订立的国家重大建设工程合同效力产生影响,部分违反程序的合同可能会被法院认定无效。此外,有关的工程项目是否履行了相关程序建设也会成为判断建设工程合同是否成立的重要因素。

⚖ 类案导读

> 案例1:南通鸿基市政工程有限公司(以下简称鸿基公司)与如皋西部投资开发有限公司(以下简称西部公司)建设工程施工合同纠纷案件,江苏省南通市中级人民法院(2015)通中民初字第00002号

◇ 法律适用导读

　　由于工程未取得国有土地使用权证以及规划许可证，亦未办理招标投标手续，违反法律的强制性规定，且因工程最终的回购资金体现为国有资金，有可能损害国家和社会公共利益，因此法院认定建设工程合同及延期还款合同均无效。

◇ 本案争议裁判

　　法院审理认为：本案所涉工程为道路工程，需要办理规划许可证和国有土地使用权证，而案涉工程未取得合法手续，违反了我国法律的强制性规定。此外，根据我国有关法律规定，在我国境内工程建设项目大型基础设施、公用事业等关系社会公共利益、公众安全的项目以及全部或者部分使用国有资金投资或者国家融资的项目均需要进行招标投标。本案所涉及的工程为基础设施工程，双方订立合同时预估的造价为2400万元，故属于必须进行招标投标的工程项目。此外，从案涉合同约定的政府一次回购以及西部公司的陈述可以看出，案涉工程虽然是以西部公司名义作为发包方，但政府是该项目的实际控制人，使用的回购资金最终体现为国有资金。如果放任此类工程不进行招标投标而任由当事人自行确定包括滞纳金、投资回报在内的合同条款，有可能损害国家和社会公共利益。因此，双方当事人的行为还违反了我国招标投标法的强制性规定。此外，双方约定延期还款协议与建设合同具有同等效力。因此，从当事人真实意思看，双方对延期还款协议设定了效力性条件，即该补充合同与建设工程施工合同效力应保持一致。故法院在确认建设合同无效的情况下，亦不能单独认定延期还款协议有效。

　　综上，双方当事人签订的案涉工程的相关合同，无论是基础的建设合同还是属于补充合同的延期还款协议，均属于无效合同。根据最高人民法院司法解释的规定，对于无效的建设工程施工合同所涉工程竣工验收的，法院可以参照合同约定确定工程价款。案涉工程的工程价款双方约定以审计结果为准，同时双方还约定鸿基公司自愿将工程施工费按审定价让利3%。故本院参照上述约定确定案涉工程的工程价款。

> 案例 2：胡某与谭某建设工程分包合同纠纷案件，四川省达州市中级人民法院（2019）川 17 民终 811 号

◇ 法律适用导读

　　国家重大建设工程合同必须办理工程立项审批手续。建设工程违法分包，因此导致合同无效，因该合同取得的财产，应当予以返还。

◇ 本案争议裁判

　　一审法院认为：四川昌泰建筑工程有限公司与达州市通川区碑庙镇盐井村村民委员会签订合同时，明知资金来源是国家政策性拨款、社会筹资。本案审理中到一审辩论终结时，四川昌泰建筑工程有限公司及胡某仍未取得案涉项目工程立项审批手续。《中华人民共和国合同法》第 273 条规定："国家重大建设工程合同，应当按照国家规定的程序和国家批准的投资计划、可行性研究报告等文件订立。"2004 年《建设工程施工解释》第 4 条规定："承包人非法转包、违法分包建设工程或者没有资质的实际施工人借用有资质的建筑施工企业名义与他人签订建设工程施工合同的行为无效……"

　　谭某、胡某签订的《附属工程施工合同》约定的工程承包范围，乙方谭某承包达州市通川区碑庙镇碑陈公路所占路段附属工程：水沟、护坡、堡坎、涵洞。该合同涉及工程项目因无政府对该工程立项审批手续，前提不合法。加之，胡某将建设工程违法分包给没有资质的谭某个人。故谭某、胡某于 2015 年 12 月 26 日签订的《附属工程施工合同》因违反法律、行政法规的强制性规定无效。现谭某诉讼至法院，请求法院判决确认谭某、胡某于 2015 年 12 月 26 日签订的《附属工程施工合同》无效，不违反国家法律规定，予以支持。合同无效后，因该合同取得的财产，应当予以返还。胡某没有法律根据占有谭某的财产。谭某请求胡某立即退还保证金 400000 元，不违反国家法律规定，予以支持。谭某主张胡某自签订合同三个月后按月利率 2% 承担资金占用利息，第一，谭某、胡某在附属工程施工合同中第 10 条有明确约定；第二，胡某在不能通知谭某进场施工时，分别于 2016 年 5 月 9 日、2016 年 8 月 10 日、2018 年 2 月 15 日，已按月利率

2%给谭某3次支付资金占用利息，共计28000元；第三，2017年9月13日，胡某与谭某算账确认拖欠资金占用利息，亦是按照月利率2%计算。谭某、胡某之间关于资金占用利息的约定，属于当事人在法律规定的范围内处分自己的民事权利。关于谭某对资金占用利息的主张，不违反国家法律规定，予以支持。对胡某辩称的因政府以及不可抗力的原因导致工期顺延，是谭某自己不愿意进场施工；胡某愿意退还谭某保证金，但不愿承担谭某资金占用利息的意见，胡某未提供相应证据佐证其主张，亦违反诚实信用原则，不予采纳。

二审法院认为：一审判决认定事实清楚，适用法律正确，应予维持。据此驳回上诉，维持原判。

案例3：鄂尔多斯市锦道房地产开发有限公司（以下简称锦道房地产公司）与巴彦淖尔市民政局（以下简称巴市民政局）建设工程施工合同纠纷案件，内蒙古自治区巴彦淖尔市中级人民法院（2018）内08民终1231号

◇ 法律适用导读

项目属于政府公用事业项目，未进行招标投标，也未经建设行政主管部门审查和登记备案；签订的协议不具备建设工程合同的完备条款，并非正式的施工合同，因此只能以是否遵守诚信原则来确定缔约过失责任。

◇ 本案争议裁判

法院审理认为：根据双方当事人的诉辩意见，本案争议焦点为锦道房地产公司主张解除与巴市民政局签订的《巴彦淖尔市社会福利服务中心大楼建设协议书》，并要求巴市民政局承担实际损失99.4万元设计费及利息是否具有事实和法律依据。经审查，双方是在原租赁合同的基础上，签订了《巴彦淖尔市社会福利服务中心大楼建设协议书》，该协议书的主要内容是，巴市民政局同意锦道房地产公司承建巴彦淖尔市社会福利服务中心大楼，以原军供大厦进行置换，并约定了置换办法、社会福利服务中心大

楼基本要求、资金给付、交付期限等内容,协议中包括了工程承发包及置换两项内容。对承发包社会福利服务中心大楼,双方只是明确了合作意向,该协议内容并不符合规范的建设工程施工合同条款,且该工程属政府工程,既未进行招标投标也未经建设行政主管部门审查和登记备案,协议落款处又未签注时间,一审中双方均认为协议落款处未签注时间的原因是须等待政府的批复文件。且在双方签订的《巴彦淖尔市社会福利服务中心大楼建设协议书》中,对社会福利服务中心大楼的设计及设计费用由谁承担、如何支付均未约定,只对规划、设计变更进行了约定。锦道房地产公司未能提供对社会福利服务中心大楼进行设计并支付设计费用是其应履行的合同义务,也无巴市民政局委托或同意其进行设计并支付设计费用的相关证据,其提供的与北京中建建筑设计院有限公司签订的《建设工程设计合同》中,约定的设计内容为民政福利中心写字楼和景辰7#住宅楼,其已支付的设计费亦并不能证实就是支付的双方在《巴彦淖尔市社会福利服务中心大楼建设协议书》中约定的社会福利服务中心大楼的设计费用。

综上,一审法院判决:驳回鄂尔多斯市锦道房地产开发有限公司的诉讼请求。二审法院判决:驳回上诉,维持原判。

法条指引

《中华人民共和国民法典》第七百九十二条

国家重大建设工程合同,应当按照国家规定的程序和国家批准的投资计划、可行性研究报告等文件订立。

新旧对照

《中华人民共和国合同法》第二百七十三条

国家重大建设工程合同,应当按照国家规定的程序和国家批准的投资计划、可行性研究报告等文件订立。

20.

建设工程施工合同如被确认无效，相关工程款的支付和赔偿怎么办？

按照民法典及《最高人民法院关于审理建设工程施工合同纠纷案件适用法律问题的解释（一）》第 1 条、第 3 条的规定，建设工程施工合同无效情形主要有五类：（1）承包人未取得建筑业企业资质或者超越资质等级的；（2）没有资质的实际施工人借用有资质的建筑施工企业名义的；（3）建设工程必须进行招标而未招标或者中标无效的；（4）承包人因转包、违法分包建设工程或者没有资质的实际施工人借用有资质的建筑施工企业名义与他人签订建设工程施工合同的；（5）当事人以发包人未取得建设工程规划许可证等规划审批手续为由，请求确认建设工程施工合同无效的，人民法院应予支持，但发包人在起诉前取得建设工程规划许可证等规划审批手续的除外。发包人能够办理审批手续而未办理，并以未办理审批手续为由请求确认建设工程施工合同无效的，人民法院不予支持。如果在合同签订和履行等环节未能有效控制合同无效风险，为了正确、及时解决相关争议，应当根据民法典第 793 条所规定的原则区分不同情形进行处理。

民法典第 793 条是相对于合同法第十六章之"建设工程合同"新增的条款，建设工程施工合同无效，但建设工程经验收合格的，可以参照合同关于工程价款的约定折价补偿承包人。建设工程施工合同无效，且建设工程经验收不合格的，按照以下情形处理：（1）修复后的建设工程经验收合格的，发包人可以请求承包人承担修复费用的；（2）修复后的建设工程经验收不合格的，承包人无权请求参照合同关于工程款的约定折价补偿。因建设工程不合格造成的损失，发包人有过错的，也应承担相应的民事责任。

关于"建设工程施工合同如被确认无效，所涉及的工程价款如何确定"的问题，需要从以下几个方面入手解决：

（1）关于请求权主体。民法典直接规定"参照合同约定折价补偿承包人"这一具体的处理方式，体现了鼓励合同各方尤其是承包方据实投标、实事求是订立合同的司法精神，将对实践中时常发生的承包方低价中标、以合同外因素提起工程价款结算争议的做法产生较大影响。在司法实践中，合同无效后，承包人请求参照合同约定支付工程价款，应予支持。这是赋予承包人的请求权，但发包人能否请求依照合同约定结算，在实务中存在争议。如果承包人不同意发包人的该项主张，容易使得争议纠纷陷入工程造价鉴定、工程审计等长时间的等待和不确定性中。因此，民法典以敞口形式规定建设工程施工合同无效，但是建设工程经验收合格的，请求参照相关规定结算工程价款的主体，即该项请求权主体既可以是发包人，也可以是承包人，以此解决发包人能否请求参照无效合同约定支付工程价款的实务争议。

建设工程施工合同无效后的两种不同处理方式。根据民法典第793条的规定，施工合同无效后，发包人、承包人按照如下方式处理争议：

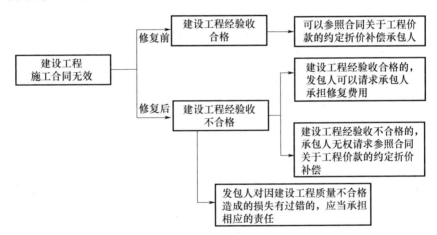

从上图可以看出：合同无效后，在工程验收不合格情形下，发包人有请求承包人承担修复费用的权利；也剥夺了在工程经修复后仍不合格的情形下，承包人请求"参照合同约定折价补偿"的权利；合同无效后，承包人能否请求参照合同关于工程价款的约定获得折价补偿，关键得看工程验收或修复后的再验收是否合格。工程经验收合格，工程价款结算可以参照合同折价补偿，不以承包人是否请求为前提。

民法典第793条将2004年《建设工程施工解释》（现已失效）第2条、第3条规定中的"经竣工验收……"修改为"经验收……"，将"竣工"两字去掉，虽然仅少了"竣工"二字，但法律意义大不相同，这对于无效合同中通过验收的未完工程、阶段性工程的施工承包人的折价补偿权予以保护，防止发包人不当得利，体现公平原则。民法典的该条修改直接扩大了工程质量合格的适用情形，对于整体工程中的单位工程、分部工程、分项工程和检验批以及其他零星部分工程，可能存在尚未完工即退场的情形，此时无须等到整体工程竣工，只要工程质量合格即可参照合同约定折价补偿工程价款。但是，需要注意的是，工程质量合格是承包人要求发包人支付工程款的前提，没有竣工的情况下，此处的工程"合格"结论应符合国家发布的行业规范。

在司法实践中，鉴于建设工程的特殊性，虽然建设工程合同无效，但施工人的劳动和建筑材料已经物化在建筑工程中，在建设工程合同无效但建设工程经验收合格的情形下，承包人请求参照有效合同处理的，应当参照建设工程合同约定来计算涉案工程价款，但承包人不应获得比合同有效时更多的利益。

根据《最高人民法院关于审理建设工程施工合同纠纷案件适用法律问题的解释（一）》第24条的规定，当事人就同一建设工程订立的数份建设工程施工合同均无效，但建设工程质量合格，一方当事人请求参照实际履行的合同关于工程价款的约定折价补偿承包人的，人民法院应予支持。实际履行的合同难以确定，当事人请求参照最后签订的合同关于工程价款的约定折价补偿承包人的，人民法院应予支持。

建设工程施工合同无效，如承包人请求补偿工程价款的，则其应当举证证明涉案建设工程经验收为合格。若建设工程验收不合格，经修复后验收合格的，发包人请求承包人承担修复费用的，发包人也应当提供相关证明材料。《最高人民法院关于审理建设工程施工合同纠纷案件适用法律问题的解释（一）》第6条规定，建设工程施工合同无效，一方当事人请求对方赔偿损失的，应当就对方过错、损失大小、过错与损失之间的因果关系承担举证责任。损失大小无法确定，一方当事人请求参照合同约定的质量标准、建设工期、工程价款支付时间等内容确定损失大小的，人民法院可以结合双方过错程度、过错与损失之间的因果关系等因素作出裁判。因此，对于建设工程施工合同被认定无效，如发包人就工程质量不合格、建设工程逾期等造成的实际损失向承包人主张赔偿，则发包人应承担举证责任；承包人如要减免赔偿责任，则应当对相应事实承担举证责任。如果承包人就停工、窝工造成的实际损失向发包人主张赔偿的，承包人应当承担相应的举证责任。提出索赔的无过错方的证明对象包括对方过错、损失大小、过错与损失之间的因果关系。

⚖ 类案导读

> 案例1：远海建工（集团）有限公司（以下简称远海公司）与新疆厚德置业有限公司哈密分公司（以下简称厚德哈密分公司）、新疆厚德置业有限公司建设工程施工合同纠纷案件，最高人民法院（2016）最高法民终736号

◇ 法律适用导读

建设工程施工合同无效，但建设工程经竣工验收合格，承包人请求参照合同约定支付工程价款的，应予支持。

◇ 本案争议裁判

一审法院认为：关于涉案合同的效力。《中华人民共和国招标投标法》第43条规定："在确定中标人前，招标人不得与投标人就投标价格、投标方案等实质性内容进行谈判。"本案争议工程依照法律规定，应当进行招标投标。厚德哈密分公司与远海新疆分公司在涉案工程确定中标人之前，对工程实质性内容进行谈判，另行签订《建安工程施工补充协议》，在确定远海新疆分公司为中标人之后，双方订立《建设工程施工合同》，双方签订的《建安工程施工补充协议》及《建设工程施工合同》排挤其他投标人的公平竞争，损害其他投标人的合法权益，违反了法律的禁止性规定，当属无效。厚德哈密分公司与远海新疆分公司虽均不是独立承担民事责任的诉讼主体，但却是具备从事相应民事行为的企业法人的分支机构，双方签订合同的行为并不必然导致合同无效。远海公司以合同订立主体均为分公司为由，要求确认双方订立的《建设工程施工合同》无效，其理由虽不

能成立，但该诉讼请求因合同双方存在串标的违法行为而导致合同无效，予以支持。

关于工程价款的认定。2004 年《建设工程施工解释》第 2 条规定："建设工程施工合同无效，但建设工程经竣工验收合格，承包人请求参照合同约定支付工程价款的，应予支持。"据此，虽然涉案补充协议及施工合同当属无效，但远海新疆分公司依约履行了施工义务，且涉案工程经验收合格已交付使用，其请求按合同约定支付工程价款，应予支持。

最高人民法院二审认为：案涉《建安工程施工补充协议》及《建设工程施工合同》虽应认定无效，但在认定无效之前双方在履约时仍应遵循诚实信用原则，远海公司应按照合同约定及时竣工并交房，厚德哈密分公司应按照合同约定及时足额支付工程款。

案例 2：江苏省第一建筑安装集团股份有限公司（以下简称江苏一建）、唐山市昌隆房地产开发有限公司（以下简称昌隆公司）建设工程施工合同纠纷二审案件，最高人民法院（2017）最高法民终 175 号

◇ 法律适用导读

建设工程施工合同无效，但经竣工验收合格的工程价款如何支付？如何根据承发包双方过错程度分担损失？

◇ 本案争议裁判

最高人民法院审理认为：2004 年《建设工程施工解释》第 2 条规定，建设工程施工合同无效，但建设工程经竣工验收合格，承包人请求参照合同约定支付工程价款的，应予支持。2004 年《建设工程施工解释》第 21 条规定，当事人就同一建设工程另行订立的建设工程施工合同与经过备案的中标合同实质性内容不一致的，应当以备案的中标合同作为结算工程价款的根据。就本案而言，虽经过招标投标程序并在建设行政主管部门备案的《备案合同》因违反法律、行政法规的强制性规定而无效，并不存在适用 2004 年《建设工程施工解释》第 21 条规定的前提，也不存在因规避招标投标制度、违反备案中标合同实质性内容的《补充协议》具有优先适用

20. 建设工程施工合同如被确认无效，相关工程款的支付和赔偿怎么办？

效力。

合同法第58条规定，合同无效或者被撤销后，因该合同取得的财产，应当予以返还；不能返还或者没有必要的，应当折价补偿。有过错的一方应当赔偿对方因此所受到的损失，双方都有过错的，应当各自承担相应的责任。建设工程施工合同的特殊之处在于，合同的履行过程，是承包人将劳动及建筑材料物化到建设工程的过程，在合同被确认无效后，只能按照折价补偿的方式予以返还。本案当事人主张根据2004年《建设工程施工解释》第2条规定参照合同约定支付工程价款，案涉《备案合同》与《补充协议》分别约定不同结算方式，应首先确定当事人真实合意并实际履行的合同。

结合本案《备案合同》与《补充协议》，从签订时间而言，《备案合同》落款时间为2009年12月1日，2009年12月30日在唐山市建设局进行备案；《补充协议》落款时间为2009年12月28日，签署时间仅仅相隔20天。从约定施工范围而言，《备案合同》约定施工范围包括施工图纸标识的全部土建、水暖、电气、电梯、消防、通风等工程的施工安装，《补充协议》约定施工范围包括金色和园项目除土方开挖、通风消防、塑钢窗、景观、绿化、车库管理系统、安防、电梯、换热站设备、配电室设备、煤气设施以外所有建筑安装工程，以及雨污水、小区主环路等市政工程。实际施工范围与两份合同约定并非完全一致。从约定结算价款而言，《备案合同》约定固定价，《补充协议》约定执行河北省2008年定额及相关文件，建筑安装工程费结算总造价降3%，《补充协议》并约定价格调整、工程材料由甲方认质认价。综上分析，当事人提交的证据难以证明其主张所依据的事实，一审判决认为当事人对于实际履行合同并无明确约定，两份合同内容比如甲方分包、材料认质认价在合同履行过程中均有所体现，无法判断实际履行合同并无不当。

在无法确定双方当事人真实合意并实际履行的合同时，应当结合缔约过错、已完工程质量、利益平衡等因素，根据合同法第58条规定由各方当事人按过错程度分担因合同无效造成的损失。一审法院认定本案中无法确定真实合意履行的两份合同之间的差价作为损失，基于昌隆公司作为依法组织进行招标投标的发包方，江苏一建作为对于招标投标法等法律相关规定也应熟知的具有特级资质的专业施工单位的过错，结合本案工程竣工验收合格的事实，由昌隆公司与江苏一建按6:4比例分担损失并无不当。

案例 3：木里县莫嘎拉吉水电开发有限责任公司（以下简称莫嘎拉吉公司）与泸州市第七建筑工程公司（以下简称泸州七建）、泸州市第七建筑工程公司石棉分公司（以下简称泸州七建石棉分公司）、四川恒驰伟业能源科技有限公司建设工程施工合同纠纷案件，四川省高级人民法院(2017) 川民终 77 号

◇ 法律适用导读

建设工程施工合同无效，且建设工程经竣工验收不合格的，修复后的建设工程经竣工验收合格，发包人请求承包人承担修复费用的，应予支持。

◇ 本案争议裁判

114

一审法院认为：关于泸州七建、泸州七建石棉分公司是否应当支付莫嘎拉吉公司工程修复费用 12705180 元及无法修复的 7#洞的损失（损失以实际鉴定结果为准）的问题。莫嘎拉吉公司与泸州七建石棉分公司于 2012 年 6 月 1 日签订施工合同，后于 2014 年 1 月解除合同。经鉴定，因泸州七建石棉分公司施工未满足设计要求导致案涉工程存在质量问题。根据 2004 年《建设工程施工解释》第 3 条第 1 款第（一）项、第（二）项 "建设工程施工合同无效，且建设工程经竣工验收不合格的，按照以下情形分别处理：（一）修复后的建设工程经竣工验收合格，发包人请求承包人承担修复费用的，应予支持；（二）修复后的建设工程经竣工验收不合格，承包人请求支付工程价款的，不予支持"、第 10 条第 1 款 "建设工程施工合同解除后，已经完成的建设工程质量合格的，发包人应当按照约定支付相应的工程价款；已经完成的建设工程质量不合格的，参照本解释第三条规定处理" 的规定，发包方莫嘎拉吉公司有权要求合同相对方泸州七建石棉分公司就施工工程质量问题进行修复或支付相应修复费用。因泸州七建应当承担其分支机构泸州七建石棉分公司的民事责任，故对莫嘎拉吉公司要求泸州七建、泸州七建石棉分公司支付工程修复费用的诉讼请求予以支持，工程修复总费用为 12488632 元。

20. 建设工程施工合同如被确认无效，相关工程款的支付和赔偿怎么办？

> 案例 4：中冶地集团西北岩土工程有限公司（以下简称西北岩土公司）与新疆信达房地产开发有限公司（以下简称信达房地产公司）、中冶地集团西北岩石土工程有限公司新疆分公司建设工程施工合同纠纷案件，新疆维吾尔自治区乌鲁木齐市中级人民法院（2017）新 01 民终 302 号

◇ **法律适用导读**

建设工程施工合同无效，且建设工程经竣工验收不合格的，修复后的建设工程经竣工验收不合格，承包人请求支付工程价款的，不予支持。发包人对因建设工程不合格造成的损失有过错的，应当承担相应的责任。

◇ **本案争议裁判**

法院审理认为：2004 年《建设工程施工解释》第 3 条规定，建设工程施工合同无效，且建设工程经竣工验收不合格的，按照以下情形分别处理：（1）修复后的建设工程经竣工验收合格，发包人请求承包人承担修复费用的，应予支持；（2）修复后的建设工程经竣工验收不合格，承包人请求支付工程价款的，不予支持。因建设工程不合格造成的损失，发包人有过错的，也应承担相应的民事责任。从以上司法解释的规定来看，建设工程施工合同无效并不当然免除承包方的工程质量责任，工程质量合格的应参照合同约定支付工程价款，工程质量不合格的则应予以修复或者承担修复费用。

本案基坑支护工程经检测鉴定不合格，西北岩土公司应当予以修复或者承担修复费用。信达房地产公司已将该工程另行发包重做，其另行支付的施工费是因西北岩土公司施工质量不合格而产生的损失，因信达房地产公司在本案中并未就此主张，一审法院对此不作处理。基坑支护工程不合格是西北岩土公司方面的原因所致，即支护施工质量不符合西北岩土公司自己作出的支护方案设计，而该支护方案也不符合相关基坑支护规范的要求。信达房地产公司未办理相关审批手续或者明知实际施工人借用资质并不必然、直接导致支护施工质量不合格，故信达房地产公司所支付的工程质量检测鉴定费 12.15 万元是因西北岩土公司施工质量不合格而产生的损失，应由西北岩土公司全部承担。基坑支护施工作业过程中发生坍塌事

故，西北岩土公司对"5.30"坍塌事故的调查报告不持异议，并以此作为责任承担的依据。

根据事故调查报告及工程检测鉴定报告，综合本案的情况，一审法院确定由信达房地产公司、西北岩土公司对上述三笔费用各承担50%的责任，故西北岩土公司应赔偿信达房地产公司上述三笔费用的各50%。

综上，在本案信达房地产公司未向挂靠人主张的情况下，西北岩土公司作为被挂靠人，在建设工程施工合同中应依法向其相对方即信达房地产公司承担民事责任。施工合同无效且施工质量不合格，已付的工程款由于物化已不能返还，而施工方仍负有质量责任。对于施工质量不合格而产生的损失，信达房地产公司有过错的，也应承担相应的民事责任。

🔨 法条指引

《中华人民共和国民法典》第七百九十三条

建设工程施工合同无效，但是建设工程经验收合格的，可以参照合同关于工程价款的约定折价补偿承包人。

建设工程施工合同无效，且建设工程经验收不合格的，按照以下情形处理：

（一）修复后的建设工程经验收合格的，发包人可以请求承包人承担修复费用；

（二）修复后的建设工程经验收不合格的，承包人无权请求参照合同关于工程价款的约定折价补偿。

发包人对因建设工程不合格造成的损失有过错的，应当承担相应的责任。

🔨 新旧对照

2004 年《最高人民法院关于审理建设工程施工合同纠纷案件适用法律问题的解释》第二条

建设工程施工合同无效，但建设工程经竣工验收合格，承包人请求参照合同约定支付工程价款的，应予支持。

2004 年《最高人民法院关于审理建设工程施工合同纠纷案件适用法律问题的解释》第三条

建设工程施工合同无效，且建设工程经竣工验收不合格的，按照以下

20. 建设工程施工合同如被确认无效，相关工程款的支付和赔偿怎么办？

情形分别处理：

（一）修复后的建设工程经竣工验收合格，发包人请求承包人承担修复费用的，应予支持；

（二）修复后的建设工程经竣工验收不合格，承包人请求支付工程价款的，不予支持。

因建设工程不合格造成的损失，发包人有过错的，也应承担相应的民事责任。

21.

监理人违反法定职责行为或合同约定，造成发包人损失的怎么办？

　　建设工程监理，是指由具有法定资质条件的工程监理单位根据发包人的委托，依照法律、行政法规及有关的建设工程技术标准、设计文件和建设工程合同，对承包人在施工质量、建设工期和建设资金使用等方面，代表发包人对工程建设过程实施监督的专门性活动。为了加强对项目建设的监督，保证投资效益，维护国家利益和公共利益，国家对于特定的项目规定了强制监理，并明确了强制监理的范围，根据《建设工程质量管理条例》第12条的规定，下列工程必须实行监理：（1）国家重点建设工程；（2）大中型公用事业工程；（3）成片开发建设的住宅小区工程；（4）利用外国政府或者国际组织贷款、援助资金的工程；（5）国家规定必须实行监理的其他工程。

　　监理人实行资质等级管理，工程监理单位应当依法取得相应等级的资质证书，并在其资质等级许可的范围内承担工程监理业务。禁止工程监理单位超越本单位资质等级许可的范围或者以其他工程监理单位的名义承担工程监理业务。禁止工程监理单位允许其他单位或者个人以本单位的名义承担工程监理业务。工程监理单位不得转让工程监理业务。工程监理单位与被监理工程的施工承包单位以及建筑材料、建筑构配件和设备供应单位有隶属关系或者其他利害关系的，不得承担该项建设工程的监理业务。实行监理的建设工程，建设单位应当委托具有相应资质等级的工程监理单位进行监理，也可以委托具有工程监理相应资质等级并与被监理工程的施工承包单位没有隶属关系或者其他利害关系的该工程的设计单位进行监理。

　　根据民法典第796条的规定，建设工程实行监理的，发包人应当与监理人采用书面形式订立委托监理合同。发包人与监理人的权利和义务以及法律责任，应当依照本编委托合同以及其他有关法律、行政法规的规定。采用书面形式订立委托监理合同，有利于明晰发包人与监理人之间的权利、义务关系，确立各自的责任，使监理人能够更好地对承包人的行为进行监督管理，保证工程质量，保证建设工程按期保质交付使用。工程建设监理合同一般应当包括下列条款：监理的范围和内容、双方的权利与义务、监理费的计取与交付、违约责任以及双方约定的其他事项。根据《建设工程质量管理条例》第 37 条的规定，工程监理单位应当选派具备相应资格的总监理工程师和监理工程师进驻施工现场。未经监理工程师签字，建筑材料、建筑构配件和设备不得在工程上使用或者安装，施工单位不得进行下一道工序的施工。未经总监理工程师签字，建设单位不拨付工程款，不进行竣工验收。监理工程师应当按照工程监理规范的要求，采取旁站、巡视和平行检验等形式，对建设工程实施监理。工程建设质量不合格，通常既与承包人不按照要求施工有关，也与监理人不按照合同约定履行监理义务有关，在这种情况下造成发包人损失的，承包人与监理人都应当承担各自的赔偿责任。

119

在建设工程实施过程中，监理人如有违反法定职责的行为，将会导致承担以下法律责任：

（1）对于涉及建设工程安全、质量强制性标准的监理事项，承包人知道或者应当知道监理人的行为违反法定工程安全、质量强制性标准的，应当视为监理人超越法定职责权限的无权代理行为，而非有权代理情形下的滥用代理权行为，而且因承包人明知或应知监理人无权代理，也不构成表见代理，其行为后果不及于发包人。承包人与监理人串通损害发包人利益的，依据民法典第 164 条第 2 款和建筑法第 35 条第 2 款的规定，由承包人与监理人向发包人承担连带赔偿责任；无证据证明承包人与监理人串通的，依照建筑法第 35 条第 1 款的规定，由监理人、承包人按照各自的责任大小分别向发包人承担相应责任。

（2）对于虽涉及建设工程安全、质量的监理事项，但承包人不知道或者不应当知道监理人的行为违反法定工程安全、质量强制性标准的，监理人、承包人依照各自过错责任大小分别向发包人承担相应责任。

（3）对于不涉及建设工程安全、质量强制性标准的其他代理事项，只要监理人的行事范围未超出发包人的委托范围，仍应属有权代理，其行为结果亦归属于发包人。发包人认为监理人滥用监理权的，可依民法典第

164 条第 1 款要求监理人承担民事责任。

（4）鉴于委托监理合同中通常将监理人依法履行监理职责作为其合同义务，监理人违背法定职责的监理行为同时也构成违约，因此造成发包人财产权益损害的，发包人可依据民法典第 186 条的规定，有追究监理人违约责任或者侵权责任的选择权。如果监理合同对监理人的违约责任有限额约定，而发包人的实际损失大于该限额时，发包人可选择采用追究监理人侵权责任的方式规避上述责任限额约定。

注意在以下例外情形下，除非有发包人特别授权、事后追认或者成立监理人对发包人的表见代理，监理人的行为后果不应当及于发包人：（1）监理人的指令不属于合同变更内容；（2）监理人的指令属于合同变更内容，但是不属于监理人监理权限；（3）承包人未予拒绝而依监理人的违法指令实施施工。其中对监理人发出的违法指令发包人存在过错的，监理人的行为后果部分及于发包人；（4）监理人违法监理行为违反建设工程安全、质量强制性标准；（5）监理人与承包人串通损害发包人利益。

⚖ 类案导读

案例 1：甘肃蓝野建设监理有限公司（以下简称蓝野公司）与新疆千鑫矿业有限公司（以下简称千鑫公司）建设工程监理合同纠纷案件，新疆维吾尔自治区阿勒泰地区中级人民法院（2019）新 43 民终 231 号

◇ 法律适用导读

监理人应对施工过程及施工质量进行全程跟踪及监督，对于事故的发生应负有相应的责任，并承担赔偿责任；发包人与监理人系委托关系，双方之间的权利义务应当按照监理合同确定，应依照合同相应条款的约定确定赔偿数额。

◇ 本案争议裁判

法院审理认为：关于蓝野公司是否存在过错，应否承担赔偿责任。千鑫公司提供的多份《会议纪要》可以证实 1#尾矿库工程在交工验收后不久

即出现渗漏水的质量问题，随后业主、设计、工勘、监理、施工单位对渗漏问题进行现场踏勘和开会讨论分析，并协商由施工单位进行整改施工，同时委托新疆建设工程质量安全检测中心对1#尾矿库渗漏水问题进行检测鉴定。根据鉴定结论，蓝野公司作为监理单位，应对施工过程及施工质量进行全程跟踪及监督，其未能尽责，对1#尾矿库出现渗漏水的质量问题，应当负有相应的责任，应当承担赔偿责任。

关于蓝野公司应当承担的赔偿数额。千鑫公司与蓝野公司系委托关系，双方之间的权利义务应当按照监理合同确定，监理合同专用条款第26条约定：监理人在责任期内如果失职，同意按以下办法承担责任，赔偿损失［累计赔偿额不超过监理报酬总数（扣税）］：赔偿金 = 直接经济损失 ×1.23%（扣除税金）。该条款特别约定了赔偿金的计算方式，蓝野公司应当按此约定承担赔偿责任，赔偿金为 21300 元（1731750 元 ×1.23%），鉴定费损失为3075 元（250000 元 ×1.23%），合计 24375 元。

> 案例2：北京宛平宸艺文化有限公司（以下简称宛平公司）与北京吉盛安电力工程咨询有限公司（以下简称吉盛安公司）建设工程监理合同纠纷案件，北京市丰台区人民法院（2019）京 0106 民初 32532 号

◇ 法律适用导读

监理人失职未履行合同义务，发包人与监理人系委托关系，双方之间的权利义务应当按照监理合同确定，应依照合同相应条款的约定确定赔偿数额。

◇ 本案争议裁判

法院审理认为：宛平公司与吉盛安公司签订的《建设工程监理合同》系双方当事人真实意思表示，内容不违反法律、行政法规强制性规定，合法有效，双方均应按约履行合同义务。建设工程实行监理的，发包人与监理人的权利义务以及法律责任，应当依照本法委托合同以及其他有关法律、行政法规的规定。根据合同约定，监理范围和监理工作内容约定依据法律法规及有关技术标准、设计文件和建设工程承包合同对承包人的施工

质量、建设工期和安全等方面代表委托人实施监督管理。

监理人在责任期内如果失职，同意按以下办法承担责任，赔偿损失：赔偿金＝直接经济损失×报酬比率（扣除税金）。根据北京仲裁委员会（2019）京仲裁字第0725号裁决书的认定，B16号展馆的标高不符合设计要求；B16展馆、B50&B52号展馆未按照施工设计图纸要求施工，外墙保温施工存在质量缺陷；B16首层地面下沉、开裂及B50&B52展馆一层部分填充墙、地面及室外散水下沉、开裂属于施工质量缺陷。因此，可以认定吉盛安公司在监理过程中存在失职，吉盛安公司应当按照监理合同约定的方式对北京仲裁委员会（2019）京仲裁字第0725号裁决书中宛平公司的经济损失承担责任。

案例3：贵州长禹建设工程有限公司、贵州三维工程建设监理咨询有限公司（以下简称贵州三维公司）与贵州紫金矿业股份有限公司等建设工程施工合同纠纷案件，贵州省黔西南布依族苗族自治州中级人民法院(2020) 黔23民终1525号

◇ 法律适用导读

监理人未履行质量监督职责，对承包人未按设计文件要求实施和不符合国家规范规定的施工质量行为未予以纠正，应承担事故监督责任。

◇ 本案争议裁判

二审法院审理认为：贵州三维公司上诉称，"监理公司若存在过失，也只应该按照双方签订的监理合同进行赔偿，而现贵州三维公司的监理报酬已经被全部扣除，故不应再支付任何款项"的上诉理由，根据云南双雁司法鉴定中心作出的云双鉴字第36008号《司法鉴定意见书》记载，监理单位未履行质量监督职责，对施工单位未按设计文件要求实施和不符合国家规范规定的施工质量文件签署认可意见，对施工单位的上述行为未予以纠正，承担事故监督责任，建议责任比例为15%，故贵州三维公司系未履行质量监督职责，而非无过失行为，按照双方签订的《贵州资金5000T/D

矿坑水处理工程监理合同》，该合同分为三部分，第一部分为建设工程委托监理合同，第二部分为标准条件，第三部分为专用条件。其中第二部分标准条件第24条、委托人发现监理人员不按监理合同履行监理职责，或与承包人串通给委托人或工程造成损失的，委托人有权要求监理人更换监理人员，直到终止合同并要求监理人承担相应的赔偿责任或连带赔偿责任。故贵州三维公司应按照《司法鉴定意见书》确定的建议责任比例承担相应的赔偿责任。故贵州三维公司上诉请求不能成立，不予采纳。

法条指引

《中华人民共和国民法典》第七百九十六条

建设工程实行监理的，发包人应当与监理人采用书面形式订立委托监理合同。发包人与监理人的权利和义务以及法律责任，应当依照本编委托合同以及其他有关法律、行政法规的规定。

新旧对照

123

《中华人民共和国合同法》第二百七十六条

建设工程实行监理的，发包人应当与监理人采用书面形式订立委托监理合同。发包人与监理人的权利和义务以及法律责任，应当依照本法委托合同以及其他有关法律、行政法规的规定。

22.

如果发包人放弃（包括部分和全部放弃）行使在施工过程中对承包人工作的检查权导致工程安全或质量责任时怎么办？

为了保证施工进度、质量和保护发包人的利益，民法典第 797 条规定了发包人可以随时对承包人工程作业的进度和质量进行检查。发包人对工程作业的检查一般通过两种方式：一种是委派具体管理人员作为工地代表进行检查；另一种是发包人委托监理人实施对工程建设过程中的检查。

（1）发包人妥当行使检查权工作对承包人的法律后果如下：发包人在不妨碍承包人正常作业的情况下，可以随时对作业进度、质量进行检查。发包人妥当行使检查权，即其检查应是符合下列两个条件的检查：一是发包人的检查不妨碍承包人正常作业；二是依据合同约定或者行业惯例发包人的检查具有必要性。

发包人妥当行使检查权的法律后果如下：①承包人不得拒绝，并负有协助和配合义务；②对于经检查存在的承包人工作不符合合同约定、法律规定和工程技术规范的问题，承包人有说明澄清（如果发包人指出的问题不正确）或者整改、补救的义务和责任（如果发包人指出的问题正确）；③除合同条款另有约定外，发包人对承包人进行工作检查所发生的费用由发包人承担；④承包人因配合、协助发包人检查所发生的费用由发包人承担，但是合同条款另有约定（如约定承包人的工程价款包括配合、协助发包人检查可能产生的合理费用，或者约定承包人自行承担配合发包人检查的费用）的，依照约定处理。

（2）发包人不当行使检查权工作对承包人的法律后果如下：发包人不当行使检查权，包含下列两种情形：一是发包人的检查妨碍了承包人的正常作业；二是发包人的检查不具有合理性或者必要性，如超出技术规范要求或者合同约定，对于某一工程部位的重复检查、超量检查或者其他形式

22. 如果发包人放弃（包括部分和全部放弃）行使在施工过程中对承包人工作的检查权导致工程安全或质量责任时怎么办？

的过度检查。

发包人不当行使检查权时，承包人事实上也无权拒绝。这是因为工程质量问题专业技术性较强，发包人基于对工程质量的关注以及某些工程质量问题判断的复杂性，可能出现对于某一工程部位的重复、超量的过度检查，以消除发包人对于工程质量的担忧。发包人不当行使检查权对承包人的不利后果通常体现为工期上的损失和（或）费用上乃至利润上的损失，可以通过由发包人顺延工期、承担费用乃至利润补偿的方式予以消除，使得承包人的权益免受损害。从坚持工程质量优先的建工立法精神的角度来看，在发包人完全承担因不当行使检查权而导致其自身及承包人不利后果的情形下，没有赋予承包人拒绝发包人不当检查的必要。在施工中，发包人对于承包人工作的检查权通常由发包人委托监理人代为行使，监理人按照法律规定和发包人授权对工程的所有部位及其施工工艺、材料和工程设备进行检查和检验。监理人的检查和检验不应影响施工正常进行。监理人的检查和检验影响施工正常进行的，且经检查检验不合格的，影响正常施工的费用由承包人承担，工期不予顺延；经检查检验合格的，由此增加的费用和（或）延误的工期由发包人承担。承包人覆盖工程隐蔽部位后，发包人或监理人对质量有疑问的，可要求承包人对已覆盖的部位进行钻孔探测或揭开重新检查，承包人应遵照执行，并在检查后重新覆盖恢复原状。经检查证明工程质量符合合同要求的，由发包人承担由此增加的费用和（或）延误的工期，并支付承包人合理的利润；经检查证明工程质量不符合合同要求的，由此增加的费用和（或）延误的工期由承包人承担。由此可见，对于监理人受发包人委托代为行使检查权时在检查时间上的不当，或者重新检查，承包人均无权拒绝接受检查，仅可根据对承包人有利的检查结果（工程质量符合要求）要求发包人承担工期和（或）费用乃至利润损失责任。

应当指出的是，尽管承包人一般应无权拒绝发包人的不当检查，但是也存在承包人有权拒绝的例外。该例外主要是指，发包人的不当检查对承包人施工过程的妨碍如果可能导致施工安全事故或者工程其他质量事故的特别情形。因此，发包人不当行使检查权的法律后果是，除非基于控制施工安全或者工程质量风险的理由，承包人仍须接受、协助和配合检查，但是经检查证明工程质量符合约定和法定要求的，发包人应承担由此增加的费用和（或）延误的工期，并支付承包人合理的利润。

（3）发包人部分或完全放弃行使随时检查权的法律后果：发包人放弃（包括部分和全部放弃）行使在施工过程中对承包人工作的检查权，对应于承包人接受、配合、协助检查的相应义务的被减免，而非对应于承包人工程质量责任的被减免。通俗地说，无论发包人是否对承包人的工作进行检查监督，承包人都应当依照诚实信用原则，按照合同约定和法律、技术标准的要求进行工程施工，并确保工程质量符合约定和法定要求。除非其明确确认或者以行为表示对工程质量的认可，或者对承包人相应责任的豁免，发包人放弃行使对承包人工作过程的检查权，不应被推定为其默示放弃就工程质量的合同主要权利。监理人（受发包人委托）对工程的所有部位及其施工工艺、材料和工程设备进行的检查和检验，不免除或减轻承包人按照合同约定应当承担的责任。易言之，无论发包人在施工过程中是否放弃行使检查权，均不减免承包人按照合同约定应当承担的责任，当然包括工期和工程质量方面的合同主要责任。

发包人放弃或部分放弃检查权的，一般仅构成对承包人配合、协助检查义务的免除或减轻，不构成对承包人工程质量责任的减免，上述法条也不能构成发包人承担或者分担工程质量责任的法律依据，除非合同另行约定发包人对承包人工作的检查构成承包人继续履行合同后续义务的前提条件，或者基于连带责任的法律规定，在分包合同中总承包人（作为发包人）对于分包人工作的检查既属于总承包人的权利，也属于总承包人的法定义务。

与前述隐蔽工程的重新检查类似，发包人行使检查权时未能发现实际存在的工程质量问题的，其后应仍有权进行重新检查。重新检查的工程质量结果不符合约定和法定要求的，除非存在依约或依法免责事由，承包人仍应承担相应工程质量责任。具体而言，重新检查发生在工程竣工验收合格之前，或者虽未竣工验收或者竣工验收不合格，但在发包人擅自提前使用工程之前的，承包人应承担整改至通过竣工验收合格的责任；重新检查发生在工程竣工验收合格之后，或者发包人擅自提前使用工程之后的，承包人应承担工程保修责任。

在实践中，如果发包人与承包人就工程质量产生争议时，承包人就实际工程质量负有在先的初步的举证责任。如发包人有反对意见，发包人应就工程实际质量不符合约定或法定标准进行举证，以反驳承包人的质量合格证据。上述举证责任分配规则的确定乃是基于下列理由：

126

22. 如果发包人放弃（包括部分和全部放弃）行使在施工过程中对承包人工作的检查权导致工程安全或质量责任时怎么办？

（1）民法典第793条第1款（建设工程施工合同无效，但是建设工程经验收合格的，可以参照合同关于工程价款的约定折价补偿承包人）和第2款第（二）项（修复后的建设工程经验收不合格的，承包人无权请求参照合同关于工程价款的约定折价补偿）和第806条第3款（合同解除后，已经完成的建设工程质量合格的，发包人应当按照约定支付相应的工程价款；已经完成的建设工程质量不合格的，参照本法第793条的规定处理）均表明，施工完成的工程质量合格（符合约定和法定要求），是承包人有权主张结算工程款的先决条件。

（2）根据工程质量检查、验收的程序惯例，除非合同另有特别约定，隐蔽工程、分部分项工程，以及竣工工程，均应经承包人自检合格并具备验收条件，才可申请监理人、发包人进行验收。因而，承包人对于工程质量的初步举证，应当提供自检合格的有关支持证明文件。

实践中常常遇到的另一个问题是，如果发包人行使检查权致使承包人无法正常作业时怎么办？一方面，发包人有权对承包人的工程作业进行检查；但另一方面，发包人的检查行为要合理，不能因此妨碍承包人的正常作业，这也是从平等对待双方当事人，维护承包人的合法权益出发，对发包人的检查权进行合理的限制，因此规定了"发包人在不妨碍承包人正常作业的情况下"这个前提。如果因为发包人或者工地代表、监理人的不当行为致使承包人无法进行正常作业的，承包人有权要求顺延工期，造成承包人停工、返工、窝工等损失的，有权要求发包人承担损害赔偿责任。

发包人对承包人施工过程中的安全、质量问题负有随时检查和监督管理或者监理的责任。发包人未完全及时尽到现场检查和监督义务与承包人施工行为造成的安全、质量方面的损失有因果关系时，应对此承担部分损失赔偿责任。

⚖ 类案导读

案例1：周某、禤某与曹某、连州市润华房地产有限公司侵权责任纠纷案件，广东省清远市中级人民法院（2018）粤18民终3521号

◇ 法律适用导读

　　发包人对承包人施工过程中的安全、质量问题负有随时检查和监督管理或者监理的责任，以避免损失的扩大。发包人未完全及时尽到现场检查和监督义务与承包人施工行为造成的安全、质量方面的损失有一定关系，故应对此承担部分损失赔偿责任。

◇ 本案争议裁判

　　法院审理认为：案件的定性对案件的审理和裁判至关重要。根据曹某的诉求及其庭审请求，应定性为物件损害责任纠纷。所谓物件损害责任，是指物件的所有人、管理人或其他主体对其所管理的物件致人损害承担的侵权责任。物件，指建筑物、构筑物等土地上的工作物或者责任人管理、适用、支配下的任何财物，本案中的涉案爆炸水表，属于法律意义上的物件。根据《中华人民共和国侵权责任法》第 85 条"建筑物、构筑物或者其他设施及其搁置物、悬挂物发生脱落、坠落造成他人损害，所有人、管理人或者使用人不能证明自己没有过错的，应当承担侵权责任。所有人、管理人或者使用人赔偿后，有其他责任人的，有权向其他责任人追偿"的规定，本案中的水表爆炸，造成曹某受伤，符合物件致人损害的条件，那么该案承担责任的主体为水表的所有人、管理人或者使用人。涉案的爆炸水表位于金汇湾一期园林景观工程内，是周某所安装的分表，供周某等施工人所使用，周某作为安装人及使用人，应对其所安装的水表进行妥善的管理及积极的维护直至其所完成的工程交付其雇用者禤某验收完成为止。因此，周某应对曹某的各项损失承担责任，根据其过错程度，其应承担曹某损失 40% 的责任。周某辩称水表爆炸难以排除是曹某的个人过错所导致，因物件损害责任属于"过错推定"原则，与一般的"过错责任"不同，行为人的过错无须由受害人举证，而是由法律规定，只有行为人能够提供证据证明自己没有过错，才能免除责任。在本案中，曹某在正常使用水龙头的过程中，水表发生爆炸，周某既没有证据证明曹某的使用行为存在过错，也没有证据自证自己已经尽到了管理及维护的义务，应承担举证不能的责任，因此，对于周某的辩解意见，缺乏依据，不予支持。周某辩称此次事故有可能是属于水表的产品责任，但本案属于物件损害责任纠纷

22. 如果发包人放弃（包括部分和全部放弃）行使在施工过程中对承包人工作的检查权导致工程安全或质量责任时怎么办？

而非产品质量纠纷，若所有人、管理人或者使用人赔偿后，有其他责任人的，有权向其他责任人追偿，周某若认为存在其他责任人的，可另行起诉。连州市润华房地产有限公司与禤某签订了《建设工程施工专业分包合同》，将金汇湾一期景观工程发包给禤某承包，禤某承建的金汇湾一期园林景观工程的部分楼梯工程由周某组织建造。涉案的爆炸水表就位于金汇湾一期园林景观工程内，属于禤某的施工范围，禤某对进入施工现场的材料，即周某所购置和安装的自来水计量表，质量审查不严，亦存有过错，周某、禤某的共同过错造成自来水计量表突然发生爆炸，造成曹某身体损伤，禤某负有一定的责任，亦应承担曹某损失40%的责任。连州市润华房地产有限公司作为总发包方，应对整个工程进行合理的管理及监督，但其把工程发包给没有建筑资质的禤某进行承建，存在部分过错。

129

根据《中华人民共和国合同法》第277条"发包人在不妨碍承包人正常作业的情况下，可以随时对作业进度、质量进行检查"的规定，发包人对整个工程的质量是具有监督权的。此次爆炸的水表，虽为周某所安装，但连州市润华房地产有限公司作为发包方没有对整个工程尽到妥善的监督、管理责任，没有对相关承建人员的资质尽到必要的审查责任，致使周某安装的自来水分表突然发生爆炸，造成曹某身体损伤，负有不可推卸的责任，应承担曹某损失20%的责任。对于曹某的损失，根据其诉请的损害赔偿项目范围，参照《广东省2018年人身损害赔偿计算标准》，合计430181.62元，由周某、禤某各承担172072.65元、连州市润华房地产有限公司承担86036.32元，周某、禤某、连州市润华房地产有限公司之间承担连带赔偿责任。

案例2：张某与甘肃省公路交通建设集团有限公司、中铁十七局集团第三工程有限公司财产损害赔偿纠纷案件，甘肃省临洮县人民法院(2019) 甘1124民初1658号

◇ **法律适用导读**

如果发包人未行使或者未及时行使对承包人工作的监督检查权，则应对承包人在施工过程中对第三人的财产损失承担相应的责任。

◇ 本案争议裁判

法院审理认为：公民的合法财产受法律保护，禁止任何单位和个人侵占、哄抢、破坏。本案中，中铁十七局集团第三工程有限公司在施工时，致使张某房屋出现裂缝，应对其损失进行赔偿，中铁十七局集团第三工程有限公司委托西安水平保险公估有限公司评估后，张某房屋经济损失为1849元，张某虽对评估结果有异议，但不申请重新鉴定，故其经济损失应以鉴定结论为准。依据《中华人民共和国合同法》第277条的规定，发包人在不妨碍承包人正常作业的情况下，可以随时对作业进度、质量进行检查。甘肃省公路交通建设集团有限公司作为G310线陇西至临洮段公路工程的发包人，对工程的实施有管理和监督职责，应承担相应的责任。关于张某要求赔偿拆迁补偿款的诉讼请求，因拆迁不属于本院管辖的范围，且其诉请房屋亦不在G310线陇西至临洮段公路工程规划设计的拆迁范围内，故本院不予处理；关于张某要求支付精神损失费的诉讼请求，因精神损失费属于人身损害的赔偿范围，本案是财产损害赔偿，故对其请求不予支持；关于张某请求给付安置费的诉讼请求，因张某房屋不在拆迁范围内，故其请求不成立；关于张某请求支付误工费的诉讼请求，张某无证据提交，故本院不予支持。

案例3：宋某雄与宋某鹏建设工程施工合同纠纷案件，甘肃省白银市中级人民法院（2019）甘04民终939号

◇ 法律适用导读

发包人对承包人承建的工程在出现质量问题后，未立即对质量问题向承包人提出返工要求，对此发包人应承担相应的责任。

◇ 本案争议裁判

法院审理认为：关于宋某鹏完成的工程是否存在质量问题，应否向宋某雄赔偿损失及损失数额如何确定的问题。

宋某雄主张宋某鹏所完成的工程质量不合格，造成其返工、重建，增

加了额外的工程材料款和人工费。根据"谁主张，谁举证"的民事审判原则，宋某雄应当对其该主张承担举证责任。根据宋某雄的申请，一审法院委托甘肃土木工程科学研究院对宋某雄房屋的工程质量进行了鉴定，该公司作出了编号为 TM-16JC-303 的《甘肃省靖远县大芦乡宋某雄房屋工程质量检测报告》，该检测报告的检测意见，结合宋某雄提交的其于 2016 年 2 月 19 日在靖远县公证处的证据保全公证书及照片 76 张等证据，能够证明宋某鹏完成的工程存在质量问题。结合本案案情，一审法院酌定宋某鹏赔偿宋某雄 1 万元的损失，并无不当。

《中华人民共和国合同法》第 277 条规定："发包人在不妨碍承包人正常作业的情况下，可以随时对作业进度、质量进行检查。"第 281 条规定"因施工人的原因致使建设工程质量不符合约定的，发包人有权要求施工人在合理期限内无偿修理或者返工、改建。经过修理或者返工、改建后，造成逾期交付的，施工人应当承担违约责任。"宋某鹏在施工过程中，宋某雄应当对该工程的进度、质量进行检查。宋某雄经检查发现工程存在质量等问题后，应当在合理期限内要求宋某鹏修理或者返工、改建。宋某雄未提交有效的证据证明其在合理期限内要求宋某鹏修理或者返工、改建，且在宋某鹏停建后，未及时采取合法合理的方式保护其权利，对剩余工程自行施工建设，完成了全部剩余工程，致使宋某鹏建设的工程存在的质量问题及剩余工程的范围已无法正确核实。据此，宋某雄应当对其上述行为承担相应的法律后果。

⚖ 法条指引

《中华人民共和国民法典》第七百九十七条

发包人在不妨碍承包人正常作业的情况下，可以随时对作业进度、质量进行检查。

⚖ 新旧对照

《中华人民共和国合同法》第二百七十七条

发包人在不妨碍承包人正常作业的情况下，可以随时对作业进度、质量进行检查。

131

23.

承包人在隐蔽工程隐蔽以前通知发包人检查，发包人没有及时检查的怎么办？

隐蔽工程在隐蔽以前，承包人应当通知发包人检查。发包人没有及时检查的，承包人可以顺延工程日期，并有权请求赔偿停工、窝工等损失。民法典第 798 条是关于建设工程合同项下隐蔽工程隐蔽前检查的规范，属于强制性规范。其强制性表现在两个方面：（1）隐蔽工程在隐蔽以前，承包人负有通知发包人检查的法定义务；（2）发包人在收到承包人的检查通知后，未及时检查的，可能承担顺延工期、赔偿停工、窝工等损失的民事责任。及时检查隐蔽工程不仅是发包人的合法权利，也是发包人的法定义务。

不同类型的建设工程，隐蔽工程的范围不同。以常见的房屋建设工程为例，隐蔽工程一般包括地基工程、给排水工程、电气管线工程、地板基层、护墙基层、门窗套基层、吊顶基层、强电线缆、网络综合布线线缆，例如网线、电话线、监控线和电梯通话线等。因此，隐蔽工程是指建筑物、构筑物在施工期间将建筑材料或构配件埋于物体之中后被覆盖外表看不见的实物。隐蔽工程是完工后将被后续其他工程内容或者自然物质掩埋、覆盖、遮蔽、封闭，而无法或者难以被重新暴露、检查、整修的工程。隐蔽工程因其完工覆盖后无法或不易检查的特点，容易出现难以补救的工程质量问题。

如果隐蔽工程在隐蔽之后，已经进行其他工程施工，发包人和承包人就隐蔽工程是否存在偷工减料、发生质量等问题发生争议，很难通过现场勘察进行核实。即使申请鉴定，鉴定机构往往也只能通过破坏性勘察才能得出鉴定意见，必然会对工程造成巨大损失。此外，当采用按实际工程量计价的工程款计价方式时，隐蔽工程所涉及的工程量如果不能在隐蔽之前被核实确认，日后也将形成工程计量和计价争议。

隐蔽工程的检查应当遵循一定的程序。以一般的施工合同为例，实践中隐蔽工程的检查一般由监理单位进行。隐蔽工程的检查程序由双方当事人约定，如没有明确约定，通常包括以下几个步骤：(1) 由承包人对工程隐蔽部位进行自检，并经自检确认是否具备覆盖条件；(2) 工程隐蔽部位经承包人自检确认具备覆盖条件的，承包人应在共同检查前48小时书面通知监理人或者发包人检查，通知中应载明隐蔽检查的内容、时间和地点，并应附有自检记录和必要的检查资料；(3) 监理人或者发包人应按时到场并对隐蔽工程及其施工工艺、材料和工程设备进行检查，经监理人或者发包人检查确认质量符合隐蔽要求，并在验收记录上签字；(4) 如果隐蔽工程经监理人或者发包人检查质量不合格，承包人应在监理人或者发包人指定的时间对隐蔽工程进行修复，并由监理人或者发包人重新检查；(5) 隐蔽工程经监理人或者发包人验收合格后，承包人方能对隐蔽工程进行隐蔽，并继续下一步工程的施工。

在施工过程中，如果承包人未通知发包人检查隐蔽工程，会导致以下法律后果：(1) 如果隐蔽工程尚未覆盖，发包人随时有权检查该隐蔽工程，承包人对隐蔽工程的质量缺陷承担责任；(2) 如果隐蔽工程已经覆盖且难以剥露重新检查，工程量和工程质量无法查明的，承包人应承担因举证不能而导致的工程价款无法确认的责任。

在施工过程中，如果承包人在隐蔽工程隐蔽以前通知发包人检查，发包人在接到通知后，没有按期对隐蔽工程进行检查的，承包人应当催告发包人在合理期限内进行检查；此外，由于发包人不进行检查，承包人就无法进行隐蔽工程后续施工，因此承包人通知发包人检查而发包人未能及时进行检查的，承包人有权暂停施工、顺延工期，并要求发包人赔偿因此造成的停工、窝工、材料和构件积压等损失。

⚖ 类案导读

案例1：贵州品尚装饰工程有限公司（以下简称品尚装饰公司）与贵州益华房地产开发有限责任公司（以下简称益华公司）建设工程施工合同纠纷再审案件，贵州省高级人民法院（2016）黔民申949号

◇ 法律适用导读

　　承包人在隐蔽工程覆盖前未尽通知发包人检查义务的，不应支持承包人已按约完成隐蔽工程施工的主张，相当于对隐蔽工程质量和工程量均不予确认。

◇ 本案争议裁判

　　法院经审查认为：关于防水工程的问题。益华公司一审提交的三份公证机关所作的《公证书》与该公司向法庭提交《参观意见报告》《清镇第一农贸市场验收报告》《关于对清镇第一农贸市场建设督查存在问题的整改意见》所载内容均证明本案装饰装修工程存在地面漏水、不平等质量问题，一、二审法院采信此《公证书》并无不当。品尚装饰公司所提交10多万元的防水材料仅有供货单，而没有正式的购货票据，与日常生活常理和商业惯例不符。品尚装饰公司提交的其与苏某签订的《施工协议》、苏某、刘某的证言欲证明其已进行了防水工程施工，但苏某与刘某均系该公司聘请的施工人员，与其存在一定的利害关系，且苏某、刘某二审所作证言相互矛盾，故该二人的证言及供货单的证明效力不能达到证明品尚公司所提已进行了防水工程施工的主张。

　　依照《中华人民共和国合同法》第278条"隐蔽工程在隐蔽以前，承包人应当通知发包人检查。发包人没有及时检查的，承包人可以顺延工程日期，并有权要求赔偿停工、窝工等损失"的规定，品尚装饰公司在防水工程完成后有通知益华房开公司进行检查的法定义务。品尚装饰公司不能证明其已履行了法定的检查通知义务，且所提交的证据又未能达到法定的证明标准，应承担举证不能的不利后果。故品尚装饰公司所提已按合同约定完成了防水工程施工的主张，本院不予采信。

案例2：松原市金滩源房地产开发有限公司（以下简称金滩源公司）、贵州建工集团第一建筑工程有限责任公司（以下简称贵州一建）建设工程施工合同纠纷案件，最高人民法院（2018）最高法民终38号

23. 承包人在隐蔽工程隐蔽以前通知发包人检查，发包人没有及时检查的怎么办？

◇ 法律适用导读

承包人在隐蔽工程覆盖前未尽通知发包人检查义务，发包人也未及时履行检查义务的，对隐蔽工程质量承包人承担主要责任，发包人承担次要责任。

◇ 本案争议裁判

最高人民法院审理认为：关于管线不通的责任及修复费用承担问题。从上述鉴定结论看，贵州一建施工的工程质量不仅存在一审判决认定的管线不通问题，还存在指定位置上未设置消火栓，未按设计或规范要求进行施工等问题，对此，施工人存在过错。

具体说，管线工程系隐蔽工程，《中华人民共和国合同法》第278条规定，"隐蔽工程在隐蔽以前，承包人应当通知发包人检查。发包人没有及时检查的，承包人可以顺延工程日期，并有权要求赔偿停工、窝工等损失"。贵州一建在二审中虽主张其已经通知金滩源公司及监理公司检查，但是并未提供证据证实，应当承担举证不能的不利后果。贵州一建对管线不通等质量问题应当承担主要责任；金滩源公司作为发包方，没有及时检查管线工程质量，也应承担相应的责任。一审法院以无法查明管线不通的原因为由，酌定双方当事人各承担一半责任，是非判断不准，缺乏充分的事实和法律依据。贵州一建上诉主张其不承担责任；金滩源公司上诉主张，此部分质量缺陷损失应由贵州一建全部承担，诉请理由均不充分。本院酌定，对管线不通部分修复费用325834元，由贵州一建承担90%的赔偿责任，即，赔偿金滩源公司293250.60元，剩余部分由金滩源公司自行承担。

135

⚖ 法条指引

《中华人民共和国民法典》第七百九十八条

隐蔽工程在隐蔽以前，承包人应当通知发包人检查。发包人没有及时检查的，承包人可以顺延工程日期，并有权请求赔偿停工、窝工等损失。

新旧对照

《中华人民共和国合同法》第二百七十八条

隐蔽工程在隐蔽以前，承包人应当通知发包人检查。发包人没有及时检查的，承包人可以顺延工程日期，并有权要求赔偿停工、窝工等损失。

24.

建设工程竣工后未经验收或者验收不合格的怎么办？

　　建设工程必须经竣工验收合格后，方可交付使用；没有经过竣工验收或者经过竣工验收确定为不合格的建设工程，不得交付使用。发包人在验收后应及时批准或提出修改意见。承包人应当按照发包人提出的修改意见进行修理或者改建，并承担由自身原因造成修理、改建的费用。为了防止发包人拖延支付工程款而迟延进行验收，在实践中发包人在收到承包人送交的竣工验收报告后，无正当理由不组织验收，或者在验收后的合理期间内既不表示是否批准且又不提出修改意见，视为竣工验收报告已被批准，承包人可以要求发包人办理结算手续，支付工程款。发包人未能按照合同约定的日期对工程进行验收的，应从合同约定的期限的最后一日的次日起承担保管费用。

　　实践中，建设工程竣工后，承包人应当按照国家工程竣工验收有关规定，向发包人提供完整的竣工资料和竣工验收报告，并按照合同约定的日期和份数向发包人提交竣工图。

　　按照民法典第799条的规定，在发包人接到竣工验收报告后，应当根据施工图纸及说明书、国家颁发的施工验收规范和质量检验标准及时组织有关部门对工程进行验收。发包人应在验收后及时批准或者提出修改意见。发包人在竣工验收后应当按照约定支付价款。发包人竣工验收的主要内容包括：（1）工程是否符合规定的建设工程质量标准；（2）承包人是否提供了完整的工程技术经济资料；（3）承包人是否有建设工程质量检验书等凭证；（4）工程是否具备国家规定的其他竣工条件。例如按照国务院建设行政主管部门的规定，城市住宅小区竣工综合验收，还应当做到住宅及公共配套设施、市政公用基础设施等单项工程全部验收合格，验收资料齐全；（5）发包人将竣工验收报告向有关主管部门备案。根据《建设工程质量管理条例》的规定，建设单位应当自建设工程竣工验收合格之日起15日内，将建设工程竣工验收报告和规划、公安消防、环保等部门出具的认可文件或者准许使用文件报建设行政主管部门或者其他有关部门备案。建设单位应当严格按照国家有关档案管理的规定，及时收集、整理建设项目各环节的文件资料，建立、健全建设项目档案，并在建设工程竣工验收后，及时向建设行政主管部门或者其他有关部门移交建设项目档案。

关于发包人在工程验收过程中可能出现的"使用"、"擅自使用"以及"未经竣工验收"等概念，应当如何判定其构成要件？

（1）关于发包人在未经验收工程中的"使用"应如何判定，实务中有不同观点：①认为工程被发包人占用就视为使用；②工程处于发包人实际控制状态，就构成对工程的使用；③发包人依照工程的建设目的对工程进行使用才是法律意义上的使用。对于上述三种观点应从以下几个方面进行判定：①发包人如果仅是偶然的或者短暂的占用了建筑物，例如临时看管工程，不应笼统地将其视为对工程的使用；②工程如果处于发包人控制状态，但发包人未有任何投入使用的行为，或者派遣不属于承包人一方的施工人员对工程进行了短暂的施工操作，不宜认作对工程的使用；③建设工程应满足设计要求和施工合同中约定的相应的功能目的，但工程的功能不应做狭义解释，例如建设单位本欲将建筑物用作经营酒店，但最后将建筑物用作仓储物流，仍然应视为对建筑物的"使用"，建筑物只要满足其一般用途即可。

（2）关于发包人在未经验收工程中的"擅自使用"应如何判定，须注意以下几个构成要件：①在工程未经竣工验收，或者虽经竣工验收但不合格的情形下，发包人占有了工程。占有，指占有人对不动产或者动产的实际控制，取得了对工程的控制。②发包人须使用了工程。这是擅自使用的核心要素。占而不用，不构成擅自使用。构成擅自使用的"使用"是指发包人以符合工程目的的方式使用了工程。住宅工程已有业主入住，商业设施工程已有业主开设店铺，酒店工程已投入酒店营运，均为符合工程目的的使用，均构成建筑物功能性使用。③发包人占有工程的时间跨度和使用工程的空间程度。发包人占有工程须有一定的时间跨度，短暂的数小时或仅仅几天占有难以认定为擅自使用；发包人使用工程须有一定的空间程度，使用的范围是整个工程，还是部分工程。如果是部分使用的，只能认定对使用的工程部分构成擅自使用，而不能认定对全部工程构成擅自使用。具体对时间和空间的认定要结合个案情况进行综合判断。

（3）关于"未经竣工验收"的概念，应从以下几个方面界定：工程质量验收分阶段、分部位进行，具体分为检验批、分部、分项、隐蔽工程、单位工程和竣工验收。《建筑工程施工质量验收统一标准》（GB50300—2013）第2.0.7条规定，建筑工程质量在施工单位自行检查合格的基础上，由工程质量验收责任方组织，工程建设相关单位参加，对检验批、分项、分部、单位工程及其隐蔽工程的质量进行抽样检验，对技术文件进行审核，并根据设计文件和相关标准以书面形式对工程质量是否达到合格作出确认。住建部《房屋建筑和市政基础设施工程竣工验收规定》第4条规定"工程竣工验收由建设单位负责组织实施"；第6条规定"工程竣工验收应当按以下程序进行：……（四）建设单位组织工程竣工验收。1. 建设、勘察、设计、施工、监理单位分别汇报工程合同履约情况和在工程建设各个环节执行法律、法规和工程建设强制性标准的情况；2. 审阅建设、勘察、设计、施工、监理单位的工程档案资料；3. 实地查验工程质量；4. 对工程勘察、设计、施工、设备安装质量和各管理环节等方面作出全面评价，形成经验收组人员签署的工程竣工验收意见……"从上述一系列规定可以看出，竣工验收是经建设单位组织，对建设工程的质量进行标准化确认的程序，是一种民事行为。

发包人应防范擅自使用工程的法律风险。建设工程竣工经验收合格后，方可交付使用；未经验收或者验收不合格的，不得交付使用。这已经为发包人确定了使用建设工程的界限。但很多时候发包人面临资金成本、经营计划等压力，有着将工程尽快投入运营以回收投资的现实动力，尤其在承包人的施工质量不符合合同约定和工期逾期严重时，发包人往往强制承包人撤场，然后更换施工人，使得工程施工延续下去。当出现以上这些不利情形时已无法正常验收合格后开始使用建设工程，为最大限度维护自身合法权益避免损失，发包人可采取以下应对措施：

（1）甩项竣工。工程整体竣工验收不合格，但具备甩项竣工条件的，发包人通过甩项竣工的方式占有工程。某个单位工程，为了急于交付使用，把按照施工图要求还没有完成的某些工程细目甩下，而对整个单位工程先行验收。其甩下的工程细目，称甩项工程。甩项工程中有些是漏项工程，或者是由于缺少某种材料、设备而造成的未完工程；有些是在验收过程中检查出来的需要返工或进行修补的工程。

甩项竣工时，发包人须注意以下几个方面：①先由承包人编制甩项工作和缺陷修补工作清单以及相应的施工计划，然后再由发包人进行确认；②要求承包人按合同约定的内容和份数备齐竣工资料；③和承包人签订甩项竣工协议。协议对已完合格工程应当进行结算，发包人并支付相应的合同价款。

（2）发承包双方以非诉讼方式共同委托工程咨询机构和律师事务所提供造价核定、质量安全、风险转移等咨询服务，在咨询机构或人员出具相关意见后发包人再占有工程。当事人在诉讼前共同委托有关机构、人员对建设工程造价出具咨询意见，诉讼中一方当事人不认可该咨询意见申请鉴定的，人民法院应予准许。但双方当事人明确表示受该咨询意见约束的除外。

（3）发包人单方面委托公证，在公证机构完成全部现场取证后发包人占有工程。实务中，不少情况下发承包双方关系破裂，很难就共同委托第三方机构或人员出具工程咨询意见达成一致意见。发包人需要单方对工程现场的现状进行证据固定，这时委托公证是一个可供选择的办法。公证机构出具的有关证据固定的公证书的证据效力很强，如果公证机构同意接受委托，发包人配合公证机构即可。在公证机构完成必要的全部工程现场证据固定工作后，征得公证机构同意后发包人方可占有工程。

根据《最高人民法院关于审理建设工程施工合同纠纷案件适用法律问题的解释（一）》第9条的规定，当事人对建设工程实际竣工日期有争议的，人民法院应当分别按照以下情形予以认定：（1）建设工程经竣工验收合格的，以竣工验收合格之日为竣工日期；（2）承包人已经提交竣工验收报告，发包人拖延验收的，以承包人提交验收报告之日为竣工日期；（3）建设工程未经竣工验收，发包人擅自使用的，以转移占有建设工程之日为竣工日期。

需要注意，根据《最高人民法院关于审理建设工程施工合同纠纷案件适用法律问题的解释（一）》第14条的规定，建设工程未经竣工验收，发包人擅自使用后，又以使用部分质量不符合约定为由主张权利的，人民法院不予支持；但是承包人应当在建设工程的合理使用寿命内对地基基础工程和主体结构质量承担民事责任。

类案导读

案例1：威海市鲸园建筑有限公司（以下简称鲸园公司）与威海市福利企业服务公司（以下简称福利公司）、威海市盛发贸易有限公司拖欠建筑工程款纠纷案件，最高人民法院（2010）民提字第210号

法律适用导读

竣工验收是发包人的权利，也是发包人的义务。承包人未经发包人同意对工程组织验收，单方向质量监督部门办理竣工验收手续的，侵害了发包人工程验收权利。

本案争议裁判

最高人民法院审理认为：关于涉案工程是否为优良工程，福利公司是否应当按照合同约定支付工程优良奖问题。合同法第269条第1款规定："建设工程合同是承包人进行工程建设，发包人支付价款的合同。"第279条规定："建设工程竣工后，发包人应当根据施工图纸及说明书、国家颁发的施工验收规范和质量验收标准及时进行验收。验收合格的，发包人应当按照约定支付价款，并接收该建设工程……"《建设工程质量管理条例》第16条第1款规定："建设单位收到建设工程竣工报告后，应当组织设计、施工、工程监理等有关单位进行竣工验收。"

上述法律、法规规定表明，竣工验收既是发包人的权利，也是发包人的义务。发包人对建设工程组织验收，是建设工程通过竣工验收的必经程序。本案查明事实表明，旅游基地因不具有相关的开发建设资格，故将涉案工程的建设单位登记为鲸园公司。鲸园公司应本着诚实信用原则，维护旅游基地作为发包人权利义务的行使。双方签订的《建设工程施工合同》约定了鲸园公司提供竣工资料和验收报告的时间，表明旅游基地并未将其对工程组织验收的权利委托鲸园公司。鲸园公司在未经旅游基地同意情形下，单方向质监站办理竣工验收手续，申报质量评定等级，侵害了福利公司作为工程发包人的权利，导致质监站对该工程验收出具的工程竣工验收报告及工程优良评定证书不符合法定程序，不能产生相应的法律效力。鲸

园公司依照质监站出具的工程竣工验收报告及工程优良评定证书主张工程已经竣工验收，且质量优良，福利公司应当支付工程优良奖的理由不成立，本院不予支持。

山东省高级人民法院二审判决判令鲸园公司、福利公司按照 3：7 的比例分担工程延期损失是否正确问题。本案查明事实表明，在本案所涉建设工程并未符合竣工验收条件时，鲸园公司单方申报竣工验收，侵害了旅游基地作为工程发包单位的权利，对工程未及时竣工亦造成影响。山东省高级人民法院二审判决在鲸园公司存在上述过错基础上，判令鲸园公司对工程延误造成的损失承担 30% 的赔偿责任，符合本案实际情况。鲸园公司认为其没有过错，不应承担赔偿责任，本院不予支持。

案例 2：上海锦深建设工程有限公司与上海睿美新能源技术有限公司建设工程施工合同纠纷案件，上海市第一中级人民法院（2019）沪 01 民终 14639 号

◇ 法律适用导读

"提前使用"的裁判规则，在工程的施工过程中，两个或两个以上的工种在同一个区域同时施工，后一施工工序并不能认定为是对前一工序的提前使用。

◇ 本案争议裁判

法院审理认为：上诉人与被上诉人就案涉工程签订的施工合同，系双方真实的意思表示，当事人均应恪守履行。被上诉人主张双方于 2015 年 1 月 20 日对案涉工程进行了竣工验收，而上诉人主张双方至今未对涉案工程进行竣工验收。但上诉人自认于 2016 年 8 月已实际使用了案涉工程。故依照相关法律规定，上诉人无权以质量不合格、未进行竣工验收为由拒付所欠工程款。上诉人支付剩余工程款 134830.57 元的条件已经成就，被上诉人一审中的诉讼请求，具有相应的事实基础及法律依据，本院予以支持。上诉人关于支付剩余工程款的条件尚未成就的上诉意见，本院不予采纳。

关于被上诉人是否存在逾期竣工违约行为及是否应承担逾期竣工违约

责任的认定。被上诉人于 2013 年 6 月下旬进场施工，合同约定的施工日期为 40 天，双方也确认案涉工程应于 2013 年 7 月底竣工。双方确实未按期进行竣工验收。对此，被上诉人主张因需要与室内装潢配合开工、完工，故涉案工程未能按期竣工。上诉人自认 2016 年 8 月使用案涉房屋，但认为双方仍未进行竣工验收。从双方的庭审陈述看，案涉工程与房屋室内装潢存在交叉施工的问题，两者需要相互配合也是常理。在案涉工程迟迟未能按期竣工验收的情况下，现无证据证明上诉人催促过被上诉人施工案涉工程，也无证据证明被上诉人催促过上诉人加紧施工室内装潢以推进案涉工程。同时，作为业主方的上诉人，应提供室内装潢的实际装修进度以证明其室内装潢并未影响案涉工程的正常施工，而不能苛求被上诉人提供证据证明室内装潢的实际装修进度。但在本院要求上诉人提供相应证据后，上诉人仍未提供，相应的不利后果应由上诉人自行承担。综合上述因素，本院认为，上诉人要求被上诉人承担逾期竣工违约金的诉讼请求，缺乏事实基础，本院予以驳回。

143

案例 3：克拉玛依区火舞宴海鲜自助餐饮会所（以下简称火舞宴海鲜会所）与克拉玛依市玖石文化传播有限公司（以下简称克市玖石公司）、付克装饰装修合同纠纷案件，新疆维吾尔自治区克拉玛依市克拉玛依区人民法院（2015）克民二初字第 394 号

◇ 法律适用导读

承包人如同意发包人提前使用工程，则不属于擅自使用。

◇ 本案争议裁判

法院审理认为：原告火舞宴海鲜会所与被告克市玖石公司签订的《建设装修工程设计委托书》以及合同附件，系当事人真实意思表示，合同内容不违反法律、行政法规的强制性规定，该合同合法有效，本院依法予以确认，当事人理应依合同约定内容或法律法规的规定，积极全面地履行各自的权利义务，否则将承担相应的法律后果。

原告是否存在提前擅自使用建设工程的情形。被告辩称原告于 2014

年 11 月 21 日未经竣工验收及被告同意擅自使用涉案工程，按照法律规定原告对工程部分质量不符合约定的主张不能成立。本院认为，自 2014年 8 月被告施工时至 2014 年 11 月 21 日原告试营业之日，原告会所即发生漏水情形（漏水时间为 2014 年 9 月），在此期间即存在质量问题；根据原告提供的第五组证据（短信照片）中 2014 年 11 月 20 日第三人付克发出的短信内容："情况了解了一下，别担心，明天你白天先营业。"被告对原告提前使用涉案工程的行为是明知且同意的，从该内容可以看出其明确表示同意原告在 2014 年 11 月 21 日开始营业，原告并不存在提前擅自使用建设工程的情形，故被告的该项辩解意见，无事实和法律依据，本院依法不予采信。

被告是否存在延期交付的情形。原告主张被告承诺于 2014 年 11 月 6日前将会所装修完毕并交付使用，但原告于 2014 年 11 月 21 日经被告同意后才进入试营业，被告延迟交付时间为 15 天，并提供原告与第三人付克之间的短信记录欲证实其主张。本院认为，原、被告双方签订的《建设装修工程设计委托书》中并未对完工时间进行约定，合同法第 61 条规定："合同生效后，当事人就质量、价款或者报酬、履行地点等内容没有约定或者约定不明确的，可以协议补充；不能达成补充协议的，按照合同有关条款或者交易习惯确定。"第三人付克于 2014 年 10 月 30 日在短信中承诺："一周内进入试营业，我担保。"原告回复："可是试营业，保证我所有内装全部完工，所有卫生打扫完毕。"付克回复："当然包括卫生。"此系第三人付克真实意思表示，付克作为被告公司员工，庭审中被告对其行为亦予以认可，该承诺应视为原、被告双方对交付期限的补充，被告应在 2014 年11 月 5 日前向原告交付涉案工程，被告延期交付的行为应视为对补充协议的违约，应当承担赔偿损失等违约责任。

案例 4：福建龙华建设工程有限责任公司（以下简称龙华公司）、福建省泰宁县金湖酒业有限公司（以下简称金湖酒业公司）建设工程施工合同纠纷二审案件，福建省三明市中级人民法院（2019）闽 04 民终 1301 号

◇ **法律适用导读**

承包人同意将工程移交给发包人使用，仍属于发包人擅自使用。

◇ 本案争议裁判

法院审理认为：《建设工程施工解释》第 14 条第（三）项规定，建设工程未经竣工验收，发包人擅自使用的，以转移占有建设工程之日为竣工日期。本案中，龙华公司承建涉案工程，至今未办理竣工验收手续，金湖酒业公司于 2015 年 2 月 18 日将涉案工程的钥匙收回，之后金湖酒业公司对涉案工程进行开挖酒窖、安装酿酒设备并进行生产经营至今。因双方当事人对开挖酒窖及开始生产经营的具体时间均无法确定，但均认可金湖酒业公司在 2015 年 2 月 18 日之后开始生产，金湖酒业公司在上诉状及庭审中也认可存在开挖酒窖、安装设备、同时龙华公司继续进行施工的情况。因此，一审法院认定涉案工程的实际竣工日期为 2015 年 2 月 18 日，并不违反法律规定。

合同法第 279 条规定，建设工程竣工经验收合格后，方可交付使用；未经验收或者验收不合格的，不得交付使用。由此可见，建设工程未经法律规定的竣工验收程序而使用的，即应当认定为 2004 年《建设工程施工解释》第 14 条第（三）项规定的"擅自使用"，而非以是否经过承包人同意作为"擅自使用"的认定标准。金湖酒业公司认为其是在征得龙华公司许可后使用涉案工程，不属于法律规定的"发包人擅自使用"情形的上诉理由，不能成立。如前所述，涉案工程的实际竣工日期为 2015 年 2 月 18 日，龙华公司可自 2015 年 2 月 18 日起要求金湖酒业公司支付尚欠工程款，逾期付款利息从应付工程价款之日计付。因龙华公司在起诉时主张从 2015 年 6 月 13 日起计算利息，故一审判决金湖酒业公司自 2015 年 6 月 13 日以尚欠工程款为基数，按照中国人民银行发布的同期同类贷款利率向龙华公司支付逾期付款利息，并无不当，但计算利息的工程款基数应按本院确定的数额计算。

⚖ 法条指引

《中华人民共和国民法典》第七百九十九条

建设工程竣工后，发包人应当根据施工图纸及说明书、国家颁发的施工验收规范和质量检验标准及时进行验收。验收合格的，发包人应当按照约定支付价款，并接收该建设工程。

建设工程竣工经验收合格后，方可交付使用；未经验收或者验收不合格的，不得交付使用。

⚖ 新旧对照

《中华人民共和国合同法》第二百七十九条

建设工程竣工后，发包人应当根据施工图纸及说明书、国家颁发的施工验收规范和质量检验标准及时进行验收。验收合格的，发包人应当按照约定支付价款，并接收该建设工程。

建设工程竣工经验收合格后，方可交付使用；未经验收或者验收不合格的，不得交付使用。

25.

勘察、设计的质量不符合要求或者未按照期限提交勘察、设计文件拖延工期，造成发包人损失的怎么办？

勘察、设计合同，是指勘察人、设计人完成工程勘察、设计任务，发包人支付勘察、设计费的协议。勘察、设计合同明确了发包人与勘察、设计人之间的权利义务关系。根据民法典第794条的规定，勘察、设计合同的内容一般包括提交有关基础资料和概预算等文件的期限、质量要求、费用以及其他协作条件等条款：（1）提交有关勘察或者设计基础资料和文件是发包人的义务；（2）提交勘察设计文件（包括概预算）是勘察设计人的基本义务；（3）质量要求主要是指发包人对勘察设计工作提出的标准；（4）费用是发包人对勘察人、设计人完成勘察、设计工作的报酬；（5）其他协作条件是指双方当事人为了保证勘察、设计工作顺利完成所应当履行的相互协助的义务。

勘察人和设计人应当按照确定的质量要求进行勘察、设计，按时提交符合质量要求的勘察、设计文件。勘察设计质量要求条款明确了勘察设计成果的质量，也是确定勘察人、设计人工作责任的重要依据。勘察、设计的质量是决定整个建设工程质量的基础，因此工程的勘察、设计必须符合质量要求。根据民法典第800条的规定，建设工程的勘察人、设计人必须对其勘察、设计的质量负责，其所提交的建设工程的勘察、设计文件应当符合以下要求：（1）符合有关法律、行政法规的规定；（2）符合建设工程质量、安全标准；（3）符合建设工程勘察、设计的技术规范；（4）符合勘察、设计合同约定的特殊质量要求。

勘察人、设计人提交的勘察、设计文件不符合上述要求的，根据民法典第800条的规定，发包人可以请求勘察人、设计人承担以下违约责任：（1）继续完善勘察、设计，减收或者免收勘察、设计费，赔偿损失；

（2）如果勘察、设计质量只有轻微质量瑕疵的，发包人可以请求勘察人、设计人继续完善勘察、设计；（3）如果勘察人、设计人不具备完成符合要求的勘察、设计工作能力或者提交的勘察、设计质量严重不符合约定的，发包人可以解除合同，重新委托其他勘察人、设计人完成勘察、设计工作；（4）如果勘察、设计不符合约定造成工程质量问题的，勘察人、设计人应当承担相应的赔偿责任。

在实践中，为避免设计费用的确定与支付方面的纠纷，可从以下几个方面进行风险控制：（1）将设计文件报审通过或设计文件经发包人确认等设置为付费条件的，由于设计单位对该付款条件的成就无法控制，在签署合同时可要求提高前期付费比例；（2）对于设计文件未审核通过的，发包人应提供证据证明设计文件存在质量瑕疵且已经就质量瑕疵向设计单位提出过修改意见或出具整改通知，否则发包人面临承担延期支付费用的违约责任或根据其过错比例，分摊一定数额的设计费用；（3）发包人拒绝接受设计文件的，应以设计文件存在重大缺陷或发生合同中约定的可不予接收的情形为前提，否则由其承担逾期付款的违约责任；（4）设计单位在要求发包人支付设计费用时，发包人往往以设计文件未提交为由进行抗辩，司法实践中，法院在确认设计文件已经向发包人交付主要采用以下判断标准：①发包人在签收文件中盖章；②设计合同约定有权代表发包人签收设计文件的员工，在签收文件上签字；③双方未办理任何形式的签收手续，但发包人存在将设计单位通过邮件、快递等形式提供的设计文件向主管部门报批等行为的，可认定设计文件已交付；④签收文件上既无发包人签章，签字员工又非设计合同中约定有权代表发包人签收设计文件的代表的，根据该员工的具体职务、双方的文件往来惯例、发包人后续回函等因素综合认定；（5）如果设计合同中明确约定了发包人签收设计文件的员工的，设计单位在提交设计文件时，应要求该员工签字；（6）设计单位应在合同履行过程中，妥善保管发包人出具的设计变更、设计文件延迟交付等书面函件；（7）若签收文件中涉及对设计深度、质量等问题的确认的，设计单位应要求发包人签章或由授权代表签字，非授权代表的签字不视为发包人已签收，除非该员工具有特殊身份，足以使他人相信其有权代表发包人签收设计文件。

25. 勘察、设计的质量不符合要求或者未按照期限提交勘察、
    设计文件拖延工期，造成发包人损失的怎么办？

类案导读

案例 1：巴州敦德矿业有限责任公司（以下简称敦德公司）与新疆有色
地质工程公司（以下简称有色公司）建设工程勘察合同纠纷案件，新疆
维吾尔自治区高级人民法院（2015）新民一初字第 6 号

法律适用导读

　　勘察人提交的勘察文件不符合合同约定要求造成质量事故，应当向发
包人返还已收取的勘察费。

本案争议裁判

　　法院审理认为：敦德公司作为发包人与勘察人有色公司签订选矿厂厂
区建设工程勘察合同系双方真实意思表示，不违反法律、行政法规的强制
性规定，应认定有效。有色公司进行勘察后出具勘察报告，认为该场地内
未发现不良地质作用，工程地质条件较好。敦德公司依据该勘察报告进行
选矿厂主体设计、施工，2014 年 7 月，主厂房建设完工进行投料试生产
时，发生厂房地面大面积开裂，设备基础下沉、偏移事故。为查明事故原
因，应敦德公司申请，法院委托国检鉴定所对事故发生原因进行鉴定。
2019 年 10 月 31 日，国检鉴定所出具鉴定报告书，认为有色公司未能查明
角砾混合土存在湿陷性和空洞等不良地质作用，未能判定基础持力层为不
均匀地基；球磨机基础下没有布置勘探点；选矿厂试生产时厂房地坪和排
水槽开裂，大量生产用水渗入球磨机等设备基础下均是导致本次事故产生
的原因。国检鉴定所资质合格，鉴定程序合法，所作鉴定结论应当作为认
定本案事故责任的依据。有色公司称导致事故发生的空洞不在有色公司勘
察深度内，但未提交证据予以证实，亦与上述鉴定结论不符，不予采信。
有色公司未能查明选矿厂场地角砾混合土存在湿陷性和空洞等不良地质作
用，未能判定基础持力层为不均匀地基，未在球磨机基础下布置勘探点，
其出具的地质勘察报告不符合双方约定，应当承担涉案事故的主要责任。
敦德公司选矿厂试生产时厂房地坪和排水槽开裂，大量生产用水渗入球磨
机等设备基础下，亦是导致本案事故的原因，敦德公司应对本案事故承担

次要责任。根据本案实际情况，本院酌定有色公司承担本案事故造成损失的70%，敦德公司承担本案事故造成损失的30%。

敦德公司要求返还的地质勘探费如何认定。合同法第280条规定："勘察、设计的质量不符合要求或者未按照期限提交勘察、设计文件拖延工期，造成发包人损失的，勘察人、设计人应当继续完善勘察、设计，减收或者免收勘察、设计费并赔偿损失。"有色公司对敦德公司选矿厂所作勘察报告不符合双方勘察合同要求，其收取的敦德公司选矿厂详细勘察一（费用28万元）、选矿厂详细勘察二（费用29.4万元）、选矿厂补充勘察（费用5.6万元）等费用合计63万元应向敦德公司返还。敦德公司未举证证实尾矿坝、水源地等地质勘察报告不符合要求，对于其诉请返还的尾矿坝详细勘察费用、破碎系统综合楼初步勘察、水源地项目勘察等费用不予支持。

案例 2：中国京冶工程技术有限公司（以下简称京冶公司）、沈阳海一角实业有限公司（以下简称海一角公司）、鞍钢建设集团有限公司工业结构工程分公司、孟某龙建设工程施工合同纠纷案件，辽宁省高级人民法院（2018）辽民终 49 号

◇ 法律适用导读

设计人因设计缺陷造成质量事故，应赔偿因此给发包人造成的损失。

◇ 本案争议裁判

法院审理认为：首先，就设计方面的责任来讲，京冶公司不否认檩条是其设计的，因此应由京冶公司承担所有檩条截面强度不能满足承载能力要求的设计缺陷责任。

关于广告牌实际高度问题及广告牌因素所导致的责任认定问题，根据京冶公司提供的设计图纸，其在案涉建筑屋面上设计了2.5米高的钢结构，在京冶公司不能提供相反证据证明该钢结构系作其他用途的情况下，该院只能认定案涉建筑连续坡屋顶的坡沿上的2.5米高的广告牌系京冶公司所设计。至于广告牌的实际高度，现京冶公司虽主张案涉广告牌实际高度为

4.9 米，但其所提供的《工程结算单》及《施工图纸》均为复印件，该院亦无法结合其他证据对上述事实予以认定。此外，京冶公司现所提供的证据亦不足以证明广告牌高度的变更对造成案涉建筑倒塌有何影响及具体程度。故该院对京冶公司所提出的海一角公司擅自加高广告牌为案涉建筑倒塌主要原因的主张不予支持。

此外，京冶公司作为设计单位，对连续坡屋顶的坡沿上安装广告牌会产生堆积雪荷载应有预知和计算，现京冶公司所提供的证据并不足以证明其就广告牌向建设单位和施工单位作了风险提示和具体施工说明，也没有证据证明其向建设单位提出案涉广告牌不符合设计要求、能产生雪荷载，应予纠正，根据当时有效的建筑法第 37 条"建筑工程设计应当符合按照国家规定制定的建筑安全规程和技术规范，保证工程的安全性能"、第 56 条"建筑工程的勘察、设计单位必须对其勘察、设计的质量负责。勘察、设计文件应当符合有关法律、行政法规的规定和建筑工程质量、安全标准、建筑工程勘察、设计技术规范以及合同的约定。设计文件选用的建筑材料、建筑构配件和设备，应当注明其规格、型号、性能等技术指标，其质量要求必须符合国家规定的标准"的规定，京冶公司应对连续坡屋顶坡沿上设计 2.5 米高的广告牌的设计缺陷承担责任。根据建筑法第 73 条"建筑设计单位不按照建筑工程质量、安全标准进行设计的，责令改正，处以罚款；造成工程质量事故的，责令停业整顿，降低资质等级或者吊销资质证书，没收违法所得，并处罚款；造成损失的，承担赔偿责任；构成犯罪的，依法追究刑事责任"和合同法第 280 条"勘察、设计的质量不符合要求或者未按照期限提交勘察、设计文件拖延工期，造成发包人损失的，勘察人、设计人应当继续完善勘察、设计，减收或者免收勘察、设计费并赔偿损失"的规定，京冶公司应就其上述两项设计缺陷承担赔偿责任，赔偿涉案建筑物的所有人——海一角公司各项实际损失的 50%。

🔨 法条指引

《中华人民共和国民法典》第八百条

勘察、设计的质量不符合要求或者未按照期限提交勘察、设计文件拖延工期，造成发包人损失的，勘察人、设计人应当继续完善勘察、设计，减收或者免收勘察、设计费并赔偿损失。

新旧对照

《中华人民共和国合同法》第二百八十条

勘察、设计的质量不符合要求或者未按照期限提交勘察、设计文件拖延工期，造成发包人损失的，勘察人、设计人应当继续完善勘察、设计，减收或者免收勘察、设计费并赔偿损失。

26.

因施工人的原因致使建设工程质量不符合约定的怎么办？

　　建设工程的施工，是指根据工程的设计文件和施工图纸的要求，通过施工作业最终形成建设工程实体的建设。建设工程施工质量既包括各类工程中土建工程的质量，也包括与其配套的线路、管道和设备安装工程的质量。根据民法典第801条的规定，建设工程的施工人对工程的施工质量负责。在实践中，不少建设工程的质量问题都与建设工程的施工有关。工程施工中的偷工减料行为，是产生建设工程质量问题，引发重大质量事故的重要原因。按照我国相关法律规定，建筑施工企业必须按照工程设计要求、施工技术标准和合同的约定，对建筑材料、建筑构配件和设备进行检验，不合格的不得使用。建设单位不得明示或者暗示施工单位使用不合格的建筑材料、建筑构配件和设备。对于建设单位提出的违反法律、行政法规和建筑工程质量、安全标准，降低工程质量的要求，建设工程施工企业应当予以拒绝。

　　凡是因施工原因造成的工程质量问题，都要由施工人承担责任，其责任形式包括由施工人对存在质量问题的工程进行修理、返工或改建，并承担赔偿损失责任等民事责任；由有关行政机关对违法施工人依法给予行政处罚的行政责任；对造成重大质量事故、构成犯罪的，由司法机关依照刑法的规定追究刑事法律责任。

　　承发包双方未对质量标准进行明确约定的情况下，民法典明确规定了质量标准的法定适用顺序。民法典第511条规定"当事人就有关合同内容约定不明确，依据前条规定仍不能确定的，适用下列规定：（一）质量要求不明确的，按照强制性国家标准履行；没有强制性国家标准的，按照推荐性国家标准履行；没有推荐性国家标准的，按照行业标准履行；没有国家标准、行业标准的，按照通常标准或者符合合同目的的特定标准履行。"

与一般的商品或服务不同，建设工程的交付首先需要满足法律法规和规范标准所规定的合格标准。建设工程竣工验收制度在 2000 年已将颁发质量合格证改为竣工验收备案制。建筑领域涉及的质量标准较为繁杂，且各类标准之间存在矛盾的情况也并不少见。在合同当事人未对质量标准进行明确约定的情况下，如何认定应当适用的质量标准一直是建筑领域法律实务界的难题，其不仅关乎工程是否具备验收合格的条件，更关乎工程价款的结算。

民法典第 801 条规定了施工人因施工质量不符合约定所应承担的民事责任。如果因施工人原因致使工程质量不符合约定的，发包人可以请求施工人在合理期限内无偿对工程进行修理或者返工、改建以达到约定的质量要求；如果经过修理或者返工、改建后，造成工程迟延交付的，施工人应当承担逾期交付的违约责任。违约责任包括赔偿发包人因逾期交付受到的损失，按照约定向发包人支付违约金、减少价款、执行定金罚则等。发包人可以根据施工人违约程度和损失大小，合理选择请求施工人承担上述违约责任。

因承包人原因致使工程质量不符合约定的，发包人如何向承包人提出修复的要求？根据民法典第 801 条的规定，因施工人的原因致使建设工程质量不符合约定的，发包人就此的救济途径是有权要求施工人在合理期限内无偿修理或者返工、改建、减少报酬、承担违约责任、赔偿损失等。但发包人在未有证据证明已向施工人发出修理或返工、改建的通知的情况下，擅自对工程进行修缮，存在履约不当，且在不能证明自己具体修缮的部位及修缮的具体工作内容的情况下，要求对施工方已完工部分进行质量问题司法鉴定，因此时工程已不能反映施工方完工时的原貌，将失去鉴定的基础。对此需要特别提醒的是发包人，在履行建设工程施工合同时，不但要诚信履约，还要正当履约，并且要有证据保存、保护意识，否则，一旦发生仲裁或者诉讼，将可能承担举证不能的法律后果。

根据《最高人民法院关于审理建设工程施工合同纠纷案件适用法律问题的解释（一）》第 12 条、第 15 条、第 16 条的规定，因承包人的原因造成建设工程质量不符合约定，承包人拒绝修理、返工或者改建，发包人请求减少支付工程价款的，人民法院应予支持。因建设工程质量发生争议的, 发包人可以以总承包人、分包人和实际施工人为共同被告提起诉讼。发包人在承包人提起的建设工程施工合同纠纷案件中, 以建设工程质量不符合合同约定或者法律规定为由, 就承包人支付违约金或者赔偿修理、返工、改建的合理费用等损失提出反诉的, 人民法院可以合并审理。

⚖ 类案导读

案例 1: 青岛青建控股有限公司 (以下简称青建公司) 与江苏南通二建集团劳务有限公司 (以下简称南通二建) 建设工程施工合同纠纷案件, 青岛市中级人民法院 (2015) 青民一终字第 1000 号

◇ 法律适用导读

发包人应当严格按照法律规定和最高人民法院的解释, 先向施工人主张维修义务, 在施工人拒绝维修时才可主张其承担维修费用。

◇ 本案争议裁判

法院审理认为: 本案争议的焦点问题在于被上诉人青建公司请求上诉人南通二建承担维修费用应否予以支持。合同法第 281 条规定, 因施工人的原因致使建设工程质量不符合约定的, 发包人有权要求施工人在合理期限内无偿修理或者返工、改建。经过修理或者返工、改建后, 造成逾期交付的, 施工人应当承担违约责任。2004 年《建设工程施工解释》第 11 条规定, 因承包人的过错造成建设工程质量不符合约定, 承包人拒绝修理、返工或者改建, 发包人请求减少支付工程价款的, 应予支持。因此, 施工方支付维修费用至少需具备两个前提条件: 一是发包人已主张质量问题, 二是施工方拒绝维修。

本案中, 案涉工程系未经竣工验收即交付使用, 现青建公司主张案涉工程的主体存在质量问题。而其作为案涉工程的总包人, 并未提交有效证据证明建设方曾就本案争议的质量问题向其主张权利, 其也认可其与建设方的竣工结算报告中并不包括维修费用, 且青建公司亦未提交有效证据证明其就本案争议的质量问题曾要求南通二建进行维修而南通二建拒绝维

修，在此情形下，其径行要求南通二建承担维修费用，缺乏事实及法律依据，本院不予支持。原审对此认定错误，本院予以纠正。

案例 2：普洱磨思高速公路开发经营有限公司（以下简称磨思公司）、云南路桥股份有限公司（以下简称路桥公司）建设工程施工合同纠纷案件，最高人民法院（2019）最高法民终 794 号

◇ 法律适用导读

发包人需注意，务必要在质保期内向施工人主张维修义务，否则将可能面临法院不予支持的后果。

◇ 本案争议裁判

最高人民法院审理认为：关于案涉工程的质量问题，《公路工程竣（交）工验收办法》第 14 条规定："试运营期不得超过 3 年。"《总包协议》第 13 条约定缺陷责任期按工程交工验收后 2 年计。案涉公路于 2011 年 4 月开始通车，至今已经通车超过 8 年时间，早已经过了试运行期及缺陷责任期。在公路已交付使用的情况下，未进行竣工验收并非路桥公司的责任，磨思公司有关质量保修期未开始计算的上诉理由，本院不予支持。案涉工程分别于 2011 年 4 月 24 日和 2013 年 10 月 29 日进行了两次交工验收，并形成《公路工程交工验收证书》，载明工程质量合格。而《云南省磨黑至思茅高速公路 2016 年桥梁、隧道及路基路面技术状况评定总报告》形成于 2017 年。云南省公路局针对复核检测的批复明确"为有效推进全省公路养护管理科学、规范化进程"，作出该报告的云南公路工程试验检测中心也在一审中当庭陈述该报告检测技术手段、技术评定标准和检测目的均是从公路运营期间的养护角度出发。故而一审认定该报告不足以证明案涉公路建设中存在质量问题，并无不当。在磨思公司未能证明案涉工程地基基础工程和主体结构工程存在问题的情况下，即便案涉公路目前存在如其所述的质量问题，也不能证明其不是磨思公司 6 年来的养护问题而系路桥公司 6 年前的施工质量问题。故磨思公司要求路桥公司承担质量方面的修复义务及损失赔偿责任的主张，均缺乏事实依据。磨思公司向本院申

请对案涉工程进行工程安全司法鉴定并对工程质量及修复方案、质量缺陷修复造价进行鉴定，本院不予准许。

案例 3：无锡新大力电机有限公司（以下简称新大力公司）与江苏溧阳建设集团有限公司（以下简称溧阳建设公司）建设工程施工合同纠纷案件，无锡市中级人民法院（2015）锡民终字第 01911 号

◇ **法律适用导读**

....

　　施工人不具备维修的技术水平和专业能力，发包人可直接向施工人主张工程质量维修费来替代维修义务。

◇ **本案争议裁判**

....

　　法院审理认为：严重的工程质量问题与一般的质量瑕疵显然有重大区别，对于质量瑕疵，通常可以由施工单位自行整改修复后交验，但对于重大质量问题，则要考虑施工单位的技术能力、修复期限等因素。本案中，溧阳建设公司在施工过程中既已产生重大质量问题，表明其技术水平、管理能力等方面存在明显不足，由此新大力公司对溧阳建设公司自行修复质量问题的能力产生质疑，并拒绝由溧阳建设公司修复，理由正当。结合争议焦点一中的论述，本院认为，为了一次性解决工程质量争议，避免溧阳建设公司自行修复中可能产生新的矛盾，防止损失扩大，原审法院通过司法鉴定确定修复价格，并判决由溧阳建设公司直接赔偿修复费用，符合建设工程案件的审理原则，本院予以确认。

157

案例 4：江苏南通二建集团有限公司（以下简称南通二建）与吴江恒森房地产开发有限公司（以下简称恒森公司）建设工程施工合同纠纷案件，江苏省高级人民法院（2012）苏民终字第 0238 号

◇ **法律适用导读**

....

　　承包人交付的建设工程应符合合同约定的交付条件及相关工程验收标

准，工程实际存在明显的质量问题，承包人以工程竣工验收合格证明等主张工程质量合格的，人民法院不予支持。

◇ 本案争议裁判

江苏省高级人民法院二审认为：1. 屋面广泛性渗漏属客观存在并已经法院确认的事实，竣工验收合格证明及其他任何书面证明均不能对该客观事实形成有效对抗，故南通二建根据验收合格抗辩屋面广泛性渗漏，其理由不能成立。其依据《建设工程质量管理条例》，进而认为其只应承担保修责任而不应重作的理由，同样不能成立。因为该条例是管理性规范，而本案屋面渗漏主要系南通二建施工过程中偷工减料而形成，其交付的屋面本身不符合合同约定，且已对恒森公司形成仅保修无法救济的损害，故本案裁判的基本依据为民法通则、合同法等基本法律而非该条例，根据法律位阶关系，该条例在本案中只作参考。本案中屋面渗漏质量问题的赔偿责任应按谁造成、谁承担的原则处理，这是符合法律的公平原则的。

2. 屋面渗漏的质量问题不在于原设计而在于南通二建偷工减料，未按设计要求施工，故应按全面设计方案修复。南通二建上诉提出，原设计方案中伸缩缝部位无翻边设计，不符合苏 j9503 图集要求；原设计方案中屋面伸缩缝未跨越坡低谷点，设计坡度不够；原设计方案中屋面伸缩缝以两种不匹配材料粘接。并认为上述设计缺陷均是造成屋面渗漏的原因。对南通二建所提的异议，工程质量检测中心曾于 2012 年 3 月 15 日出具鉴定意见，对原设计方案是否有缺陷以及与屋面渗漏是否存在因果关系作出说明。二审庭审中，工程质量检测中心的鉴定人员也出庭接受了质询。关于原设计方案中伸缩缝部位无翻边设计的问题，二审认为，苏 j9503 图集并非强制性规定，伸缩缝翻边仅是为进一步保险起见采取的更有效的防水措施，伸缩缝是否做翻边与屋面渗漏之间无必然联系，施工方如果按照原设计规范保质保量施工，结合一般工程施工实际考量，屋面不会渗漏。南通二建欲以原设计方案伸缩缝部位无翻边设计减轻其自身责任的上诉理由缺乏依据。关于原设计屋面伸缩缝未跨越坡低谷点的问题，二审认为，增大屋面坡度并跨越坡低谷点，其虽有利防水防漏，但南通二建严格按原设计标准施工即能防止渗漏，故南通二建该上诉理由亦不能成立。关于原设计中屋面伸缩缝以两种不匹配材料粘接的问题，二审认为，不同种材料原本难言完全匹配，且国家并没有相关规范或标准对材料粘接匹配作出禁止性规定，此点与屋面渗漏亦无必然联系，故南通二建该上诉理由也不能成立。退而言之，合同双方在合同的履行中均应认真而善意地关注对方的权利实现，这既属于合同的附随义务，亦与自身的权利实现紧密关联，故而南通二建的此类抗辩更应事前沟通而不应成为其推卸责任的充分理由。

关于本案屋面渗漏应按何种方案修复的问题，二审认为，根据合同法第 107 条、第 281 条之规定，因施工方原因致使工程质量不符合约定的，施工方理应承担无偿修理、返工、改建或赔偿损失等违约责任。本案中，双方当事人对涉案屋面所做的工序进行了明确约定，然南通二建在施工过程中，擅自减少多道工序，尤其是缺少对防水起重要作用的 2.0 厚聚合物水泥基弹性防水涂料层，其交付的屋面不符合约定要求，导致屋面渗漏，其理应对此承担违约责任。鉴于恒森公司几经局部维修仍不能彻底解决屋面渗漏，双方当事人亦失去信任的合作基础，为彻底解决双方矛盾，原审法院按照司法鉴定意见认定按全面设计方案修复，并判决由恒森公司自行委托第三方参照全面设计方案对屋面渗漏予以整改，南通二建承担与改建相应责任有事实和法律依据，亦属必要。

3. 全面设计方案修复费用应在考虑案情实际的基础上合理分担。二审认为，在确定赔偿责任时，应以造成损害后果的各种原因及原因力大小为原则。一审法院根据天正鉴定所及工程质量检测中心的鉴定意见，认定屋面渗漏南通二建未按设计图纸施工为主要原因，路灯破坏防水层为局部和次要原因。一审法院在鉴定机构就破坏防水层的路灯对屋面防水层整体防水功能的影响程度无法作出明确判断的情况下，鉴于屋面渗漏位置与路灯位置的关系、路灯局部破坏防水层对屋面渗漏整体情形的影响力大小等因素，且南通二建擅自减少工序在先，即使没有该处路灯螺栓孔洞影响防水层，也难避免屋面渗漏的事实，酌情减轻南通二建 15 万元赔偿责任尚属得当。至于全面设计方案的费用应否下浮 9.5% 的问题。二审认为，承担全面设计方案的工程造价，是南通二建作为施工人向恒森公司承担的违约责任，与工程实际施工工程款结算分属不同的法律关系，南通二建要求比照施工工程款下浮 9.5% 的方式计算全面设计方案修复费用，缺乏合同依据和法律依据。关于全面设计方案费用中，0～100 毫米厚细石混凝土找平层费用 536379.74 元是否应当扣除的问题。二审认为，0～100 毫米厚细石混凝土找平层是涉案工程原设计方案没有的，系全面设计方案中为配合伸缩缝部位翻边设计而增加的，由此增加的费用 536379.74 元应从总修复费用中扣除。综前所述，南通二建在本案中应支付的修复费用合计为 2877372.30 元（3198436.68 元＋365315.36 元－150000 元－536379.74 元）。

法条指引

《中华人民共和国民法典》第八百零一条

因施工人的原因致使建设工程质量不符合约定的，发包人有权请求施工人在合理期限内无偿修理或者返工、改建。经过修理或者返工、改建后，造成逾期交付的，施工人应当承担违约责任。

新旧对照

《中华人民共和国合同法》第二百八十一条

因施工人的原因致使建设工程质量不符合约定的，发包人有权要求施工人在合理期限内无偿修理或者返工、改建。经过修理或者返工、改建后，造成逾期交付的，施工人应当承担违约责任。

27.

建设工程在合理使用期限内，因承包人的原因造成人身损害和财产损失的怎么办？

根据民法典第 802 条的规定，因承包人的原因致使建设工程在合理使用期限内造成人身损害和财产损失的，承包人应当承担赔偿责任。在建设工程合理使用期限内，因承包人原因造成建设工程质量事故，致使人身、财产受到损害的，承包人应当承担赔偿责任。如果是造成发包人的人身或者财产损害的，发包人可以选择请求承包人承担违约责任或者侵权责任。

无论哪种建设工程，都有一定的使用年限。承包人只在合理使用期限内，对建设工程质量负责。超出合理使用期限后，因建设工程质量问题造成的损失，则不应由承包人承担责任。建设工程的使用年限可以由双方当事人约定；如果对此没有约定，可以根据国家相关规定作出认定。实践中，涉及建设工程质量的期间主要有两个，一是保修期，二是缺陷责任期。

关于保修期和保修责任。建筑法第 60 条规定，建筑物在合理使用寿命内，必须确保地基基础工程和主体结构的质量。建筑工程竣工时，屋顶、墙面不得留有渗漏、开裂等质量缺陷；对已发现的质量缺陷，建筑施工企业应当修复。第 62 条规定，建筑工程实行质量保修制度。建筑工程的保修范围应当包括地基基础工程、主体结构工程、屋面防水工程和其他土建工程，以及电气管线、上下水管线的安装工程，供热、供冷系统工程等项目；保修的期限应当按照保证建筑物合理寿命年限内正常使用，维护使用者合法权益的原则确定。具体的保修范围和最低保修期限由国务院规定。

《建设工程质量管理条例》第 40 条规定，在正常使用条件下，建设工程的最低保修期限为：（1）基础设施工程、房屋建筑的地基基础工程和主体结构工程，为设计文件规定的该工程的合理使用年限；（2）屋面防水工程、有防水要求的卫生间、房间和外墙面的防渗漏，为5年；（3）供热与供冷系统，为2个采暖期、供冷期；（4）电气管线、给排水管道、设备安装和装修工程，为2年。其他项目的保修期限由发包方与承包方约定。建设工程的保修期，自竣工验收合格之日起计算。

根据《最高人民法院关于审理建设工程施工合同纠纷案件适用法律问题的解释（一）》第18条的规定，因保修人未及时履行保修义务，导致建筑物毁损或者造成人身损害、财产损失的，保修人应当承担赔偿责任。保修人与建筑物所有人或者发包人对建筑物毁损均有过错的，各自承担相应的责任。

关于合理使用期限。《民用建筑设计统一标准》中按民用建筑的主体结构确定的建筑耐久年限分为四级：一类设计使用年限为5年以下，适用于临时性建筑；二类设计使用年限为25—50年，适用于易于替换结构构件的建筑；三类设计使用年限为50—100年，适用于普通建筑和构筑物；四类设计使用年限为100年以上，适用于纪念性建筑和特别重要的建筑。在建设工程的合理使用期限内，因承包人的原因造成建设工程存在质量缺陷，不论是否超过工程质量保证期，只要损害是在建设工程的合理期限内发生的，受损害方即有权要求承包人承担赔偿责任。关于合理使用期限，一般是指建设工程的合理使用寿命，而不是合同履行期和保质期。

根据民法典第802条的规定，如因承包人的原因致使建设工程在合理使用期限内造成了人身损害和财产损失，承包人应当承担赔偿责任。承包人承担损害赔偿责任的构成要件包括以下三个方面：

（1）建设工程造成了人身和财产损害。即有建设工程造成人身和财产损害的事实存在，如因建设工程倒塌使人受伤、致残、死亡，以及使人们的财产受到损坏等。受到人身和财产损害的人，并不限于发包人，而是包括任何自然人、法人和其他组织。

（2）因承包人的原因引起的建设工程对人身、财产的损害。建设工程造成人身和财产损害，可以由承包人引起，也可以由发包人引起，还可以由不可抗力引起。只有建设工程造成人身和财产损害是由承包人的原因致使的，如勘察、设计不符合质量要求，施工人偷工减料等，承包人才承担损害赔偿责任。

（3）人身、财产损害是发生在建设工程合理使用期限内。建设工程的合理使用期限，主要指建筑主体结构的合理使用期限，一般自交付发包人时起算。工程一旦建成，一般都将长期使用，这就要求在建设工程合理使用期限内，不能有危及使用安全的质量问题。如果在合理使用期限内造成人身和财产损害的，承包人应当承担损害赔偿责任。与一般产品的生产者对其产品的质量缺陷承担损害赔偿责任的责任期限不同的是，建设工程的承包人应当在该建设工程合理使用期限内对整个工程质量安全承担责任。具体建设工程的合理使用期限，根据不同的情况予以确定：凡在建设工程有关建设标准、规范中规定了合理使用年限的，合理使用期限应当为规定的合理使用年限；建设工程标准、规范中尚未规定合理使用年限的，或者发包人对建设工程的合理使用年限有特殊要求的，由发包人与设计人在合同中予以明确约定。

根据《最高人民法院关于审理建设工程施工合同纠纷案件适用法律问题的解释（一）》第14条的规定，建设工程未经竣工验收，发包人擅自使用后，又以使用部分质量不符合约定为由主张权利的，人民法院不予支持；但是承包人应当在建设工程的合理使用寿命内对地基基础工程和主体结构质量承担民事责任。

类案导读

> 案例1：涿州蓝天网架有限公司、伊春北方水泥有限公司（以下简称北方公司）与涿州蓝天网架有限公司绥化分公司（以下简称绥化分公司）建设工程施工合同纠纷案件，黑龙江省高级人民法院（2017）黑民终19号

法律适用导读

因承包人原因发生建设工程质量事故造成人身和财产损害的，承包人应当承担赔偿责任。

本案争议裁判

法院审理认为：根据北方公司和绥化分公司签订的《工程质量保修书》，案涉工程的使用寿命为30年，保修期为设计年限规定的30年，现案

涉工程在 2013 年 11 月 26 日即合理使用期限内发生垮塌，经北方公司和绥化分公司协商一致，确定由检验中心对案涉工程的垮塌原因进行鉴定，得出的鉴定结论为案涉工程垮塌是由半跨及不均匀分布的积雪和积灰作用，网架不均匀沉降、设计承载力不足造成的。虽然绥化分公司对检验中心出具的鉴定报告提出质疑，但在检验中心对其质疑进行答复后，绥化分公司未再提出异议，且检验中心具有案涉工程进行鉴定的资质，其对案涉工程进行鉴定系北方公司和绥化分公司协商一致确定的，故检验中心出具的鉴定报告可以作为确定案涉工程垮塌原因的依据，应当认定因绥化分公司的原因造成案涉工程垮塌。根据双方在《工程质量保修书》中的约定以及我国合同法第 282 条的规定，因承包人原因致使工程在合理使用期限内造成人身和财产损害的，承包人应当承担损害赔偿责任。

案例 2：北京双塔钢结构工程有限公司（以下简称双塔公司）与北京瑞蒙环球国际体育文化有限公司（以下简称瑞蒙公司）建设工程施工合同纠纷案件，北京市高级人民法院（2019）京民再 223 号

◇ 法律适用导读

因承包人原因发生建设工程质量事故造成发包人财产损害的，承包人应当承担赔偿责任。

◇ 本案争议裁判

法院再审认为：瑞蒙公司作为发包人与承包人双塔公司签订的《北京市建设工程施工合同》是双方的真实意思表示，双塔公司在签订合同及履行合同时对高尔夫挂网塔建设未取得建设工程规划许可证并未提出异议，经法院委托鉴定，挂网塔的倒塌系双塔公司工程质量所致，瑞蒙公司遭受的经济损失亦非网塔属于违章建筑形成，双塔公司与瑞蒙公司之间签订的合同是否有效不影响本案损失及责任的认定。2014 年 7 月 16 日挂网塔倒塌是 18 号高尔夫俱乐部停业的直接原因，也是唯一原因，18 号高尔夫俱乐部停业必然会给瑞蒙公司造成经营收入上的损失，故双塔公司应对 18 号高尔夫俱乐部的停业收入损失承担赔偿责任。根据合同法第 282 条的规定：

27. 建设工程在合理使用期限内，因承包人的原因造成人身损害和财产损失的怎么办？

因承包人的原因致使建设工程在合理使用期限内造成人身和财产损害的，承包人应当承担损害赔偿责任。故原判判令双塔公司承担相应的赔偿责任并无不当。

因网塔倒塌瑞蒙公司产生的损失数额，瑞蒙公司是否完成了举证责任，原判判令双塔公司承担的赔偿金额是否妥当。原判将18号高尔夫俱乐部停业分为二个阶段，第一个阶段是责任判明及确定修复方案和修复费用阶段，即从2014年7月17日网塔倒塌次日至2015年7月15日鉴定工作结束之日，双塔公司称2014年10月鉴定机构完成了现场采样的工作，可以进入下一阶段修复工作，但鉴定结果出具之前双方对倒塌原因、责任承担不能达成一致意见，修复方案和修复费用等具体内容双方尚未商定，此种情况下，双塔公司称可进入复建阶段未有证据证明。第二个阶段是可以进行复建阶段，原判确定为鉴定结果作出后半年，该时间是参考第一次网塔倒塌复建需要的时间确定的，没有明显不妥之处。挂网塔的倒塌系双塔公司工程质量所致，鉴定、复建阶段的时间成本，瑞蒙公司一年半的停业收入损失原判判令由双塔公司承担并无不当。瑞蒙公司为证明其损失，向法院提供了与VIP555号包间、玻璃房工坊店、奥麒麟公司签订的承租合同，网塔倒塌之后上述合同的解约协议、和解协议、租户出具的情况说明、画室照片，且有付款凭证予以佐证，原判认定因网塔倒塌，上述承租合同无法履行给瑞蒙公司造成的经营损失并无不当。目前，双塔公司未能提供充分证据证明上述合同是双方当事人恶意串通签订的虚假合同，本院对双塔公司有关对瑞蒙公司的收入损失无法预见、不应承担赔偿责任的抗辩意见不予以支持。瑞蒙公司未能提交与李锋签订的VIP888号包间租赁合同履行的支付凭证，未完成举证义务，VIP888号包间租金损失52.5万元应从592.5万元中扣除。

案例3：歌山建设集团有限公司（以下简称歌山公司）、合肥创景物业发展有限责任公司（以下简称创景公司）建设工程合同纠纷案件，最高人民法院（2016）最高法民终485号

◇ **法律适用导读**

因承包人的原因引起的建设工程对他人财产的损害，承包人应当承担

赔偿责任。

◇ 本案争议裁判

最高人民法院审理认为：关于工程质量不合格损失的问题。创景公司一审反诉主张歌山公司需赔偿因电梯底坑积水造成的维修费用328062元，及因工程质量支付给购房户的赔偿84701元，合计412763元。根据一审查明的事实，案涉工程存在电梯底坑积水并导致电梯配件损坏等质量问题，产生维修费用328062元，该费用有双方往来函件、损失清单、付款凭证作为证据，歌山公司无异议。该质量问题属于歌山公司施工的土建工程范围，对该部分施工质量问题产生的维修费用328062元，歌山公司应予赔偿。对于给购房户的赔偿款84701元，创景公司提供了由案涉项目物业公司合肥宜尔室家物业管理有限公司出具的"创景花园"工程维修赔偿清单予以证明。但该清单只能证明购房户因案涉工程存在质量问题向物业公司索赔，物业公司实际垫付的数额只有两笔合计2240元，其余赔偿额无法证明由物业公司或创景公司进行了垫付。因此，对于工程维修赔偿清单中的赔偿数额，一审判决认定为2240元，据此一审判决认定歌山公司应赔偿因工程质量瑕疵给创景公司造成的经济损失合计330302元并不不当，本院予以维持。

⚖ 法条指引

《中华人民共和国民法典》第八百零二条

因承包人的原因致使建设工程在合理使用期限内造成人身损害和财产损失的，承包人应当承担赔偿责任。

⚖ 新旧对照

《中华人民共和国合同法》第二百八十二条

因承包人的原因致使建设工程在合理使用期限内造成人身和财产损害的，承包人应当承担损害赔偿责任。

28.

在建设工程合同履行过程中，发包人未按照约定的时间和要求提供原材料、设备、场地、资金、技术资料的怎么办？

我国民法典第 509 条确立了合同全面履行的原则，该原则不仅规定了合同当事人全面履行合同约定的义务，且也包括了根据诚信、合同性质与目的以及交易习惯所发生的附随义务，例如通知、协助、保密等义务。在建设工程施工合同中，发包人对承包人的工作有相应的协助义务，即使在没有合同约定的情况下，依照工程惯例或诚信原则，发包人也需要承担协助义务，如按照约定的时间和要求向承包人提供原材料、设备、资金、技术资料，完成施工场地的"三通一平"工作；提供并会审施工图纸；发出开工通知等。

发包人协助义务具体内容通常包括：（1）按照合同的约定提供原材料和设备。如果合同约定由发包人提供建筑材料、设备或构件的全部或一部分时，发包人应按照质量、数量和时间将约定的材料、设备、构件运到指定地点，并交付承包人使用。（2）按照约定及时提供场地。承包人进行施工，必须及时进入场地，且需要有一定的场地堆放建筑材料和施工设备。发包人应当在承包人工作前及时办理有关批件、证件和临时用地等的申报手续，包括工程地址和临时设施范围内的土地征用、租用，申请施工许可证和占道、爆破许可证等；发包人应当确定建设工程及有关道路、线路、上下水道的定位标桩、水准点和坐标控制点；发包人在提供场地前，应当清除施工现场内影响承包人施工的障碍，并向承包人提供施工所需水、电、热力、电信等管道线路，保证承包人施工期间的需要。（3）按照合同约定及时提供资金。建设工程往往涉及大量的资金投入，承包人需要发包人前期投入一定的资金，使承包人能够及时购买原材料和设施，并聘请施工人员等。合同约定工程进度款按月支付或按工程进度拨付的，发包人应当按照约定按期及时支付。（4）按照合同约定及时提供技术资料。这里的技术资料主要包括勘察数据、设计文件、施工图纸以及说明文件等，发包人均应当按照合同约定的时间和份数向承包人提供。根据法律、行政法规的规定，承包人必须按照国家规定的质量标准、技术规程和设计图纸、施工图等技术资料进行施工，如果发包人未能按照约定提供技术资料，承包人将无法进行正常施工。

根据民法典第 803 条的规定，发包人未按照约定的时间和要求提供原材料、设备、场地、资金、技术资料的，承包人可以顺延工程日期，并有权请求赔偿停工、窝工等损失。如果发包人未按照约定的时间和要求提供原材料、设备、场地、资金、技术资料等，应承担以下责任：（1）如发包人未按照约定时间提供原材料、设备的，承包人可以中止施工并顺延工期，因此造成承包人停工、窝工损失的，由发包人承担赔偿责任；（2）发包人未能提供符合约定、适合工作的场地致使承包人无法开展工作的，承包人有权要求发包人排除障碍、顺延工期，并可以暂停工作，因此造成承包人停工、窝工损失的，承包人可以要求发包人承担损害赔偿责任；（3）如经检验发包人提供的原材料、设备的种类、规格、型号、质量等级与约定不符合的，承包人有权拒绝接收保管，并可以要求发包人运出施工现场并予以更换；（4）如果发包人未能按照约定提供技术资料，承包人就不能正常进行工作，承包人可以要求发包人在合理期限内提供建设工程所必须的技术资料并有权暂停工作，顺延工期，并有权要求发包人承担承包人因停工、窝工所造成的损失。

如发生窝工损失，需要结合双方施工合同约定进行判断，窝工损失的规定不具有强制效力。民法典第 803 条、第 804 条是承包人主张窝工损失的法律依据，但并不具有强制性的效力，双方合同的约定排除了其适用或合同价款已包含此项内容时，承包人不能依据上述条款另行主张窝工损失赔偿：（1）承包人主张窝工损失应遵循双方约定的窝工索赔程序——双方合同就索赔的程序有明确约定，承包人未按照约定程序提出窝工索赔的，窝工损失不能得到支持；（2）承包人提交的单方窝工损失数据不能作为损失数据证据，但经监理确认的则可以直接认定而不必通过鉴定确定——承包人提交了窝工损失数据，但发包人不认可，监理也没签字确认的，不能作为认定的证据；但如果承包人提交的损失签证明确，监理签字确认的，应当作为承包人窝工损失的证据进行认定，而不需要对此再行鉴定；

28. 在建设工程合同履行过程中，发包人未按照约定的时间和要求提供原材料、设备、场地、资金、技术资料的怎么办？

（3）窝工损失即使经鉴定确认实际发生，但承包人未按约定提出申请经监理确认，也没有提交产生窝工损失的证据的，窝工损失的主张不能得到支持——即使鉴定确认了窝工损失存在的事实，但如果承包人未对此进行申报由监理确认，也无法举出窝工损失证据的，属于承包人怠于主张自身权利，窝工损失主张仍无法得到支持；（4）施工合同中涉及总分包关系时，分包方不能以总包的违约行为主张免除自身的违约责任——在有总包、分包关系，因总包的违约导致分包对承包人违约时，基于合同的相对性，分包方仍不能以总包的违约行为免除自身的违约责任。

在司法实践中，承发包双方未对停工进行约定时，应根据诚实信用原则履行合同，对于承包人的损失，即使无法举证，也应当根据公平原则进行合理赔偿——工程停工既成事实，双方应本着诚实信用原则履行合同，发包人应明确是否退场并给予合理赔偿，承包人则不能盲目放任损失的扩大；此种情况下，即使承包人无法举证证明窝工损失，也应该根据公平原则酌定予以支持。

⚖ 类案导读

案例1：西安城苑房地产实业有限公司（以下简称城苑公司）与中天建设集团有限公司（以下简称中天公司）建设工程施工合同纠纷案件，最高人民法院（2020）最高法民终846号

◇ 法律适用导读

发包人未按照合同约定支付工程价款的，承包人可以请求赔偿停工、窝工损失。

◇ 本案争议裁判

法院审理认为：关于一审判决城苑公司承担的工程款及各项利息是否正确的问题。一审判决在查明的案涉工程已于2017年9月4日竣工验收合格的事实基础上，根据双方当事人在《陕西省建设工程施工合同》中关于工程竣工验收合格一周付款97%的约定，判决城苑公司从2017年9月14

日起承担支付逾期付款利息的责任，依据充分。虽然双方当事人2018年11月16日签订工程结算单核对说明，但该事实恰恰进一步证明城苑公司欠付中天公司工程款未依约支付的事实。一审判决依照合同约定认定城苑公司的逾期付款责任，判决其自2017年9月14日起支付逾期付款利息，并无不当。

　　一审判决城苑公司承担停工、窝工损失16787640元是否正确的问题。合同法第283条规定，发包人未按照约定的时间和要求提供原材料、设备、场地、资金、技术资料的，承包人可以顺延工程日期，并有权要求赔偿停工、窝工等损失。本案中，因城苑公司未按照合同约定全额支付工程进度款，导致中天公司停工、窝工，必然会对中天公司造成停工、窝工的损失。一审法院综合考虑停工事实及造成停工和房屋未能冲抵的过错责任，结合双方当事人的举证情况，综合认定，最终判决城苑公司应向中天公司支付停工、窝工损失16787640元，并无不当。

> 案例2：浙江长荣建设工程有限公司（以下简称长荣公司）与杭州运河（江干段）综合整治与保护开发指挥部办公室（以下简称运河指挥部）建设工程合同纠纷，浙江省杭州市江干区人民法院（2013）杭江民初字第818号

◇ 法律适用导读

　　发包人未按照合同约定提供场地的，承包人可以请求赔偿停工、窝工损失。

◇ 本案争议裁判

　　法院审理认为：关于工期延误责任问题。根据合同法第283条的规定，发包人未按照约定的时间和要求提供场地的，承包人可以顺延工程日期，并有权要求赔偿停工、窝工等损失。根据《建设工程施工合同》约定，因业主未能提供施工条件而无法开工建设影响进度的（承包人提出书面意见经监理工程师签署），工期相应顺延。本院认为，1#楼东侧一期工程遗留的临时设施未及时拆除，ii标工程大地下室施工进度滞后等因素均为运河

28. 在建设工程合同履行过程中，发包人未按照约定的时间和要求提供原材料、设备、场地、资金、技术资料的怎么办？

指挥部未能按约提供符合施工条件场地的情形，由此造成工期延误，其责任应由运河指挥部承担。在签订人工、材料补差协议时，双方经协商暂定非承包责任工期为360天，据此运河指挥部实际认可上述两个因素造成工期延误并非长荣公司责任。现其以长荣公司招标投标时已进行现场踏勘、开工时已确认符合开工条件为由主张上述两因素造成工期延误应由长荣公司承担，本院不予采纳。

监理单位于2012年10月22日出具的《关于对"2012年10月15日工期索赔报告和工期延误依据资料"的审查意见》已基本得到双方认可，鉴定机构在此基础上认定最终工期延误原因、责任和天数，而对有关时间节点做了更合理的调整并无不当，但2011年4月7日长荣公司2#楼已施工至6层，1#楼已施工至11层，在计算合同约定工期应计算6层，鉴定机构仅计算至2层不当，因此结合鉴定报告，因运河指挥部造成工期延误的天数为376 − 4×9（合同计划建造一层所需的工期）＝340天。2011年4月7日前长荣公司因运河指挥部的原因工程停工或半停工，在此状态下，其需要对施工管理人员进行重新合理调配以减少损失，此时，运河指挥部以长荣公司施工管理人员不足为由主张工期延误系长荣公司造成的，本院难以采信。运河指挥部主张造成该340天工期延误还包括长荣公司施工组织的原因、天气原因等，但未提供足够证据加以证明，长荣公司主张2#公建配套施工、装饰保温等装饰做法未及时确定，防护栏杆修改导致了工期延误，亦未提供足够证据证明这些施工内容属于关键线路及导致工期延误的具体天数，本院不予采信。长荣公司主张加工场地变化导致了工期延误亦缺乏足够证据支持，本院亦不予采信，而鉴定机构对加工场地导致的降效费用已给予适当考虑，在一定程度上保护了长荣公司的利益。

关于工期延误损失的认定，在长荣公司未能提供有效证据加以证明的情况下，鉴定机构按照定额、信息价确认人工工资、台班、临时设施费合理，故鉴定报告中的损失金额应作为审理依据。因此，运河指挥部应赔偿长荣公司工期延误的损失 $3775276 − \left(\dfrac{3126107 \times 4 \times 9}{216} \right) \approx 3251258$ 元。该损失系2011年4月7日前长荣公司因工期延误实际增加的费用，长荣公司已实际承担，其请求运河指挥部支付该赔偿金从起诉之日即2013年6月9日起的银行贷款利息符合法律规定，本院予以支持。

案例3：中铁二十二局集团第四工程有限公司（以下简称中铁公司）与安徽瑞讯交通开发有限公司（以下简称瑞讯公司）、安徽省高速公路控股集团有限公司建设工程施工合同纠纷案件，最高人民法院（2014）民一终字第56号

◇ **法律适用导读**

因发包人原因导致工期延误，承包人主张窝工损失应遵循双方约定的窝工索赔程序，否则法院不予支持。

◇ **本案争议裁判**

最高人民法院审理认为：关于瑞讯公司应否赔偿中铁公司停工、窝工损失，如应赔偿，则赔偿的数额是多少的问题。

1. 关于2004年3月至2005年3月期间的停工、窝工损失问题。根据合同通用条款第53条约定，如果承包人根据合同条款中任何条款提出任何附加支付的索赔时，其应该在该索赔事件首次发生的21天之内将其索赔意向书提交监理工程师，并抄送业主；监理工程师在与业主和承包人协商后，确定承包人有权得到的全部或部分索赔款额。对于2004年至2005年第一次停工、窝工期间的确定部分造价为6778661.54元，经查明，是指既有现场监理人员签字确认的每日停工、窝工情况具体统计表，也有现场监理人员签字确认的每月停工、窝工情况统计表，这说明对于这部分损失，中铁公司已经按照索赔程序提出了索赔，且该索赔已经经过监理签字予以确认，故中铁公司的该索赔符合上述合同通用条款第53条的约定，一审法院判决瑞讯公司赔偿中铁公司此部分确定款项的损失，并无不当，应予维持。

2. 关于2006年11月至2009年4月期间的停工、窝工损失问题。经查，对此部分损失，中铁公司亦自认，其并未依据合同约定提出过索赔，因此，在中铁公司未依据合同通用条款第53条约定履行索赔程序的情况下，根据该条的进一步约定，中铁公司无权获得该部分诉请款项的赔偿，而其在本案中主张由法院酌定瑞讯公司赔偿该停工、窝工损失400万元，无事实及法律依据，应予驳回。

28. 在建设工程合同履行过程中，发包人未按照约定的时间和要求提供原材料、设备、场地、资金、技术资料的怎么办？

案例 4：重庆巨杉园林有限公司（以下简称巨杉园林公司）与重庆两江房地产开发有限公司（以下简称两江房地产公司）建设工程施工合同纠纷案件，最高人民法院（2015）民申字第 1004 号

◇ 法律适用导读

因发包人原因导致工期延误、停建，承包人可主张窝工等损失的规定并非强制性规定，当事人可在合同中约定排除适用。

◇ 本案争议裁判

最高人民法院审理认为：案涉《建设工程施工合同》第 4 条约定，合同价款为闭口包干价 1460 万元，其包括的项目中含有管理费等可预见及不可预见的费用。《建设工程施工合同》第 6.6 条约定，因发包人原因导致的工程缓建，承包人不收取停工、窝工费，并自愿放弃向发包人索赔的权利；本工程因发包人原因停建，在发包人书面通知承包人后，所产生一切费用及相关损失发包人不再承担。发包人书面通知前所产生的费用按本合同约定办理结算。

根据前述约定，即使本案存在因两江房地产公司原因导致的工期延误的事实，在双方未达成赔付损失协议的情况下，巨杉园林公司向两江房地产公司主张工程管理费损失缺乏合同约定。巨杉园林公司申请再审主张其请求为两江房地产公司未按期移交施工场地导致工期延误损失，而并非工程停缓建所造成停工、窝工费，合同依据及法律依据不足，不应予以支持。

巨杉园林公司提出再审主张《建设工程施工合同》6.6 条为格式条款和违反合同法规定而无效。本院认为，格式条款系指一方当事人事先制定好的其内容未经双方当事人讨论的合同条款，其签约对象具有广泛性和不特定性，一方面，巨杉园林公司并未提交证据足以证明案涉合同条款为格式条款；另一方面，双方当事人为平等民事主体，巨杉园林公司为专业公司，应该具备签约时商业风险判断能力，其也并未在合理期间内对其认为显失公平的合同条款提出变更或撤销的救济。另外，合同法第 283 条规定，发包人未按照约定的时间和要求提供原材料、设备、场地、资金、技术资

料的，承包人可以顺延工程日期，并有权要求赔偿停工、窝工等损失。第284条规定，因发包人的原因致使工程中途停建、缓建的，发包人应当采取措施弥补或者减少损失，赔偿承包人因此造成的停工、窝工、倒运、机械设备调迁、材料和构件积压等损失和实际费用。但该两条规定并非确认合同效力的效力性强制性规定。故巨杉园林公司该项主张法律依据不足，不予支持。

法条指引

《中华人民共和国民法典》第八百零三条

发包人未按照约定的时间和要求提供原材料、设备、场地、资金、技术资料的，承包人可以顺延工程日期，并有权请求赔偿停工、窝工等损失。

新旧对照

《中华人民共和国合同法》第二百八十三条

发包人未按照约定的时间和要求提供原材料、设备、场地、资金、技术资料的，承包人可以顺延工程日期，并有权要求赔偿停工、窝工等损失。

29.

因发包人的原因致使建设工程中途停建、缓建的怎么办？

在建设工程施工过程中，发包人应当按照合同约定履行自己的义务，为承包人的建设工作提供必要的条件，保证工程建设顺利进行。根据民法典第804条的规定，因发包人的原因致使工程中途停建、缓建的，发包人应当采取措施弥补或者减少损失，赔偿承包人因此造成的停工、窝工、倒运、机械设备调迁、材料和构件积压等损失和实际费用。

"因发包人的原因"导致工程中途停建、缓建的违约情形，以我国有关行政主管部门发布的《建设工程施工合同（示范文本）》（GF-2017-0201）第7.5（工期延误）第7.5.1条（因发包人原因导致工期延误）为例，在合同履行过程中，因下列情况导致工期延误和（或）费用增加的，由发包人承担由此延误的工期和（或）增加的费用，且发包人应支付承包人合理的利润：（1）发包人未能按合同约定提供图纸或所提供图纸不符合合同约定的；（2）发包人未能按合同约定提供施工现场、施工条件、基础资料、许可、批准等开工条件的；（3）发包人提供的测量基准点、基准线和水准点及其书面资料存在错误或疏漏的；（4）发包人未能在计划开工日期之日起7天内同意下达开工通知的；（5）发包人未能按合同约定日期支付工程预付款、进度款或竣工结算款的；（6）监理人未按合同约定发出指示、批准等文件的；（7）专用合同条款中约定的其他情形。

另外，"因发包人的原因"导致工程中途停建、缓建的违约的情形还包括：（1）发包人变更工程量；（2）发包人未能及时进行中间工程和隐蔽工程的验收并办理有关交工手续；（3）发包人不能按照合同的约定保障建设工作所需的工作条件致使工作无法正常进行的；等等。

因发包人原因，致使工程建设无法正常进行的情况下，承包人可以停建、缓建、顺延工期，并及时通知发包人。承包人在停建、缓建期间应当采取合理措施减少和避免损失，妥善保护好已完成工程和做好已购材料、设备的保护和移交工作，将自有机械和人员撤出施工现场，发包人应当为承包人的撤出提供必要的条件。承包人应当将停建、缓建过程中发生的经济支出和其他实际发生的费用向发包人提出报告。

因发包人自身原因致使工程停建、缓建的，发包人应当承担违约责任：（1）发包人应当采取必要措施，弥补或者减少损失，同时应当排除障碍，使承包人尽快恢复建设工作；（2）如承包人在施工中发现设计有错误和不合理之处，应当通知发包人，发包人在接到通知后，应当及时同设计人等有关单位研究确定修改意见或者变更设计，并及时将修订后的设计文件送交承包人；（3）发包人还应当赔偿承包人在停建、缓建期间的损失，包括停工、窝工、倒运、机械设备调迁、材料和构件积压所造成的损失和实际发生的费用。

在处理相关争议时，因发包人原因致使工程中途停建、缓建的，按照"谁主张，谁举证"的原则，承包人应对其所遭受包括停工、窝工、倒运、机械设备调迁、材料和构件积压等损失和实际费用承担举证责任。通常认定损失的方式主要有四种：（1）根据建设工程施工合同中的索赔签证认定损失数额；（2）由鉴定机构根据建设工程施工合同的履行情况进行鉴定；（3）根据建设工程施工合同约定的标准进行计算；（4）参照合同履行地的市场价格和实际损失数额进行估算。此外，如果发包人未采取合理措施弥补或者减少损失的，对该部分损失也应当由发包人承担。

类案导读

案例1：煤炭科学研究总院（以下简称煤炭科学院）、国都建设（集团）有限公司（以下简称国都公司）建设工程施工合同纠纷案件，北京市第二中级人民法院（2017）京02民终7522号

法律适用导读

因发包人原因未提供施工所需的工作条件致使工程缓建的，发包人应赔偿承包人停工、窝工损失。

29. 因发包人的原因致使建设工程中途停建、缓建的怎么办？

本案争议裁判

法院审理认为：1. 地基与设计不符、未提供三通一平场地、外墙保温材料变更、外墙保温工艺变更是否造成工程延期、是否能够成为索赔事由。发包人未按照约定的时间和要求提供原材料、设备、场地、资金、技术资料的，承包人可以顺延工程日期，并有权要求赔偿停工、窝工等损失。因发包人的原因致使工程中途停建、缓建的，发包人应当采取措施弥补或者减少损失，赔偿承包人因此造成的停工、窝工、倒运、机械设备调迁、材料和构件积压等损失和实际费用。施工过程中，因地基存在厚软层，国都公司应设计单位的要求进行了深挖回填的特别处理，相应增加的工程量已计入工程总价，国都公司再向煤炭科学院主张存在窝工及窝工损失，缺乏依据。煤炭科学院未将施工所需的水电接至场地，导致施工现场长时间缺水、缺电，国都公司不得不自行解决用水、用电问题，至2010年8月6日接入独立的变压器后国都公司方能够正常用电，由此造成的窝工损失国都公司有权要求煤炭科学院赔偿。自2010年6月1日开工至8月6日供电恢复正常，双方均认可此期间为降效施工，但效率降低并非可量化的概念，鉴于双方均未能进一步举证证明效率降低的程度，本院依据公平原则，酌情认定国都公司效率降低50%。

因公安部发出通知，案涉工程外墙保温材料及工艺发生变化，该事宜系双方在签订合同时未能预见的。根据合同及监理会议纪要，新材料由双方共同选定，由于生产厂家较少，从材料选型到材料进场需要一段时间，造成了外墙保温施工时间延后。煤炭科学院作为保温材料的最终使用方，应依公平原则承担因变更材料所导致的部分缓建损失。国都公司主张2011年7月25日双方选定材料，8月24日完成材料检验及进场，故停工待料148日。但根据监理会议纪要显示，2011年6月9日监理方要求国都公司尽快选定保温材料，2011年7月21日外墙保温施工已经开始且提到了选定的材料厂家，故本院以会议纪要载明的时间作为保温材料使用的时间，据此对国都公司主张的延期时间不予支持。因保温材料发生变化，施工工艺也随之发生变更，即便有工期延长，相应增加的人工和材料款也已计入工程总价，不能成为法律规定的索赔事由。

2. 工程延期的责任方。如上所述，煤炭科学院未将施工所需的水电接至场地、保温材料的变更是造成工程延期的原因，但并非全部原因。国都公司在分析其进度未能完成时自认存在人手不足及材料供应不力的情况，故国都公司与煤炭科学院对工程延期均有责任。对于因工程延期而致主体结构进入冬季施工所增加的费用，双方应根据各自的责任分担。一审法院对此认定有误，本院予以纠正。

3. 煤炭科学院是否应支付进入冬季施工增加的工程款。国都公司称鉴定机构对工程延期进入冬季施工造成增加的工程款未作出明确的评估，但兴中海建公司于 2017 年 1 月回复，称鉴定意见中已包含该项费用（涉及金额 382509.7 元），是否计取由法院裁判，国都公司当庭表示不再要求鉴定机构重新回复。本院采信鉴定机构的回复意见，认定鉴定意见中已包含冬季施工费，对国都公司主张的 650 万元冬季施工费不予支持。

案例 2：吉林市华泰房地产开发经营有限责任公司（以下简称华泰公司）、陈某伟等建设工程施工合同纠纷案件，最高人民法院（2015）民抗字第 36 号

◇ 法律适用导读

因发包人规划不当导致设计变更、未及时提供建筑材料致使工程停建，发包人应赔偿承包人因此造成的停工等损失。

◇ 本案争议裁判

最高人民法院审理认为：关于组兴公司、华泰公司是否应对陈某伟的停工损失承担责任问题。《中华人民共和国合同法》第 283 条规定："发包人未按照约定的时间和要求提供原材料、设备、场地、资金、技术资料的，承包人可以顺延工程日期，并有权要求赔偿停工、窝工等损失。"《中华人民共和国合同法》第 284 条规定："因发包人的原因致使工程中途停建、缓建的，发包人应当采取措施弥补或者减少损失，赔偿承包人因此造成的停工、窝工、倒运、机械设备调迁、材料和构件积压等损失和实际费用。"因规划原因导致的停工损失部分，虽然没有签证，但工程确实存在设计变更，根据陈某伟所举证据，可以认定停工原因系因规划不当需经重新审批造成的，应当予以确认。关于待料停工损失部分。依照约定，华泰

公司负责供料，而从陈某伟与华泰公司共同认可的供料单中可见，在 1995 年 6—10 月间，华泰公司的供砖数量不能满足正常施工，华泰公司提出供砖数量是根据陈某伟申请提供的说法并无证据支持，也与情理难符，难以采信，故供料不足停工损失应予支持。关于陈某伟 1995 年 10 月以后的场地维护费和撤离场地等损失部分，虽华泰公司主张系由于陈某伟施工能力不足导致工程严重逾期造成的，但此前因规划和供料不足导致工期延误系华泰公司自身原因，后华泰公司在陈某伟冬期停工一年多以后才书面通知陈某伟撤离工地，没有证据证明其在此期间采取通知陈某伟复工或其他救济方式，其现有证据不能证实其主张，故陈某伟 1995 年 10 月以后的场地维护费和撤离场地损失费应予支持。关于损失数额认定。因（2009）工鉴字第 7 号《工程造价鉴定书》对停工损失未予鉴定，而（1997）第 82 号《司法技术鉴定书》中对上述停工损失作出了数额鉴定，虽然华泰公司对该鉴定提出异议，认为该鉴定是根据陈某伟单方提供的证据作出的，但华泰公司未能提供与停工损失相关的施工材料等证据，故对该停工损失应予采信。故华泰公司与组兴公司应对陈某伟的停工损失 338393 元承担责任。

> 案例 3：南通长城建设集团有限公司（以下简称南通公司）、儋州珠联璧合房地产开发有限责任公司（以下简称珠联公司）建设工程施工合同纠纷再审审查与审判监督案件，最高人民法院（2019）最高法民申 1250 号

◇ 法律适用导读

承包人不能举证证明工程停工、窝工损失系因发包人原因所导致的，应承担举证不能的不利后果，停工、窝工损失法院不予支持。

◇ 本案争议裁判

最高人民法院审理认为：1. 关于南通公司主张的二期工程土方及基础垫层部分、临时设施费及停工、窝工损失的认定。根据原审查明的事实，南通公司一审中未在法定期限内提供相应的证据证实其主张的二期工程土方及基础垫层部分及停工、窝工损失，其在二审中提出对该部分内容补充

鉴定亦无相应的事实和法律依据，应承担举证不能的不利后果。海南省第二中级人民法院经南通公司的申请，委托海南博信建设投资项目管理有限公司对案涉工程进行造价鉴定，该公司于 2017 年 12 月 29 日出具（2017）琼博造字 175 号《工程造价鉴定报告》，该《工程造价鉴定报告》在原审经双方质证，南通公司未能提供证据证明该《工程造价鉴定报告》存在错误或违法之情形。因此，海南省第二中级人民法院依据该《工程造价鉴定报告》认定珠联公司应支付的工程款、利息及临时设施费，二审判决对此予以维持，并无不当。

《中华人民共和国合同法》第 284 条规定："因发包人的原因致使工程中途停建、缓建的，发包人应当采取措施弥补或者减少损失，赔偿承包人因此造成的停工、窝工、倒运、机械设备调迁、材料和构件积压等损失和实际费用。"本案中，南通公司与珠联公司在《儋州联合城市花园建设工程施工协议》中约定由南通公司垫资完成 8000 万元工程量，而根据原审法院查明的事实，南通公司并未完成珠联公司提交的施工图纸工程量，南通公司亦未提交证据证明其垫资已达 8000 万元；没有证据表明因发包人未及时提供建设资金或者未及时提供施工图纸导致窝工，亦即，南通公司未能证明其主张的停工、窝工损失系发包人珠联公司导致。因此，其应承担举证不能的不利后果。二审判决对于南通公司诉求的停工、窝工损失未予支持，并无不当。

2. 关于南通公司是否就案涉建设工程价款享有优先受偿权问题。根据《中华人民共和国合同法》第 286 条的规定，承包人有权请求就所涉工程折价或者拍卖的价款优先受偿。然而，根据本案查明的事实，案涉工程至本案一审庭审时仍未办理建设工程规划许可证、建设工程施工许可证，属于违法建筑，其不能依法取得相应物权，且相关工程一直处于停工状态，原审判决据此认定案涉工程属于依现状不宜折价、拍卖的建设工程，进而对南通公司就案涉工程价款享有优先受偿权的主张不予支持，并无不当。

⚖️ 法条指引

《中华人民共和国民法典》第八百零四条

因发包人的原因致使工程中途停建、缓建的，发包人应当采取措施弥补或者减少损失，赔偿承包人因此造成的停工、窝工、倒运、机械设备调迁、材料和构件积压等损失和实际费用。

29. 因发包人的原因致使建设工程中途停建、缓建的怎么办?

新旧对照

《中华人民共和国合同法》第二百八十四条

因发包人的原因致使工程中途停建、缓建的，发包人应当采取措施弥补或者减少损失，赔偿承包人因此造成的停工、窝工、倒运、机械设备调迁、材料和构件积压等损失和实际费用。

30.

因发包人变更计划，提供的资料不准确，或者未按照期限提供必需的勘察、设计工作条件而造成勘察、设计的返工、停工或者修改设计的怎么办？

提交有关勘察或者设计基础资料和文件是发包人的义务。勘察或者设计的基础资料，是指勘察人、设计人进行勘察、设计工作所依据的基础文件和情况。勘察基础资料包括可行性报告，工程需要勘察的地点、内容，勘察技术要求及附图等。设计的基础资料包括工程的选址报告等勘察资料以及原材料、水、电、运输等方面的协议文件，需要经过科研取得的技术资料。为了保证勘察设计工作的顺利进行，合同中应当明确提交有关基础资料的期限。在工程勘察、设计合同中，发包人应当按照合同约定向勘察人、设计人提供开展勘察、设计工作所需要的基础资料、技术要求，并对提供的时间、进度和资料的可靠性负责。

以我国有关行政主管部门发布的《建设工程勘察合同（示范文本）》（GF-2016-0203）为例，建设工程勘察发包人的义务主要包括：（1）发包人应以书面形式向勘察人明确勘察任务及技术要求；（2）发包人应提供开展工程勘察工作所需要的图纸及技术资料，包括总平面图、地形图、已有水准点和坐标控制点等，若上述资料由勘察人负责搜集时，发包人应承担相关费用；（3）发包人应提供工程勘察作业所需的批准及许可文件，包括立项批复、占用和挖掘道路许可等；（4）发包人应为勘察人提供具备条件的作业场地及进场通道（包括土地征用、障碍物清除、场地平整、提供水电接口和青苗赔偿等）并承担相关费用；（5）发包人应为勘察人提供作业场地内地下埋藏物（包括地下管线、地下构筑物等）的资料、图纸，没有资料、图纸的地区，发包人应委托专业机构查清地下埋藏物。若因发包人未提供上述资料、图纸，或提供的资料、图纸不实，致使勘察人在工程勘察工作过程中发生人身伤害或造成经济损失的，由发包人承担赔偿责任；

30. 因发包人变更计划，提供的资料不准确，或者未按照期限提供必需的勘察、设计工作条件而造成勘察、设计的返工、停工或者修改设计的怎么办？

（6）发包人应按照法律法规规定为勘察人安全生产提供条件并支付安全生产防护费用，发包人不得要求勘察人违反安全生产管理规定进行作业；（7）若勘察现场需要看守，特别是在有毒、有害等危险现场作业时，发包人应派人负责安全保卫工作；按国家有关规定，对从事危险作业的现场人员进行保健防护，并承担费用，发包人对安全文明施工有特殊要求的，应在专用合同条款中另行约定；（8）发包人应对勘察人满足质量标准的已完工作，按照合同约定及时支付相应的工程勘察合同价款及费用。

以我国有关行政主管部门发布的《建设工程设计合同示范文本（专业建设工程）》（GF-2015-0210）为例，建设工程设计发包人的义务包括：（1）遵守法律，并办理法律规定由其办理的许可、核准或备案，包括但不限于建设用地规划许可证、建设工程规划许可证等许可、核准或备案。发包人负责本项目各阶段设计文件向有关管理部门的送审报批工作，并负责将报批结果书面通知设计人。因发包人原因未能及时办理完毕前述许可、核准或备案手续，导致设计工作量增加和（或）设计周期延长的，由发包人承担由此增加的设计费用和（或）延长的设计周期。（2）应当负责工程设计的所有外部关系的协调（包括但不限于当地政府主管部门等），为设计人履行合同提供必要的外部条件。（3）专用合同条款约定的其他义务。

根据民法典第805条的规定，发包人变更勘察、设计项目、规模、条件需要重新进行勘察、设计的，应当及时通知勘察人、设计人，勘察人、设计人在接到通知后，应当返工或者修改设计，并有权顺延工期。发包人应当按照勘察人、设计人实际消耗的工作量返工相应增加支付勘察费、设计费。

根据民法典第805条的规定，发包人向勘察人、设计人提供有关技术资料的，发包人应当对该技术资料的质量和准确性负责。勘察人、设计人在工作中发现发包人提供的技术资料不准确的，勘察人、设计人应当通知发包人修改技术资料，在合理期限内提供准确的技术资料。如果该技术资料有严重错误致使勘察、设计工作无法正常进行的，在发包人重新提供技术资料前，勘察人、设计人有权停工、顺延工期，停工的损失应当由发包人承担。发包人重新提供的技术资料有重大修改，需要勘察人、设计人返工、修改设计的，勘察人、设计人应当按照新的技术资料进行勘察、设计工作，发包人应当按照勘察人、设计人实际消耗的工作量相应增加支付勘察费、设计费。

发包人未能按照合同约定提供勘察、设计工作所需工作条件的，勘察人、设计人应当通知发包人在合理期限内提供，如果发包人未提供必要的工作条件致使勘察、设计工作无法正常进行的，勘察人、设计人有权停工、顺延工期，并要求发包人赔偿勘察人、设计人停工期间的损失。

类案导读

案例 1：许昌市烟草公司禹州市分公司、濮阳市新兴建设工程有限公司建设工程施工合同纠纷案件，河南省许昌市中级人民法院（2018）豫10 民终 3762 号

法律适用导读

发包人临时变更计划、未及时验收等违约行为导致施工进度受影响，应赔偿因此导致的停工、窝工损失。

本案争议裁判

法院审理认为：关于是否因被告的违约行为给原告造成停工、窝工损失的问题。根据《中华人民共和国合同法》第 283 条规定，发包人未按照约定的时间和要求提供原材料、设备、场地、资金、技术资料的，承包人可以顺延工程日期，并有权要求赔偿停工、窝工等损失。第 284 条规定，因发包人的原因致使工程中途停建、缓建的，发包人应当采取措施弥补或者减少损失，赔偿承包人因此造成的停工、窝工、倒运、机械设备调迁、材料和构件积压等损失和实际费用。第 285 条规定，因发包人变更计划，提供的资料不准确，或者未按照期限提供必需的勘察、设计工作条件而造成勘察、设计的返工、停工或者修改设计，发包人应当按照勘察人、设计人实际消耗的工作量增付费用。从上述法律规定可以看出，因发包人原因应承担承包人停工、窝工损失的主要有以下原因：发包人违反合同约定，未向承包人提供符合合同约定的条件；发包人变更计划或未及时验收导致施工进度受影响；发包人的其他影响承包人施工进度的事项。

本案中，原告主张被告造成原告停工、窝工的违约行为有：1. 被告未

30. 因发包人变更计划，提供的资料不准确，或者未按照期限提供必需的勘察、设计工作条件而造成勘察、设计的返工、停工或者修改设计的怎么办？

能提供约定施工环境造成停工、窝工。2013 年 12 月 12 日至 2014 年 3 月 9 日，当地居民阻挠施工导致待工并延误工期 87 天；2. 因部分设计方案在开工时未确定导致待工。3. 被告未及时验收导致原告待工。工程施工至 2015 年 3 月 28 日，所有甲方能确定施工方案的内容已经全部施工完毕。原告按照规范要求递交了合格的竣工资料，申请竣工验收，但是甲方一直未组织验收。

一般而言，施工设计均应在施工开始时确定，除非有不可预见的情况影响施工，否则会导致承包方不能按照合同及时履行义务。根据上述记载的事项，因被告对材料及设计的临时确定及未及时验收隐蔽工程会对原告的正常施工产生影响，根据具体事项的不同，产生的影响也不尽相同，部分导致施工程序反复、工人停工、窝工进而各种不确定费用增加。

综上，该院确认，在本案建设工程施工合同的履行过程中，因被告未完全向承包人提供符合合同履行的条件并且多次临时变更计划或未及时验收等违约行为导致原告施工进度受影响，导致原告存在停工、窝工损失。

案例 2：贵州泰然房地产开发有限公司（以下简称泰然公司）、广东建筑艺术设计院有限公司（以下简称广东公司）建设工程设计合同纠纷案件，贵州省毕节市中级人民法院（2017）黔 05 民终 2902 号

◇ 法律适用导读

因发包人原因造成设计的返工或修改设计，发包人承担责任。

◇ 本案争议裁判

原审法院认为：原被告双方签订的《建设工程设计合同》依法成立，对双方均具有约束力。关于是否按合同约定期限交付设计图纸问题，虽双方合同约定的提交设计图纸的期限为签订合同后 50 个工作日，但根据合同第 6.1.1 内容约定，因发包人原因造成交付时间迟延的，交付时间应予顺延或重新确定。本案中，直至 2013 年 12 月 30 日被告仍向原告发出《关于设计要点沟通函》，要求适度优化、调整本项目规划设计方案，结合 2013 年 8 月原告委托重庆海侨文化传媒有限公司制作的"泰然·城中湾畔"项

目鸟瞰图、透视图、总平面图的事实，原告已经在合同约定的时限内完成设计方案，直至 2014 年 1 月原告设计方案交付审查是应被告的请求进行优化、调整，依据《中华人民共和国合同法》第 285 条"因发包人变更计划，提供的资料不准确，或者未按照期限提供必需的勘察、设计工作条件而造成勘察、设计的返工、停工或者修改设计，发包人应当按照勘察人、设计人实际消耗的工作量增付费用"以及原被告双方约定，原告不构成迟延交付设计方案。

二审法院认为：根据合同约定，广东公司应当在签订合同后 50 个工作日内交付方案图、90 个工作日内交付施工图。但在 2013 年 7 月 24 日至同年 12 月 30 日期间，泰然公司与广东公司的函件往来证明，双方在前述期间就设计方案的修改进行了多次沟通，且无证据证明未在合同约定期限内交付设计成果系广东公司原因。同时，泰然公司已于 2014 年 1 月实际接收广东公司交付的设计成果并将之提交相关职能部门审批，该事实行为应视作泰然公司认可广东公司的交付行为并未违反双方约定，现泰然公司主张广东公司延迟交付行为构成违约的主张，不能成立。相反，泰然公司未按合同约定支付广东公司应获设计费，构成违约。

⚖ 法条指引

《中华人民共和国民法典》第八百零五条

因发包人变更计划，提供的资料不准确，或者未按照期限提供必需的勘察、设计工作条件而造成勘察、设计的返工、停工或者修改设计，发包人应当按照勘察人、设计人实际消耗的工作量增付费用。

⚖ 新旧对照

《中华人民共和国合同法》第二百八十五条

因发包人变更计划，提供的资料不准确，或者未按照期限提供必需的勘察、设计工作条件而造成勘察、设计的返工、停工或者修改设计，发包人应当按照勘察人、设计人实际消耗的工作量增付费用。

31.

承包人将建设工程转包的怎么办？

根据《建设工程质量管理条例》第78条第3款的规定，转包，是指承包单位承包建设工程后，不履行合同约定的责任和义务，将其承包的全部建设工程转给他人或者将其承包的全部建设工程支解以后以分包的名义分别转给其他单位承包的行为。民法典第791条第2款规定，承包人不得将其承包的全部建设工程转包给第三人或者将其承包的全部建设工程支解以后以分包的名义分别转包给第三人。

实践中需要区分内部承包与转包。内部承包与转包的区别在于企业是否实质地参与项目的管理，具有以下差别：（1）承包人的身份不同。转包承包人不是企业的员工，与企业之间没有劳动合同关系；而内部承包人必须是企业内部员工。（2）在内部承包下，承包人作为职工身份，只提供管理劳动，不需要为工程项目垫资；而转包的情形下，项目运作资金全部由承包人负责。（3）内部承包情况企业实质性地参与工程管理，并拥有对项目的最终控制权。（4）内部承包的承包人一般只承担部分或者全部项目的盈亏风险，对其他不可控的风险则由企业承担；而转包的项目风险责任全部由承包人承担，包括项目盈亏风险以及不可抗力和意外事件造成的项目运作风险。

在此还要区别"挂靠"和"转包"的区别。挂靠和转包在某些表现形式和要件上，存在高度相似或重合。但从性质上分析，挂靠本质上属于借名经营，而转包是合同权利义务的概括转移。实践中可从以下几个方面进行区分：（1）工程的来源及发生的时间不同。转包一般发生在转包人取得承包权之后，工程来源于转包人；而挂靠一般是在被挂靠人订立建设工程合同之前或者同时就形成借用资质的意思表示，工程来源于挂靠人。

（2）涉及的工程范围不同。转包既可以直接将工程进行整体转包，也可以将工程支解后以分包名义分别转包；而挂靠是挂靠人直接以被挂靠人的名义承包整体工程。（3）施工主体的名义不同。挂靠施工中，因为存在借名行为，在对外关系中表现为发包人和被挂靠人之间的关系；而在转包关系中，转承包人一般以自身名义进行活动。（4）对原施工合同效力的影响不同。一般而言，转包行为不影响发包人与承包人之间施工合同的效力问题；挂靠人借用施工企业资质与发包人签订的施工合同的行为，通常会导致施工合同被认定为无效。（5）对项目管理的风险控制力不同。在转承包关系当中，转包人系工程的来源方，对于工程项目整体情况较为了解，转包时对于承包人的选任有较大决定权，故对于工程项目后期的风险控制力较强；但在挂靠与被挂靠关系当中，由于工程来源系挂靠人，被挂靠方对于项目整体情况不一定十分了解，工程获取后直接由挂靠人独立操作，被挂靠方对于项目后期的风险控制力较弱。当然，前述只是针对一般情况而言，实践当中，具体情况可能或因不同个案而略有不同。

民法典第 806 条为新增条款，规定了发包人和承包人的法定解除权，分别取自于 2004 年最高人民法院发布的《建设工程施工解释》第 8 条四种情形中的第四项，第 9 条三种情形中的第二、三项，之所以减少了第 8 条中的前三种情形和第 9 条中的第一种情形，是因为前述这几种情形均可见于民法典合同编的通则部分，民法典第 563 条明确规定了合同可以解除的六种情形（因不可抗力致使不能实现合同目的；在履行期限届满前，当事人一方明确表示或者以自己的行为表明不履行主要债务；当事人一方迟延履行主要债务，经催告后在合理期限内仍未履行；当事人一方迟延履行债务或者有其他违约行为致使不能实现合同目的；法律规定的其他情形……），仅保留最能体现建设工程特征的适用情形，也是为了保证民法典的体系逻辑不出现矛盾。同理，民法典第 806 条之所以删除了 2004 年最高人民法院发布的《建设工程施工解释》第 10 条的最后一句，"因一方违约导致合同解除的，违约方应当赔偿因此而给对方造成的损失"，也是因为此条并非仅适用建设工程合同独有的规定，而是因为相关处理规则在民法典合同编的通则部分第 584 条（"当事人一方不履行合同义务或者履行合同义务不符合约定，造成对方损失的，损失赔偿额应当相当于因违约所造成的损失，包括合同履行后可以获得的利益；但是，不得超过违约一方订立合同时预见到或者应当预见到的因违约可能造成的损失。"）已经作出了规定。

建设工程转包不仅违反了法律的禁止性规定,影响了承包人与接受转包方的利益,也违反了发包人与承包人之间的合同,损害发包人利益,承包人对发包人构成违约。根据民法典第806条第1款规定:"承包人将建设工程转包、违法分包的,发包人可以解除合同。"合同因违约解除的,解除权人可以请求违约方承担违约责任,但是当事人另有约定的除外。

建设工程由于其特殊性,在合同解除后,已经完成的建设工程质量合格的,发包人应当按照约定支付相应的工程价款;已经完成的建设工程质量不合格的,包括经修复后可以达到质量合格以及经修复后仍不能达到质量合格两种情况,相应地参照民法典第793条的规定处理:(1)建设工程施工合同无效,但是建设工程经验收合格的,可以参照合同关于工程价款的约定折价补偿承包人;(2)建设工程施工合同无效,且建设工程经验收不合格的,按照以下情形处理:①修复后的建设工程经验收合格的,发包人可以请求承包人承担修复费用;②修复后的建设工程经验收不合格的,承包人无权请求参照合同关于工程价款的约定折价补偿。发包人对因建设工程不合格造成的损失有过错的,应当承担相应的责任。

189

⚖ 类案导读

> 案例1:青岛海容达实业有限公司(以下简称海容达公司)、平度市光华建筑工程有限公司(以下简称光华公司)建设工程施工合同纠纷案件,山东省青岛市中级人民法院(2017)鲁02民终2946号

◇ 法律适用导读

承包人将承包的建设工程转包,发包人请求解除建设工程施工合同的,应予支持。

◇ 本案争议裁判

二审法院认为:海容达公司与光华公司及柳某签订的《青岛市建设工程施工合同》是双方当事人真实意思表示,不违反法律强制性规定,合法

有效。光华公司主张海容达公司明知柳某借用光华公司资质签订合同，其未提交证据证明，对此不予支持。2004 年《建设工程施工解释》第 8 条规定："承包人具有下列情形之一，发包人请求解除建设工程施工合同的，应予支持：……（四）将承包的建设工程非法转包、违法分包的。"根据本案庭审查明的事实，合同签订后，光华公司又与柳某签订《项目工程承包合同》，将案涉工程实质上非法转包给柳某进行施工，因此，原审对双方签订的《青岛市建设工程施工合同》予以解除正确。

> 案例 2：吉林省永成建设工程有限公司与济宁仁基置业有限公司（以下简称仁基公司）、吉林省永成消防工程有限公司菏泽分公司（以下简称永成菏泽分公司）、山东佳禾消防工程有限公司建设工程合同纠纷案，山东省济宁市中级人民法院（2020）鲁 08 民终 4452 号

◇ 法律适用导读

承包人将建设工程转包构成违约，发包人行使合同解除权后，承包人应承担相应的违约责任。

◇ 本案争议裁判

一审法院认为：依法成立的合同，对双方当事人具有法律约束力，当事人应当按照合同的约定全面履行各自的义务。本案中，仁基公司与永成菏泽分公司签订《建设工程施工合同》，约定将济宁市运隆广场商业综合楼室内装饰及安装工程承包给永成菏泽分公司施工。该合同合法有效，双方均应当严格遵守。永成菏泽分公司将案涉工程全部转包，涉案工程一直未全部施工完毕，未竣工验收，且转包行为已被生效的法律文书确定无效。因此，永成菏泽分公司未按合同约定履行施工义务，构成违约。仁基公司以被告永成菏泽分公司未按约定施工、私自转包工程为由于 2016 年 9 月 29 日，向永成菏泽分公司下达《解除合同通知书》，永成菏泽分公司辩称没有收到该通知书，仁基公司也没有证据证明其收到了该通知书。但是，案涉工程仅施工了少部分，至今一直处于停工状态，合同的目的已无

法实现，且本案诉讼过程中，永成菏泽分公司也知悉了该通知书，但其并没有提出继续履行合同的意思表示，因此，双方签订的建设工程施工合同实际上已无法继续履行。对于给付仁基公司的违约金数额，本院于 2019 年 5 月 9 日作出（2018）鲁 0811 民初 9444 号民事判决，判决永成公司支付原告仁基公司违约金 70 万元，仁基公司、永成菏泽分公司并未提起上诉，应视为对该违约金数额的认可，故，参照当事人约定的履约保证金数额酌情确定违约金为 70 万元。仁基公司要求给付违约金数额过高的部分，本院不予支持。

二审法院认为：本案争议的焦点问题在于，吉林省永成建设工程有限公司应否在本案中承担补充给付责任。经审查，对于涉案合同的签订及约定的各自的权利义务，双方当事人均没有异议，本案予以确认。仁基公司与永成菏泽分公司在双方签订的《建设工程施工合同》中约定涉案工程不准转包和分包，已生效的（2017）鲁 0811 民初 571 号民事判决认定永成菏泽分公司将其承包仁基公司的工程全部交由佳禾公司完成，构成非法转包。原审法院认定永成菏泽分公司将案涉工程全部转包，涉案工程一直未全部施工完毕，未竣工验收，永成菏泽分公司未按合同约定履行施工义务，构成违约，该认定事实清楚，证据充分。依据查明的事实，双方签订的建设工程施工合同已无法继续履行，永成菏泽分公司应向仁基公司支付合同违约金。双方在合同中约定，因承包人原因造成工期延误，逾期竣工违约金的计算方法为：每延误一天，由承包人向发包人按合同价款的千分之二/天支付违约金；因承包人原因造成工期延误，逾期竣工违约金的上限：总额不超过合同价款的 20%。在本案中，由于永成菏泽分公司的转包行为，致案涉工程未施工完毕且未竣工验收，永成菏泽分公司应承担违约责任，原审法院参照当事人约定的履约保证金数额酌情确定违约金为 70 万元并无不当。

⚖ 法条指引

《中华人民共和国民法典》第八百零六条第一款

承包人将建设工程转包、违法分包的，发包人可以解除合同。

⚖ 新旧对照

2004 年《最高人民法院关于审理建设工程施工合同纠纷案件适用法律

问题的解释》第八条

承包人具有下列情形之一，发包人请求解除建设工程施工合同的，应予支持：……（四）将承包的建设工程非法转包、违法分包的。

2004 年《最高人民法院关于审理建设工程施工合同纠纷案件适用法律问题的解释》第十条

建设工程施工合同解除后，已经完成的建设工程质量合格的，发包人应当按照约定支付相应的工程价款；已经完成的建设工程质量不合格的，参照本解释第三条规定处理。

因一方违约导致合同解除的，违约方应当赔偿因此而给对方造成的损失。

32.

承包人将建设工程违法分包的怎么办？

根据《建设工程质量管理条例》第78条第2款的规定，违法分包是指下列行为：（1）总承包企业将建设工程分包给不具备相应资质条件的单位的；（2）建设工程总承包合同中未有约定，又未经建设单位认可，承包单位将其承包的部分建设工程交由其他单位完成的；（3）施工总承包单位将建设工程主体结构的施工分包给其他单位的；（4）分包单位将其承包的建设工程再分包的。

承包人在将工程分包时，应当审查分包人是否具备承包该部分工程建设的资质条件。承包人将工程分包给不具备相应资质条件的分包人，该分包合同无效。为避免因层层分包造成责任不清以及因中间环节过多造成实际用于工程费用减少的问题，根据上述规定，分包人不得将其承包的工程再分包，即对工程建设项目只能实行一次分包。实行施工承包的，建设工程的主体结构必须由承包人自行完成，不得分包，即承包人承包工程全部施工任务的，该工程的主体结构必须由承包人自行完成，即使经发包人同意，也不得将主体工程的施工再分包给第三人，承包人违反上述规定，将工程主体部分的施工任务分包给第三人的，该分包合同无效。

根据民法典第806条第1款规定，承包人将建设工程转包、违法分包的，发包人可以解除合同。合同因违约解除的，解除权人可以请求违约方承担违约责任，但是当事人另有约定的除外。建设工程由于其特殊性，在合同解除后，已经完成的建设工程质量合格的，发包人应当按照约定支付相应的工程价款；已经完成的建设工程质量不合格的，包括经修复后可以达到质量合格标准以及经修复后仍不能达到质量合格标准两种情况，相应地参照民法典第793条的规定处理：（1）建设工程施工合同无效，但是建设工程经验收合格的，可以参照合同关于工程价款的约定折价补偿承包人。（2）建设工程施工合同无效，且建设工程经验收不合格的，按照以下情形处理：①修复后的建设工程经验收合格的，发包人可以请求承包人承担修复费用；②修复后的建设工程经验收不合格的，承包人无权请求参照合同关于工程价款的约定折价补偿。发包人对因建设工程不合格造成的损失有过错的，应当承担相应的责任。

类案导读

案例1：格尔木寰琨新能源技术开发有限责任公司（以下简称寰琨公司）与重庆天字实业集团有限公司（以下简称天字公司）建设工程施工合同纠纷案件，最高人民法院（2015）民一终字第129号

法律适用导读

承包人将建设工程违法分包的，发包人可以解除合同；因承包人造成工程严重质量问题，其要求支付工程价款的请求法院不予支持。

本案争议裁判

一审法院认为：2011年12月25日，寰琨公司与天字公司签订的协议书系双方当事人真实意思表示，合法有效。该合同专用条款第38.1条虽约定了"本工程发包人同意承包人分包的工程：劳务与专项工程，如发生按违约追究承包人的责任"。但同时第40.3条还约定：发生本通用条款第38.2款禁止的情况，承包人将其承包的全部工程转包给他人或者支解以后以分包的名义分别转包给他人，发包人有权解除合同。2012年4月10日，天字公司西宁分公司与何国洪签订《格尔木寰琨新能源技术开发工程劳务分包合同》。劳务分包是指施工总承包企业或者专业承包企业即劳务作业发包人将其承包工程中的劳务作业发包给具有相应资质的劳务承包企业即劳务作业承包人完成的活动。建设部《建筑业企业资质管理规定》明确规定，承接劳务分包的企业，必须获得相应劳务分包资质。因此，对于工程劳务分包而言，其首要要求就是劳务分包人只能是具备承揽相应劳务作业

资质的劳务分包企业，而不允许个人承揽劳务作业。本案中，劳务分包人何某洪为无资质的自然人，不能承揽劳务作业。其与天字公司签订的合同为无效合同。天字公司将劳务分包给无资质的自然人，违反法律规定和合同约定。且现实中双方也无实际履行的可能。故根据《中华人民共和国合同法》第93条第2款的规定，寰琨公司主张解除协议书，应予支持。

寰琨公司与天字公司在平等、自愿、协商一致的基础上签订了协议书，系当事人双方真实意思表示，未违反法律、行政法规强制性规定，合同合法有效，双方均应依照合同约定履行各自的义务。合同签订后，天字公司对案涉工程进行了施工，由于垫资及工程款支付等问题，案涉工程未按约定完成。寰琨公司主张违约金及损失的诉求缺乏事实依据，不予支持。天字公司主张工程款及违约金的诉求不符合法律规定的条件，应予驳回。

最高人民法院认为：根据甘肃省建筑科学研究院作出的《鉴定报告》以及案涉工程设计单位青海省化工设计研究院作出的《关于在建甲醇汽（柴）油项目工程已完工程中存在质量问题的整改意见》，天字公司已施工部分，存在着办公楼、宿舍楼地基基础工程质量均不满足设计要求、厂区道路工程质量不满足设计要求、厂区围墙工程质量不满足设计要求等较为严重的质量问题。由于案涉工程尚未施工完毕，寰琨公司即以质量不合格和天字公司违法分包解除了案涉合同，案涉工程尚未完成且存在较为严重的质量问题，因此，一审法院根据《建筑工程施工解释》第3条、第12条的规定，驳回天字公司主张给付工程款的请求，并无不当。

另外，由于案涉工程质量问题是不支持天字公司给付工程款请求的原因。在本案审理过程中，案涉工程是否可能因工程质量无法修复应被拆除、是否能够被修复以满足竣工验收合格的要求等问题都未有最终结论。双方当事人可待上述问题最终确定后，另循诉讼或者其他途径解决天字公司已施工部分的工程款应否给付以及数额多少的问题。就本案诉讼过程中已经确定的事实而言，一审判决适用法律正确，本院予以维持。

案例2：淮安龙华房地产开发有限公司（以下简称龙华公司）与江苏国淮建设工程有限公司（以下简称国淮公司）建筑工程施工合同纠纷案件，江苏省淮安市中级人民法院（2014）淮中民终字第1468号

◇ 法律适用导读

建设工程合同明确约定承包人禁止非法分包后，将工程交由第三人施工的，发包人可以解除合同。

◇ 本案争议裁判

原审法院认为：根据 2004 年《建设工程施工解释》第 8 条的规定：承包人具有下列情形之一，发包人请求解除建设工程施工合同的，应予支持：（一）明确表示或者以行为表明不履行合同主要义务的；（二）合同约定的期限内没有完工，且在发包人催告的合理期限内仍未完工的；（三）已经完成的建设工程质量不合格，并拒绝修复的；（四）将承包的建设工程非法转包、违法分包的。本案原、被告签订的施工合同中亦约定被告不能履行工程承包合同时，原告有权终止合同，工程严禁非法分包或非法转包，被告不得将其承担的全部或部分工程分包给他人，也不得将其承包的工程支解以后以分包的名义分别分包给他人，否则原告有权采取勒令停工、驱逐出现场或解除合同等行为。被告将欧洲城 27 号、32 号楼工程交由赵某成施工，违反了双方合同的约定，现原告根据我国相关法律解释以及与被告签订的建设工程施工合同的约定，要求解除双方所签的《建设工程施工合同》及《补充协议》，原审法院应予准许。

二审法院认为：双方之间的工程施工合同约定"八……本工程严禁非法分包或非法转包，被告不得将其承担的全部或部分工程分包给他人，也不得将其承包的工程支解以后以分包的名义分别分包给他人，否则原告有权采取勒令停工、驱逐出现场或解除合同等行为"。淮安经济技术开发区人民法院的生效判决已认定赵某成系涉案工程的实际施工人，即上诉人国淮公司违反合同约定将工程交由赵某成实际施工，故被上诉人龙华公司按照双方合同约定有权解除合同，原审判令解除双方之间的工程施工合同和补充协议并无不当，本院予以确认。关于双方之间的工程款结算、上诉人的退场事宜和是否构成违约及违约责任如何承担等问题，可另案诉讼解决，本案不予理涉。

> **案例3：** 贵州华隆煤业有限公司（以下简称华隆煤业公司）与六枝工矿（集团）六十五工程建设有限公司（以下简称六十五公司）建设工程合同纠纷案件，最高人民法院（2016）最高法民终361号

◇ 法律适用导读

发包人明知承包人存在违法分包、转包的情形而没有反对或者制止的，应承担支付工程价款的责任。

◇ 本案争议裁判

最高人民法院认为：首先，建设工程施工借用资质为法律、行政法规否定性评价。根据《中华人民共和国建筑法》第26条第2款规定，禁止建筑施工企业以任何形式允许其他单位或者个人使用本企业的资质证书、营业执照，以本企业的名义承揽工程。《建设工程质量管理条例》第25条第2款规定，禁止施工单位超越本单位资质等级许可的业务范围或者以其他施工单位的名义承揽工程。禁止施工单位允许其他单位或者个人以本单位的名义承揽工程。建筑工程施工企业出借资质中，一般存在两种情形，一是发包人不知有关单位或个人以其他有资质的施工单位的名义，参与投标、订立合同、办理有关施工手续、从事施工等活动；二是发包人明知、放任或者故意追求不具备资质的单位或者个人以具备资质的施工单位名义承揽工程行为。在后一种情形中，形式上存在两个法律关系，发包人与承包方之间的建设工程施工合同法律关系，该法律关系因双方虚假意思表示应为无效；承包方与实际施工人之间出借资质的法律关系，出借资质的承包方主要承担违反建筑法《建设工程质量管理条例》规定的行政责任和建筑法第66条规定的因承揽工程不符合规定的质量标准造成损失与使用其名义的单位或者个人承担连带赔偿责任的责任。出借资质的建设工程施工合同中，如果建设工程发包人对于建筑工程施工企业出借资质、由实际施工人予以施工事实明知，出借资质的建筑工程企业实际仅为名义上承包方，在该工程价款的结算中，应当由实际施工人直接向发包人主张工程价款，出借资质的建筑工程施工企业承担因其违反法律规定出借资质的法律责任。

197

就本案而言，首先，陈某等人系借用六十五公司资质，以六十五公司项目部的名义进行建设工程活动、是本案工程实际施工人，华隆煤业公司对此明知，并与陈某等人建立事实上的建设工程施工合同关系，应当承担支付工程价款的责任。六十五公司该项上诉主张成立，原判认定华隆煤业公司与六十五公司承担连带责任法律依据不足，本院予以纠正。

其次，案涉工程已经交付华隆煤业公司，尽管华隆煤业公司上诉主张诉争工程尚未经过竣工验收，但根据建筑法的规定，建筑工程竣工验收合格后，方可交付使用；未经验收或者验收不合格的，不得交付使用。2004年《建设工程施工解释》第13条规定，建设工程未经竣工验收，发包人擅自使用后，又以使用部分不符合质量约定为由主张权利的，不予支持。发包人华隆煤业公司违反法律规定擅自使用，可视为其对建筑工程质量认可或自愿承担质量责任，故华隆煤业公司该项上诉主张事实依据和法律依据不足，不予支持。

再次，关于案涉工程价款的结算依据。如前所述，华隆煤业公司与六十五公司签订的《建设工程施工合同》，其实质为陈某等人借用六十五公司资质签订，因违反法律、行政法规强制性规定而无效。陈某等人并不具备相应资质，其与六十五公司签订的《内部承包协议》亦属无效。合同法第269条规定，建设工程合同是承包人进行工程建设，发包人支付价款的合同。本案中，华隆煤业公司作为发包人，应当承担向陈某等四人支付工程价款的责任。华隆煤业公司上诉主张其已按照贵州仁信会计师事务所工程造价意见与六十五公司结算，不应承担支付工程款责任事实依据法律依据不足，本院不予支持。

根据2004年《建设工程施工解释》第2条规定，建设工程施工合同无效，但建设工程经竣工验收合格，承包人请求参照合同约定支付工程价款的，应予支持。本案当事人争议发生后，2012年12月17日，相关政府部门组织华隆煤业公司、新华煤矿分公司、六十五公司、陈某等人召开协调会并形成《会议纪要》。载明：陈某与郭某辉负责提供工程结算的相关材料，施工方所报结算资料从六十五公司报到新华分公司之日算起，新华分公司负责在10天内审核完成，施工方预算员全力配合（重复的工程量按规定予以核减）。审核过程遵守本会议确定的不否认施工合同、不否认签证单据、不否认已签审工程量审核表。结算结束后2天内结清款项，不得拖欠。由于华隆煤业公司并不认可陈某等人提交资料，当事人未能达成结算报告。案件一审审理期间,一审法院对外委托鉴定,贵州正业建设工程造价事务有限公司出具鉴定报告书,鉴定意见为:新华煤矿中央风井施工区井巷工程(建设单位、监理单位、施工单位三方签字认可的工程量审核表部分)工程造价为 2519.0684 万元。鉴定机构及鉴定人员具备资质及资格,鉴定程序合法,原判以此作为工程价款结算依据并无不当。

⚖ 法条指引

《中华人民共和国民法典》第八百零六条第一款

承包人将建设工程转包、违法分包的,发包人可以解除合同。

⚖ 新旧对照

2004 年《最高人民法院关于审理建设工程施工合同纠纷案件适用法律问题的解释》第八条

承包人具有下列情形之一,发包人请求解除建设工程施工合同的,应予支持:……(四)将承包的建设工程非法转包、违法分包的。

2004 年《最高人民法院关于审理建设工程施工合同纠纷案件适用法律问题的解释》第十条

建设工程施工合同解除后,已经完成的建设工程质量合格的,发包人应当按照约定支付相应的工程价款;已经完成的建设工程质量不合格的,参照本解释第三条规定处理。

因一方违约导致合同解除的,违约方应当赔偿因此而给对方造成的损失。

199

33.

发包人提供的主要建筑材料、建筑构配件和设备不符合强制性标准或者不履行协助义务的怎么办？

根据民法典第 806 条第 2 款的规定，发包人提供的主要建筑材料、建筑构配件和设备不符合强制性标准或者不履行协助义务，致使承包人无法施工，经催告后在合理期限内仍未履行相应义务的，承包人可以解除合同。

发包人提供的主要建筑材料、建筑构配件和设备不符合强制性标准时，承包人可取得法定解除权。承包人取得所有建设工程施工合同权利的基本条件是建设工程质量合格，这是建设工程的生命线。发包人提供的主要建筑材料、建筑构配件和设备不符合强制性标准，必然影响建设工程质量，危及公共安全，给生命和财产带来严重威胁。因此，民法典规定如有这种情形，承包人一经发现，应当立即制止发包人的行为，催告发包人在合理期限内改正，并视情况采取补救措施乃至停工，若发包人经催告后在合理期限内仍未提供符合强制性标准的主要建筑材料、建筑构配件或设备的，承包人取得法定解除权，有权请求解除建设工程施工合同。

建设工程施工合同履行过程中，发包人向承包人既要履行约定的协助义务，也要履行法定的协助义务，根据合同约定及建设工程施工本身的需要，承包人进行施工需要发包人的协助，如需要发包人办理临时停水、停电、爆破作业、临时占用规划批准范围以外的场地等的审批手续，需要发包人提供所需的相关资料、图纸等。如果发包人不履行协助义务，致使承包人无法施工，承包人有权催告发包人在合理期限内履行协助义务；经催告后在合理期限内仍未履行相应义务的，承包人取得法定解除权，有权解除建设工程施工合同。

承包人行使解除权时需要满足一定的前置条件：（1）发包人的行为需

达到一定的严重程度，即"致使承包人无法施工"；（2）承包人需履行催告义务；（3）承包人需给予发包人合理的整改期限。这三个条件缺一不可，必须同时具备，承包人方可解除合同。而对于发包人的解除权，并没有专门性规定这三个条件，只要承包人将建设工程转包、违法分包的，发包人即可解除合同。之所以如此规定，主要是结合建设工程进场施工的特点，通常情况下，承包人进场施工后，对于工期进度、工程质量等有着直接的掌控力，如果对其解除权的规定过于宽松，容易导致合同解除后不必要的工程停工、窝工损失，发承包双方权益保障处于失衡状态。

建设工程施工合同中，承包人的合同解除权分为约定解除权和法定解除权。约定解除权是基于建设工程施工合同当事人在合同中的约定或者事后的补充约定而产生的合同解除权，是当事人意定的产物；法定解除权是基于法律规定而产生的合同解除权，不能由当事人意定而由法律直接规定。除此之外，民法典在建设工程施工合同中还赋予了承包人其他的法定解除权。具体体现在民法典第563条和第806条的条文之中。

民法典第563条规定："有下列情形之一的，当事人可以解除合同：（一）因不可抗力致使不能实现合同目的；（二）在履行期限届满前，当事人一方明确表示或者以自己的行为表明不履行主要债务；（三）当事人一方迟延履行主要债务，经催告后在合理期限内仍未履行；（四）当事人一方迟延履行债务或者有其他违约行为致使不能实现合同目的；（五）法律规定的其他情形。以持续履行的债务为内容的不定期合同，当事人可以随时解除合同，但是应当在合理期限之前通知对方。"

民法典第806条第2款规定："发包人提供的主要建筑材料、建筑构配件和设备不符合强制性标准或者不履行协助义务，致使承包人无法施工，经催告后在合理期限内仍未履行相应义务的，承包人可以解除合同。"

综合以上两条规定，在民法典关于建设工程的相关规定中，有以下情形之一的，承包人取得法定解除权：（1）因不可抗力致使不能实现合同目的；（2）在履行期限届满前，当事人一方明确表示或者以自己的行为表明不履行主要债务；（3）当事人一方迟延履行主要债务，经催告后在合理期限内仍未履行；（4）当事人一方迟延履行债务或者有其他违约行为致使不能实现合同目的；（5）发包人提供的主要建筑材料、建筑构配件和设备不符合强制性标准，致使承包人无法施工，经催告后在合理期限内仍未履行相应义务；（6）发包人不履行协助义务，致使承包人无法施工，经催告后在合理期限内仍未履行相应义务；（7）法律规定的其他情形。

从以上规定可以看出，虽然民法典没有明确规定在"发包人未按约定支付工程款"的情形下承包人取得法定解除权，但是承包人仍可依据民法典第563条第（三）项规定取得解除合同的权利。即在发包人欠付工程款的情形下，承包人仍享有对建设工程施工合同的法定解除权。承包人可以催告发包人在合理期限内付款，经催告后发包人仍未支付的，承包人有权解除建设工程施工合同，并向人民法院请求其承建工程的价款就工程折价或者拍卖的价款优先受偿；承包人也可以不解除合同，仅就发包人欠付的工程款向人民法院请求就工程折价或者拍卖的价款优先受偿。若"建设工程的性质不宜折价、拍卖"的，承包人有权解除建设工程施工合同，要求发包人支付工程款，但不能对已完工程行使优先受偿权。

需注意在法律没有规定或当事人没有约定的情况下，法定解除权的除斥期间为一年。民法典第806条规定了建设工程合同的法定解除权，但是也应同时适用民法典合同编之通则第564条中关于法定解除权的除斥期间规定，即"自解除权人知道或者应当知道解除事由之日起一年内不行使，或者经对方催告后在合理期限内不行使的，该权利消灭"。因此，建设工程合同当事人出现争议时要避免在权利主张上丧失时效。

根据《最高人民法院关于审理建设工程施工合同纠纷案件适用法律问题的解释（一）》第13条的规定，发包人具有下列情形之一，造成建设工程质量缺陷，应当承担过错责任：（1）提供的设计有缺陷；（2）提供或者指定购买的建筑材料、建筑构配件、设备不符合强制性标准；（3）直接指定分包人分包专业工程。承包人有过错的，也应当承担相应的过错责任。

类案导读

案例1：苏某与哈尔滨鸿福林劳务服务有限公司（以下简称鸿福林公司）、江苏三兴建工集团有限公司（以下简称江苏三兴公司）、黑龙江嘉兴房地产开发有限公司建设工程施工合同纠纷案件，黑龙江省哈尔滨市中级人民法院（2017）黑01民终245号

33. 发包人提供的主要建筑材料、建筑构配件和设备不符合
强制性标准或者不履行协助义务的怎么办？

◇ 法律适用导读

发包人提供的主要建筑材料、建筑构配件和设备不符合强制性标准，致使承包人无法施工，且在经催告的合理期限内仍未履行相应义务，承包人请求解除建设工程施工合同的，应予支持。

◇ 本案争议裁判

二审法院审理认为：依据2004年《建设工程施工解释》第9条规定，发包人具有未按约定支付工程价款以及提供的主要建筑材料、建筑构配件和设备不符合强制性标准等不履行合同约定的协助义务的，致使承包人无法施工，且在催告的合理期限内仍未履行相应义务，承包人请求解除建设工程施工合同的，应予支持，现鸿福林公司已经撤出施工现场，双方无法再继续履行协议，客观上双方的施工协议实际已经解除。鸿福林公司在一审提起诉讼时请求解除其与江苏三兴公司签订的《建筑工程施工协议书》，并给付其工程人工费，一审按照双方解除施工协议的法律后果判决江苏三兴公司给付鸿福林公司人工费，对解除协议未作出判决不当，本院予以补充纠正。双方签订的《建筑工程施工协议书》解除后，江苏三兴公司应当给付鸿福林公司已经发生的人工费用。

关于一审判决江苏三兴公司给付鸿福林公司工程人工费是否得当问题。依据鉴定意见，确定鸿福林公司已完成案涉工程人工费为24414248.64元，鸿福林公司认可已收到人工费17624300元，一审法院据此判决江苏三兴公司支付鸿福林公司剩余人工费用。苏某主张已足额给付鸿福林公司案涉工程款，而本案鸿福林公司主张的仅是案涉工程的人工费，对于其他费用双方可在另案诉讼中解决。故苏某的该项主张证据不足，本院不予支持。

案例2：常熟市国发建设工程有限公司与江苏沙家浜置业有限公司建设工程施工合同纠纷案件，江苏省常熟市人民法院（2016）苏0581民初3914号

◇ 法律适用导读

发包人不履行合同约定的协助义务，致使承包人无法施工，且在催告的合理期限内仍未履行相应义务，承包人请求解除建设工程施工合同的，应予支持。

◇ 本案争议裁判

法院审理认为：原被告双方签订的建设工程施工合同，系双方真实意思表示，亦不违反相关法律规定，对其合同效力本院予以认定，双方均应按照合同约定履行各自的义务。首先，原被告双方对涉案工程的竣工日期进行多次变更，在 2015 年 11 月 18 日协议约定恢复施工后，原告安排人员及机械进场，进行了地下室坡道的前期施工。按照双方合同约定，门窗、消防、暖通由发包人直接指定分包，鉴定部门现场勘查是门窗工程仅完成 30% 左右，双方约定复工后，但建设单位人员、监理单位人员未到位，被告直接发包相关配套工程亦无相关跟进。被告方直接施工的大地库下总配电间设备未安装，采光井、阳光棚施工队未进场制作施工，市政工程路面标高亦未确定，导致原告的扫尾工程无法继续进行，工程无法竣工。根据 2004 年《建设工程施工解释》第 9 条规定，发包人不履行合同约定的协助义务，致使承包人无法施工，且在催告的合理期限内仍未履行相应义务，承包人请求解除建设工程施工合同的，应予支持。

> 案例 3：四川省军健装饰工程有限公司（以下简称军健公司）与成都西部大学生科技创业园有限公司（以下简称大创园公司）建设工程施工合同纠纷再审案件，四川省高级人民法院（2017）川民申 1565 号

◇ 法律适用导读

发包人提供或者指定购买的建筑材料、建筑构配件、设备不符合强制性标准，造成建设工程质量缺陷，应当承担过错责任。

33. 发包人提供的主要建筑材料、建筑构配件和设备不符合
强制性标准或者不履行协助义务的怎么办?

◇ 本案争议裁判

再审法院认为:关于窗户质量不合格的原因。《中华人民共和国建筑法》第 58 条第 1 款"建筑施工企业对工程的施工质量负责"和《建设工程施工解释》第 12 条第 1 款"发包人具有下列情形之一,造成建设工程质量缺陷,应当承担过错责任:(一)提供的设计有缺陷;(二)提供或者指定购买的建筑材料、建筑构配件、设备不符合强制性标准;(三)"直接指定分包人分包专业工程"的规定是明确建筑工程质量承担主体的主要依据。四川省建筑工程质量检测中心的鉴定意见虽然表明设计资料未明确铝合金竖窗框与横窗框的安装间隙量的控制指标,没有进行孔隙密封处理的具体要求,但有没有规定指标取决于一般情况下设计资料对于空隙控制指标是否需要规定。在本案中,诉争工程是否需要明确缝隙间隙指标,有无特殊要求需要设计资料对该指标进行约定,均应当由军健公司承担举证责任。在军健公司没有证据予以证明的情形下,如无特殊要求设计资料不会对其中缝隙进行具体要求,窗户安装设计由承包人军健公司进行具体施工,其作为具有相应施工资质的建筑企业,施工工艺应当符合一般技术规程要求,即使没有相应的国家标准或地方、行业标准,承包人亦应当按照一般要求进行施工,保障该建设工程符合最低使用要求即符合水密性能要求,在合理的范围内能正常使用,在门窗正常关闭后,具备阻挡风雨、阻止雨水渗透的能力。出现渗水事实本身是对其施工工艺的否定,而且鉴定意见虽然指出了缝隙指标没有明确,但并未将设计缺陷作为质量原因,由此可见,以现有证据认定设计存在缺陷致工程存在质量问题,证据不足。

同时,鉴定意见表明的另一个造成质量问题的原因在于密封胶与基材不相容。虽然关于材料选定双方当事人各执一词,军健公司主张其选用的密封胶系大创园公司指定或者双方均认可,而大创园公司则主张密封胶系军健公司自行选定,但现有证据足以证明涉争工程的密封胶并非大创园公司指定购买或者提供,故不能认定发包人大创园公司应该就材质选定承担责任。综上所述,原审法院认定涉争工程的质量责任应当由军健公司承担,并无不当。

⚖ 法条指引

《中华人民共和国民法典》第八百零六条第二款

发包人提供的主要建筑材料、建筑构配件和设备不符合强制性标准或者不履行协助义务，致使承包人无法施工，经催告后在合理期限内仍未履行相应义务的，承包人可以解除合同。

⚖ 新旧对照

2004 年《最高人民法院关于审理建设工程施工合同纠纷案件适用法律问题的解释》第九条

发包人具有下列情形之一，致使承包人无法施工，且在催告的合理期限内仍未履行相应义务，承包人请求解除建设工程施工合同的，应予支持：……（二）提供的主要建筑材料、建筑构配件和设备不符合强制性标准的；（三）不履行合同约定的协助义务的。

2004 年《最高人民法院关于审理建设工程施工合同纠纷案件适用法律问题的解释》第十条

建设工程施工合同解除后，已经完成的建设工程质量合格的，发包人应当按照约定支付相应的工程价款；已经完成的建设工程质量不合格的，参照本解释第三条规定处理。

因一方违约导致合同解除的，违约方应当赔偿因此而给对方造成的损失。

34.

建设工程施工合同解除后，相关工程款的支付和赔偿怎么办？

根据民法典第 806 条第 3 款的规定，建设工程施工合同解除后，已经完成的建设工程质量合格的，发包人应当按照约定支付相应的工程价款；已经完成的建设工程质量不合格的，参照民法典第 793 条的规定处理：（1）修复后的建设工程经验收合格的，发包人可以请求承包人承担修复费用；（2）修复后的建设工程经验收不合格的，承包人无权请求参照合同关于工程价款的约定折价补偿。发包人对因建设工程不合格造成的损失有过错的，应当承担相应的责任。

实践中，在工程没有全部完工的情况下，有两种不同的方式来确认工程款：（1）根据实际完成的工程量，参照签订建设工程施工合同时当地建设行政主管部门发布的计价方法或者计价标准核定工程价款，并参照合同约定最终确定；此时，对工程造价鉴定不涉及甩项部分，只须鉴定其完工部分即可。（2）确定所完工程的工程量占全部工程量的比例，按所完工程量的比例乘以合同约定的固定价款得出工程价款。此时，对工程造价鉴定涉及甩项部分，即对涉案工程总造价进行鉴定。第一种方法较为经济，也是较为常用的一种方法，一般用于工程没有总体竣工验收；第二种方法鉴定费用较高，一般用于工程竣工验收合格。上述两种方式均具有一定的合理性，应尽量寻求双方当事人意见的一致，如无法取得一致时由人民法院酌情确定。

根据《最高人民法院关于审理建设工程施工合同纠纷案件适用法律问题的解释（一）》第 19 条、第 20 条的规定，当事人对建设工程的计价标准或者计价方法有约定的，按照约定结算工程价款。因设计变更导致建设工程的工程量或者质量标准发生变化，当事人对该部分工程价款不能协商一致的，可以参照签订建设工程施工合同时当地建设行政主管部门发布的计价方法或者计价标准结算工程价款。建设工程施工合同有效，但建设工程经竣工验收不合格的，依照民法典第 577 条规定处理。当事人对工程量有争议的，按照施工过程中形成的签证等书面文件确认。承包人能够证明发包人同意其施工，但未能提供签证文件证明工程量发生的，可以按照当事人提供的其他证据确认实际发生的工程量。

类案导读

案例 1：青海方升建筑安装工程有限责任公司（以下简称方升公司）与青海隆豪置业有限公司（以下简称隆豪公司）建设工程施工合同纠纷案件，最高人民法院（2014）民一终字第 69 号

208

法律适用导读

对于约定了固定价款的建设工程施工合同，双方未能如约履行，致使合同解除的，在确定争议合同的工程价款时，既不能简单地依据政府部门发布的定额计算工程价款，也不宜直接以合同约定的总价与全部工程预算总价的比值作为下浮比例，再以该比例乘以已完工程预算价格的方式计算工程价款，而应当综合考虑案件实际履行情况，并特别注重双方当事人的过错和司法判决的价值取向等因素来确定。

本案争议裁判

最高人民法院二审认为：本案中，方升公司作为承包人，完成基础、主体施工后，隆豪公司单方解除合同。一审法院采取鉴定机构将合同价与预算价相比，下浮计算出方升公司按合同约定已完成的工程价款的计价方式。

方升公司一次性包死的承包单价是针对整个工程作出的，如果方升公司单独承包土建工程，其报价一般要高于整体报价中所包含的土建报价。作为发包人的隆豪公司单方违约解除了合同，如果仍以合同约定的固定单价作为已完工程价款的计价单价，则对方升公司明显不公平。另外，政府

部门发布的定额属于政府指导价，依据政府部门发布的定额计算已完工程价款亦符合合同法第62条第（二）项"价款或者报酬不明确的，按照订立合同时履行地的市场价格履行；依法应当执行政府定价或者政府指导价的，按照规定履行"以及民法通则第88条第2款第（四）项"价格约定不明确的，按照国家规定的价格履行；没有国家规定价格的，参照市场价格或者同类物品的价格或者同类劳务的报酬标准履行"等相关规定，审理此类案件，除应当综合考虑案件实际履行情况外，还特别应当注重双方当事人的过错和司法判决的价值取向等因素，以此确定已完工程的价款。一审判决没有分清哪一方违约，仅仅依据合同与预算相比下浮76.6%确定本案工程价款，然而，该比例既非定额规定的比例，也不是当事人约定的比例，一审判决以此种方法确定工程价款不当，应予纠正；方升公司提出的以政府部门发布的预算定额价结算本案已完工工程价款的上诉理由成立，应予支持。

> 案例2：唐山采宏房地产开发有限公司（以下简称采宏公司）与北京市第二建筑工程有限责任公司（以下简称北京二建）建设工程施工合同纠纷案件，最高人民法院（2015）民一终字第8号

◇ 法律适用导读

一方当事人以对方行使解除合同权并未履行通知义务，而主张法院无权判决解除合同的，无法律依据，法院不予支持。

◇ 本案争议裁判

最高人民法院审理认为：在建设工程施工合同中，发包人按约定及时支付工程款是其最基本的义务，也是合同得以继续履行的前提和基础。从双方往来函件看，北京二建已多次要求采宏公司按约支付工程款，但至本案成讼前，采宏公司仍未按约定支付相应款项，构成违约。从本案现实情况看，双方在工程产值和工程款支付上均存在争议，已失去信任基础，原判决综合考虑案件实际情况，根据合同性质和当事人请求解除合同并无不当。采宏公司关于其不存在违约行为、法院无权判决解除合同的主张，无

法律和事实依据，本院不予支持。

关于北京二建的停工损失应否由采宏公司承担以及数额是否正确的问题。如上所述，采宏公司未按照合同约定支付相应的工程进度款，已构成违约，根据《中华人民共和国合同法》第107条规定，当事人一方不履行合同义务或者履行合同义务不符合约定的，应当承担继续履行、采取补救措施或者赔偿损失等违约责任。北京二建请求采宏公司赔偿因迟延付款给其造成的停工损失，有法律依据。

关于北京二建是否就案涉工程享有工程价款优先受偿权的问题。本院认为，本案施工合同有效，工程价款的优先受偿权系承包人享有的法定权利，承包人就未付建设工程价款享有工程价款优先受偿权，与发包人是否违约以及工程是否已经竣工无关。原判决在确认采宏公司欠付北京二建工程款的基础上，认定北京二建对案涉工程享有工程价款优先受偿权符合法律规定，应予维持。

> 案例3：沙伯基础创新塑料（中国）有限公司（以下简称沙伯公司）与福建省土木建设实业有限公司深圳分公司（以下简称土木公司深圳分公司）、福建省土木建设实业有限公司（以下简称土木公司）侵权责任纠纷审判监督案件，最高人民法院（2016）最高法民再53号

◇ **法律适用导读**

大型建设工程中通常存在发包人与总承包人之间的总包合同法律关系，总承包人与分包人的分包合同法律关系。在总包合同依法解除的情况下，分包合同是否应同步解除？分包人是否有权继续占据施工场地？

◇ **本案争议裁判**

最高人民法院审理认为：关于土木公司及其深圳分公司不撤离施工现场是否有合法依据。

1. 根据查明的事实，沙伯公司与三星公司签订总包合同，约定沙伯公司将其扩建工程项目发包给拥有承包工程资质的三星公司设计、实施、完

成和检验。三星公司将其中的土建工程分包给具有相应资质的土木公司及其深圳分公司施工。土木公司深圳分公司在施工过程中与三星公司产生纠纷，双方在沙伯公司的见证下，于2004年12月31日签订了《和解协议》，约定在土木公司复工后的161天内全部完成土建工程，即本案中所谓的分包合同。由于未如期完工，沙伯公司通知三星公司解除总包合同，并要求土木公司深圳分公司撤离施工场地。而土木公司及其深圳分公司认为，其与三星公司之间签订的分包合同并未解除，其继续占有施工场地有合法依据，因此发生本案争议。

2. 本案中，沙伯公司与三星公司之间的总包合同是双方当事人之间的真实意思表示，且不违反我国法律、行政法规的规定，应为有效。2005年12月16日，沙伯公司以三星公司未能按期完工为由，通知三星公司解除总包合同，并告知该解除合同通知于2005年12月31日生效。三星公司书面确认同意解除总包合同。因此，应当认定总包合同由沙伯公司与三星公司于2005年12月31日协议解除。

3. 三星公司与土木公司及其深圳分公司之间的分包合同亦为当事人之间的真实意思表示，且不违反我国法律、行政法规的规定，应认定为有效。该分包合同虽然独立于上述总包合同，但总包合同是签订、履行分包合同的前提和基础。沙伯公司与三星公司之间的总包合同解除后，三星公司即丧失了总承包人的法律地位，三星公司与土木公司及其深圳分公司之间的分包合同即失去了继续履行的必要性和可能性，使分包合同陷于履行不能。在此情形下，分包合同应予解除。即使三星公司可能因此向土木公司及其深圳分公司承担相应的违约责任，但也不能作为阻却分包合同解除的事由。总包合同解除必然导致分包合同解除。事实上，三星公司于2005年12月19日致函土木公司深圳分公司，告知其沙伯公司与三星公司之间的总包合同将于2005年12月31日解除，相应地，三星公司与土木公司及其深圳分公司之间的分包合同将于14日后解除，土木公司及其深圳分公司必须立即退出项目场地并移交项目文件。此外，《中华人民共和国合同法》第268条规定："定作人可以随时解除承揽合同，造成承揽人损失的，应当赔偿损失。"三星公司也可以根据该规定随时解除与土木公司及其深圳分公司之间的分包合同。分包合同解除后，土木公司及其深圳分公司即无权继续占有施工场地。

4. 《中华人民共和国物权法》第34条规定："无权占有不动产或者动

211

产的，权利人可以请求返还原物。"在施工场地的土地使用权人沙伯公司通知土木公司及其深圳分公司撤场后，土木公司及其深圳分公司即应当根据沙伯公司的要求按期撤场，否则，构成侵害沙伯公司土地使用权的行为，沙伯公司有权要求其撤离场地。

关于土木公司及其深圳分公司应撤场的时间问题。

1. 本案所涉分包合同因总包合同解除而告解除，因此分包合同解除的时间应与总包合同解除的时间同步，即沙伯公司与三星公司一致认可的2005年12月31日。一、二审法院以总包合同与分包合同各自独立，总包合同解除并不必然导致分包合同解除为由，认定分包合同自广东省高级人民法院于2011年12月20日作出（2011）粤高法民一终字第1号民事判决之日方告解除，是错误的，应予纠正。因沙伯公司作为施工场地的土地使用权人，于2005年12月31日发函通知土木公司及其深圳分公司应于2006年1月15日前撤场，则土木公司及其深圳分公司最后的撤场时间应为2006年1月15日。

2. 土木公司及其深圳分公司撤场是其与三星公司之间的分包合同解除的必然法律后果，至于双方因分包合同解除而产生的债权债务关系，双方可另寻法律途径解决。即使三星公司应就分包合同解除向土木公司及其深圳分公司承担损失赔偿责任，土木公司及其深圳分公司对三星公司享有的该债权也不能对抗沙伯公司就施工场地享有的物权。因此，土木公司及其深圳分公司以三星公司严重违约给其造成巨大损失，出于保护施工现场及未经验收在建工程为由，主张其在与三星公司就分包合同解除、退场赔偿事宜达成协议前有权拒绝退场，不能得到支持。

3. 《中华人民共和国合同法》第286条规定："发包人未按照约定支付价款的，承包人可以催告发包人在合理期限内支付价款。发包人逾期不支付的，除按照建设工程的性质不宜折价、拍卖的以外，承包人可以与发包人协议将该工程折价，也可以申请人民法院将该工程依法拍卖。建设工程的价款就该工程折价或者拍卖的价款优先受偿。"根据该规定，即使三星公司欠付工程价款，土木公司及其深圳分公司也只是就建设工程的价款对工程折价或者拍卖所得价款享有优先受偿权，而不能占有施工场地。

4. 此外，《中华人民共和国合同法》第264条规定："定作人未向承揽人支付报酬或者材料费等价款的，承揽人对完成的工作成果享有留置权，但当事人另有约定的除外。"根据该规定，即使土木公司及其深圳分公司主张行使留置权，但因留置的对象应当是动产，而不能是不动产，亦不能得到支持。

5.《中华人民共和国合同法》第73条第1款规定："因债务人怠于行使其到期债权，对债权人造成损害的，债权人可以向人民法院请求以自己的名义代位行使债务人的债权，但该债权专属于债务人自身的除外。"根据该规定，土木公司及其深圳分公司以三星公司怠于向沙伯公司行使债权为由向沙伯公司主张行使代位权，明显不具备适用条件。即使满足条件，代位权的行使也不能通过占有施工场地的方式实现，理由同上，不再赘述。因此，土木公司及其深圳分公司关于其有权通过占有施工场地的方式向沙伯公司行使代位权的主张，缺乏事实和法律依据，亦不能得到支持。

可见，土木公司及其深圳分公司无论从哪个立场出发，均无权继续占有本案所涉施工场地。沙伯公司要求土木公司及其深圳分公司于2006年1月15日前撤离施工场地的诉讼请求，应当得到支持。

⚖ 法条指引

《中华人民共和国民法典》第八百零六条第三款

合同解除后，已经完成的建设工程质量合格的，发包人应当按照约定支付相应的工程价款；已经完成的建设工程质量不合格的，参照本法第七百九十三条的规定处理。

⚖ 新旧对照

2004年《最高人民法院关于审理建设工程施工合同纠纷案件适用法律问题的解释》第十条

建设工程施工合同解除后，已经完成的建设工程质量合格的，发包人应当按照约定支付相应的工程价款；已经完成的建设工程质量不合格的，参照本解释第三条规定处理。

因一方违约导致合同解除的，违约方应当赔偿因此而给对方造成的损失。

35.

发包人未按照约定支付工程款，经承包人催告后在合理期限内发包人仍不支付工程款的怎么办？

为了确实解决拖欠工程款的问题，保障承包人价款债权的实现，根据民法典第807条的规定，发包人未按照约定支付价款的，承包人可以催告发包人在合理期限内支付价款。发包人逾期不支付的，除根据建设工程的性质不宜折价、拍卖外，承包人可以与发包人协议将该工程折价，也可以请求人民法院将该工程依法拍卖。建设工程的价款就该工程折价或者拍卖的价款优先受偿。

承包人按照本条规定行使优先受偿权，应当注意以下几个要点：

（1）工程欠款应当达到支付条件。本条适用的前提是，按照合同约定已经达到付款条件。如果出现建设工程质量不合格或者其他承包人违约的情形，发包人依法主张抗辩不进行付款，或者有其他未达到合同约定的付款条件的情况的，则发包人本身既无立即付款的义务，更不可能有优先受偿权的存在空间。

（2）发包人不支付价款的，承包人不能立即将该工程折价、拍卖，而应当催告发包人在合理期限内支付价款。如果在该期限内，发包人已经支付了价款，承包人只能要求发包人承担支付约定的违约金或者支付逾期的利息、赔偿其他损失等违约责任。如果在催告后的合理期限内，发包人仍不能支付价款的，承包人才能将该工程折价或者拍卖以优先受偿。

（3）承包人对工程依法折价或者拍卖的，应当遵循一定的程序。承包人对工程折价的，应当与发包人达成协议，参照市场价格确定一定的价款把该工程的所有权由发包人转移给承包人，从而使承包人的价款债权得以实现。承包人因与发包人达不成折价协议而采取拍卖方式的，应当请求人民法院依法将该工程予以拍卖。承包人不得委托拍卖公司或者自行将建设工程予以拍卖。

（4）建设工程折价或者拍卖后所得的价款如果超出发包人应付的价款数额的，该超过的部分应当归发包人所有；如果折价或者拍卖所得的价款还不足以清偿承包人的价款债权的，承包人可以请求发包人支付不足部分价款。在确定优先受偿时，应注意区分建设工程处置的价款与建设用地使用权处置的价款。

（5）根据本条规定，按照工程的性质不宜折价、拍卖的，承包人不能将该工程折价或者拍卖，如国家重点工程、具有特定用途的工程等不宜折价或者拍卖，应当拆除的违章建筑无法折价或者拍卖。

需要注意的是，建设工程价款优先受偿权不是留置权，即使发包人欠付工程款，承包人也只是就建设工程的价款对工程折价或拍卖所得价款享有优先受偿权，而不能以行使留置权为由占有施工场地。建设工程价款的优先受偿权本质上是一种变价的优先受偿权，所以，建设工程折价、拍卖的前提是按照法律规定和建设工程性质，其本身可以转让。

对于在分别发包模式下，并非所有承包单位都享有建设工程价款优先受偿权：

（1）勘察人、设计人不享有优先受偿权。建设工程合同包括建设工程勘察合同、建设工程设计合同和建设工程施工合同；所指的承包人既包括施工承包人，也包括勘察承包人和设计承包人。只有建设工程施工合同的承包人才享有优先受偿权，建设工程勘察合同、建设工程设计合同的承包人均不享有优先受偿权。

（2）施工总承包单位、专业承包单位享有优先受偿权。工程实践中，大量存在发包人在施工总承包单位的承包范围之外，将消防工程、智能化工程、幕墙工程、电梯工程等专业工程另行发包给专业承包单位的情况，行业内也俗称"平行发包"。与发包人订立施工合同的总承包施工单位，以及单独与发包人订立专业工程施工合同的专业承包单位，均应享有优先受偿权，行权范围以各自承建的工程为限。

（3）专业分包单位、专业作业单位不享有优先受偿权。只有直接与发包人订立建设工程施工合同的承包人，才能享有建设工程价款优先受偿权。专业分包单位仅与施工总承包单位订立施工合同，专业作业单位仅与施工总承包单位或专业分包单位订立分包合同。二者均不与发包人存在合同关系，因此都不享有优先受偿权。

（4）材料、设备供应商不享有优先受偿权。工程实践中，有的建设单位为了防止承包人偷工减料、以次充好，规定主要工程材料、重要设备实行"甲供"，即由建设单位负责采购部分品类的工程材料和设备，供应商直接与建设单位签署买卖合同。买卖合同不属于建设工程合同；材料、设备供应商也非建设工程"承包人"。因此，甲供材料、设备供应商并未落入建设工程价款优先受偿权保护的主体范围之内。

根据《最高人民法院关于审理建设工程施工合同纠纷案件适用法律问题的解释（一）》第35—42条的相关规定，与发包人订立建设工程施工合同的承包人，依据民法典第807条的规定请求其承建工程的价款就工程折价或者拍卖的价款优先受偿的，人民法院应予支持。承包人根据民法典第807条规定享有的建设工程价款优先受偿权优于抵押权和其他债权。

装饰装修工程具备折价或者拍卖条件，装饰装修工程的承包人请求工程价款就该装饰装修工程折价或者拍卖的价款优先受偿的，人民法院应予支持。

建设工程质量合格，承包人请求其承建工程的价款就工程折价或者拍卖的价款优先受偿的，人民法院应予支持。未竣工的建设工程质量合格，承包人请求其承建工程的价款就其承建工程部分折价或者拍卖的价款优先受偿的，人民法院应予支持。承包人建设工程价款优先受偿的范围依照国务院有关行政主管部门关于建设工程价款范围的规定确定。承包人就逾期支付建设工程价款的利息、违约金、损害赔偿金等主张优先受偿的，人民法院不予支持。

承包人应当在合理期限内行使建设工程价款优先受偿权，但最长不得超过18个月，自发包人应当给付建设工程价款之日起算。

发包人与承包人约定放弃或者限制建设工程价款优先受偿权，损害建筑工人利益，发包人根据该约定主张承包人不享有建设工程价款优先受偿权的，人民法院不予支持。

⚖ 类案导读

案例1：宁夏华城实业开发有限公司（以下简称华城公司）、中国三冶集团有限公司（以下简称三冶公司）建设工程施工合同纠纷案件，最高人民法院（2017）最高法民终383号

35. 发包人未按照约定支付工程款，经承包人催告后在
合理期限内发包人仍不支付工程款的怎么办？

◇ **法律适用导读**

发包人未按约定支付工程价款的，致使承包人无法施工，且在催告的合理期限内仍未履行相应义务，承包人请求解除建设工程施工合同的，应予支持。

◇ **本案争议裁判**

原审法院认为：关于合同是否应当解除的问题。三冶公司与华城公司签订的《建设工程施工合同》《阅海银川华城国际大厦工程合同补充合同》《商品混凝土补充协议》系双方当事人的真实意思表示，不违反法律、行政法规的强制性规定，合同合法有效，双方当事人应当按照合同约定全面履行义务。合同签订后，三冶公司依据合同约定完成了主体工程，要求华城公司支付工程进度款，但华城公司未按约定付款。三冶公司认为华城公司未按照合同约定支付工程进度款，致使工程停工无法继续施工，要求解除双方签订的施工合同。根据最高人民法院2004年《建设工程施工解释》第9条规定："发包人具有下列情形之一的，致使承包人无法施工，且在催告的合理期限内仍未履行相应义务，承包人请求解除建设工程施工合同的，应予支持：（一）未按约定支付工程价款的……"现三冶公司要求解除与华城公司签订的合同于法有据，应予支持。

最高人民法院认为：一审判决认定事实清楚，适用法律正确，应予维持。

案例2：浙江东阳建筑实业工程有限公司（以下简称东阳公司）与西安市康福房地产开发有限公司（以下简称康福公司）建设工程施工合同纠纷案件，最高人民法院（2014）民一终字第108号

◇ **法律适用导读**

建设工程施工合同无效，承包人仍享有工程价款优先受偿权。

◇ 本案争议裁判

最高人民法院审理认为：1. 关于双方所签订的两份《建设工程施工合同》及其补充协议等效力，如果合同有效，是否应当解除的问题。本院认为，一审判决认定两份《建设工程施工合同》及其补充协议无效是正确的。首先，案涉新城国际大厦项目属于我国招标投标法第3条规定的必须进行招标投标的项目。建设单位本应依法通过公开招标确定施工单位，但康福公司没有进行招标投标，而是直接与东阳公司协商签订了03合同后即开始施工。由于没有进行招标投标，案涉工程无法办理相关的报建审批手续。2004年10月15日，西安市城乡建设委员会曾因上述工程违反《中华人民共和国建筑法》、招标投标法、未办理施工许可证为由对建设单位康福公司进行处罚。上述事实充分说明，03合同因违反招标投标法而无效。

在被西安市城乡建设委员会处罚后，为了办理案涉项目的相关报批手续，双方当事人于2005年6月27日就同一工程项目签订了05合同，并向西安市城乡建设委员会进行了备案。但双方当事人在05合同签订前一个月作出的《特别约定》记载，双方按03合同履行，05合同仅为补办招标投标手续使用。可见05合同并非双方当事人真实的意思表示，也与案涉工程的实际情况不符，因此，一审法院认定05合同无效是正确的。

对于上述两个合同无效，建设单位康福公司应负主要责任。东阳公司作为建筑施工企业，明知案涉新城国际大厦项目属于应当招标投标的项目，未经招标投标程序即与康福公司协商签订03合同，对于该合同无效亦有过错。东阳公司上诉主张03合同、05合同均为有效合同，请求改判解除双方当事人之间两份《建设工程施工合同》的诉讼请求，缺乏法律依据，本院不予支持。

2. 关于东阳公司是否就案涉工程享有工程款的优先受偿权的问题。本院认为，工程款优先权是合同法第286条赋予建设工程施工方的一项法定优先权，目的是保障施工方能够及时取得工程款。《建设工程施工合同》被认定无效，并非排除适用合同法第286条的条件。只要工程款数额确定且不违反法律规定，施工方的优先权即受法律保护。康福公司以案涉建设工程施工合同无效为由，主张东阳公司对工程款不享有优先权的上诉主张不能成立，本院不予支持。至于康福公司称施工方行使优先权有6个月的法定期间，应当从合同约定的工程竣工时间起算，东阳公司起诉时已经超过了 6 个月，其行使优先权因超过法定期限而不应得到支持的主张，没有事实和法律依据。因为，由于案涉工程多次停工，已经不可能按照合同约定的日期竣工，如果按照康福公司的观点，竣工时间超过原约定时间 6 个月，则施工方即不问原因地丧失对工程款的优先受偿权，明显与合同法第 286 条之规定相悖。故对康福公司的该项主张，本院亦不予支持。

案例 3：中天建设集团有限公司（以下简称中天公司）与新疆温商房地产开发有限公司建设工程施工合同纠纷案件，最高人民法院（2014）民一终字第 4 号

◇ 法律适用导读

建设工程施工合同解除后，承包人主张工程价款优先受偿权从何时起算？

◇ 本案争议裁判

法院审理认为：关于中天公司对涉案工程价款享有优先受偿权的主张如何认定的问题。《最高人民法院关于建设工程价款优先受偿权问题的批复》第 4 条规定："建设工程承包人行使优先权的期限为六个月，自建设工程竣工之日或者建设工程合同约定的竣工之日起计算。"本案中，盛世嘉业国际商贸城—地王大酒店（B 幢）和地王佳座（D 幢）的《建设工程施工合同》约定竣工日期为 2008 年 12 月 31 日，盛世嘉业国际商贸城—地王鞋都（A 幢）的《建设工程施工合同》约定竣工日期为 2009 年 9 月 10 日。由于施工方都是中天公司，工期存在交叉，不宜简单地按照某一份合同约定的竣工日期确定优先权的起算日期。换言之，建设工程竣工之日是合同得到正常履行情形下才存在的日期。本案工程并没有按照约定建设完毕，属于合同履行过程中双方当事人自愿解除的情形，依照 2004 年《建设工程施工解释》第 14 条第（三）项"当事人对建设工程实际竣工日期有争议的，按照以下情形分别处理：（三）建设工程未经竣工验收，发包人擅自使用的，以转移占有建设工程之日为竣工日期"之规定，将 2009 年 4 月 30 日作为优先权起算日是符合规定的。因此，自 2009 年 4 月 30 日

合同解除之日到 2009 年 8 月 25 日起诉之日，未超过 6 个月的除斥期间，故中天公司对涉案工程价款享有优先受偿权。

建设工程竣工之日，是合同得到正常履行情形下才存在的日期。将建设工程施工合同解除之日作为工程款优先权起算之日，符合最高人民法院《建设工程施工解释》第 14 条的规定。

案例 4：吴某全、重庆市丰都县第一建筑工程公司（以下简称丰都一建公司）建设工程施工合同纠纷再审案件，最高人民法院（2019）最高法民再 258 号

◇ 法律适用导读

建设工程实际施工人不享有工程价款优先受偿权。

◇ 本案争议裁判

最高人民法院审理认为：关于吴某全是否享有工程价款优先受偿权的问题。吴某全主张依据 2004 年《建设工程施工解释》第 26 条第 2 款，其应享有工程价款优先受偿权。本案中，吴某全与丰都一建公司签订的《建设工程内部承包合同》为无效合同，吴某全并非承包人而是实际施工人。2004 年《建设工程施工解释》第 26 条第 2 款规定的是发包人只在欠付工程价款范围内对实际施工人承担责任，即实际施工人有条件向发包人主张工程价款，但并未规定实际施工人享有工程价款的优先受偿权。《中华人民共和国合同法》第 286 条仅规定承包人享有工程价款优先受偿权，亦未规定实际施工人也享有该项权利。因此，吴某全主张其享有工程价款优先受偿权并无事实和法律依据，二审不予支持并无不当。

案例 5：北京长富投资基金（以下简称长富基金）与武汉中森华世纪房地产开发有限公司、中森华投资集团有限公司等合同纠纷案件，最高人民法院（2016）最高法民终 124 号

---

35. 发包人未按照约定支付工程款，经承包人催告后在合理期限内发包人仍不支付工程款的怎么办？

◇ 法律适用导读

建设工程价款优先受偿权具有担保债权实现的性质，优先权的成立以债权的存在为前提，同时，建设工程价款优先受偿权属于民事财产权利，因此建设工程价款优先受偿权具有可处分性，可依据权利人的意思自治予以行使或放弃。承包人放弃建设工程价款优先受偿权的承诺有效。

◇ 本案争议裁判

原审法院认为：祥和公司向长富基金作出书面承诺，承诺其建设工程价款受偿劣后于长富基金债权，该承诺系祥和公司的真实意思表示，亦不存在法律规定的法律行为无效的情形，应认定为有效。祥和公司抗辩称祥和公司承诺放弃优先受偿权并非其真实意思表示，但没有提交证据证明，也没有提出鉴定申请。祥和公司抗辩称建设工程价款优先受偿权是法定担保物权，承诺优先受偿权劣后于其他债权人受偿损害他人的合法权益，因此无效。原审认为，法律规定建设工程价款优先受偿权的目的在于保护民工工资等合法权益的实现，但仍然属于一种可以由权利人自由处分的民事权利。祥和公司主张其自愿作出的承诺无效违背诚实信用原则，原审不予支持。原审法院判决：确认祥和公司向长富基金作出的编号 2013（世纪）字第 7—4 号《承诺函》有效。

最高人民法院判决：维持原审法院对该项的判决。

🔨 法条指引

《中华人民共和国民法典》第八百零七条

发包人未按照约定支付价款的，承包人可以催告发包人在合理期限内支付价款。发包人逾期不支付的，除根据建设工程的性质不宜折价、拍卖外，承包人可以与发包人协议将该工程折价，也可以请求人民法院将该工程依法拍卖。建设工程的价款就该工程折价或者拍卖的价款优先受偿。

🔨 新旧对照

《中华人民共和国合同法》第二百八十六条

发包人未按照约定支付价款的，承包人可以催告发包人在合理期限内支付价款。发包人逾期不支付的，除按照建设工程的性质不宜折价、拍卖的以外，承包人可以与发包人协议将该工程折价，也可以申请人民法院将该工程依法拍卖。建设工程的价款就该工程折价或者拍卖的价款优先受偿。

36.

发包人欠付工程价款，应当怎么计算利息？

当事人对欠付工程价款利息计付标准有约定的，按照约定处理；没有约定的，可按照中国人民银行发布的同类贷款利率或者同期贷款市场报价利率（LPR）计息，利息从应付工程价款之日计付。当事人对付款时间没有约定或者约定不明的，下列时间视为应付款时间：（1）建设工程已实际交付的，为交付之日；（2）建设工程没有交付的，为提交竣工结算文件之日；（3）建设工程未交付，工程价款也未结算的，为当事人起诉之日。根据前述法律规定，建设工程未交付，工程价款未结算的，应当以当事人起诉之日作为应付工程款时间。当事人对欠付工程价款利息计付标准有约定的，按照约定处理。

在司法实践中，工程欠款利息计算较为复杂，其中合同是否有效、有无利率约定、是否垫资、欠款时长等因素都可能会对利息的计算造成影响。承发包双方可参照以下几个要点做好风险防范并主张合法权益：（1）当事人约定欠款计算标准的，工程欠款自应付款日计息，但约定利率超过法律规定上限的，法院通常不予支持。（2）当事人没有约定欠款计息标准的，2019年8月20日之前，按中国人民银行发布的同类贷款基准利率计息，2019年8月20日之后按照贷款市场报价利率（LPR）计息；同时，应按照计息期间的长短选择对应的利率档位。如果计息期间内上述利率发生变化，则分段计息。（3）当事人没有约定垫资利息的，不计算垫资利息；约定垫资利息超过贷款基准利率或贷款市场报价利率（LPR）的，超过部分无效；垫资款在结算后转化为工程欠款，按前述工程欠款方式计息。（4）如发包人在计息期间内还款的，如无约定则应主张优先抵充利息。

根据《最高人民法院关于审理建设工程施工合同纠纷案件适用法律问题的解释（一）》第 25 条、第 26 条、第 27 条的规定，当事人对垫资和垫资利息有约定，承包人请求按照约定返还垫资及其利息的，人民法院应予支持，但是约定的利息计算标准高于垫资时的同类贷款利率或者同期贷款市场报价利率的部分除外。当事人对垫资没有约定的，按照工程欠款处理。当事人对垫资利息没有约定，承包人请求支付利息的，人民法院不予支持。当事人对欠付工程价款利息计付标准有约定的，按照约定处理。没有约定的，按照同期同类贷款利率或者同期贷款市场报价利率计息。利息从应付工程价款之日开始计付。当事人对付款时间没有约定或者约定不明的，下列时间视为应付款时间：（1）建设工程已实际交付的，为交付之日；（2）建设工程没有交付的，为提交竣工结算文件之日；（3）建设工程未交付，工程价款也未结算的，为当事人起诉之日。

⚖ 类案导读

案例 1：海天建设集团有限公司（以下简称海天公司）、西安佑利置业有限公司（以下简称佑利公司）建设工程施工合同纠纷案件，最高人民法院（2019）最高法民终 1335 号

◇ 法律适用导读

建设工程未交付，工程价款未结算，应当以当事人起诉之日作为应付款时间，利息自该日起计付；承发包双方在建设工程合同中约定工程欠款利率过高的，参照《最高人民法院关于审理民间借贷案件适用法律若干问题的规定》的相关规定，调减至年息 24% 计算利息。

◇ 本案争议裁判

最高人民法院认为：本案中，案涉合同第三部分专用条款第 35.1 条约定："发包人因不按本合同约定及时足额支付工程进度款时，按照已完工程价款总额的 2.5% 月利率计算利息。"案涉工程两次停工后，2014 年 7 月 13 日海天公司编制《紫翰庭院住宅小区 5—7#楼工程结算》，于 2014 年 7

月 15 日送达佑利公司，佑利公司在向海天公司邮寄的《关于浙江海天建设集团有限公司西安分公司〈紫翰庭院项目已完工程结算报告〉的回函》中认可其收到《长安紫翰庭院工程量结算书》，但对已完工程总价款为 26005322.74 元不予审核确认，认为案涉的工程金额应为 13549810.76 元。

本院认为，2014 年 7 月 15 日海天公司编制《紫翰庭院住宅小区 5—7# 楼工程结算》并向佑利公司送达，但佑利公司对该文件中已完工总价款不认可，双方未最终结算。根据 2004 年《建设工程施工解释》第 18 条第 (三) 项之规定，本案建设工程未交付，工程价款也未结算，应当以当事人起诉之日作为应付款时间，利息自该日起计付，故本案应当以 2017 年 3 月 17 日海天公司起诉之日作为本案应付工程款的时间，并自该日起计付工程款利息。一审法院适用 2004 年《建设工程施工解释》第 18 条第 (二) 项之规定，以 2014 年 7 月 15 日作为应付工程款利息的起算时间，适用法律错误，本院予以纠正。本案中，案涉合同约定按照已完工程价款总额的 2.5% 月利率计算利息，该利息约定过高，佑利公司一审中请求调减，一审法院参照《最高人民法院关于审理民间借贷案件适用法律若干问题的规定》的相关规定，以年息 24% 为标准计付利息并无不当，本院予以维持。

> 案例 2：贵州弘润建筑劳务有限公司（以下简称弘润公司）、贵州润茂置业有限公司（以下简称润茂公司）建设工程施工合同纠纷再审审查与审判监督案件，最高人民法院（2018）最高法民申 1429 号

◇ 法律适用导读

建设工程施工合同无效时，承包人仍然可以参照合同约定的利率与利息起算时间，要求发包人支付工程欠款利息，而非视为约定不明。

◇ 本案争议裁判

最高人民法院认为：因《施工合同》无效，合同中有关欠付工程款违约责任的约定亦属无效。因此，弘润公司的违约金请求不予支持，但考虑到润茂公司逾期支付工程款的行为客观上对弘润公司造成了资金占用损失，二审按年息 18% 的利息标准计算资金占用费，符合公平原则，并无不

妥。关于工程款的利息起算时间问题。《施工合同》虽被认定为无效，依据《建设工程施工解释》第2条的规定，建设工程经竣工验收合格，承包人请求参照合同约定支付工程价款的，应予支持。故有关工程款的利息起算时间，二审参照《施工合同》中关于工程价款结算时间的约定，认定润茂公司应当在工程竣工验收合格7日内支付欠付的工程款，亦无不当。弘润公司主张应依据2004年《建设工程施工解释》第18条的规定认定利息起算时间，依据不足。故二审关于逾期支付工程款利息的计付标准及起算时间的认定正确。

案例3：东建建设集团有限公司（以下简称东建公司）、青海景洲房地产开发有限公司（以下简称青海景洲公司）建设工程施工合同纠纷案件，最高人民法院（2018）最高法民终915号

◇ 法律适用导读

工程已竣工验收合格并具备结算审核条件，起息日以提交结算文件之日开始计算；违约金与利息具有不同的性质和属性，利息仅为占用资金所产生的损失，而违约金具有补偿性兼惩罚性，在当事人约定了违约金条款的情况下，如支付利息不足以弥补当事人的损失，人民法院根据当事人的约定支持违约金请求亦无不妥。

◇ 本案争议裁判

最高人民法院认为：关于一审判决对欠付工程款的利息及延期付款违约金的计算是否妥当的问题。本院认为，根据上文所述，案涉工程已竣工验收合格，并具备结算审核条件，由于确存在青海景洲公司欠付东建公司工程款的事实，东建公司对欠付工程款主张相应利息应予支持。对于计算起息日，一审法院根据东建公司提交结算文件之日，即2016年12月2日加上青海景洲公司审核时间45天，并按照"在一个月内支付结算款"的合同约定，认定自2017年2月16日起计息并无不当，东建公司对以此起息日计息亦表示认可，本院予以确认。

关于迟延支付工程款的违约金问题。双方在《一期补充协议》《二期

补充协议》的 10.1 条均约定"双方均不得违约，若有违约，则由违约方向履约方支付违约工程价款的每日千分之一违约金"。由于青海景洲公司未按合同约定支付工程欠款的行为已构成违约，其应承担约定的违约责任。虽一审法院已判决青海景洲公司对逾期支付工程款的部分向东建公司支付相应利息，但由于违约金与利息具有不同的性质和属性，利息仅为占用资金所产生的损失，而违约金具有补偿性兼惩罚性，在当事人约定了违约金条款的情况下，如支付利息不足以弥补当事人的损失，人民法院根据当事人的约定支持违约金请求，亦无不妥。本案中，由于双方约定违约金按工程款的每日千分之一向履约方支付明显过高，一审法院根据本案实际情况，兼顾平衡双方当事人的利益，适当调减违约金支付标准，酌定按中国人民银行同期同类贷款利率的 1.3 倍计算违约金，属人民法院自由裁量的范围，并无不妥，本院予以维持。

⚖ 法条指引

《中华人民共和国民法典》第八百零七条

发包人未按照约定支付价款的，承包人可以催告发包人在合理期限内支付价款。发包人逾期不支付的，除根据建设工程的性质不宜折价、拍卖外，承包人可以与发包人协议将该工程折价，也可以请求人民法院将该工程依法拍卖。建设工程的价款就该工程折价或者拍卖的价款优先受偿。

⚖ 新旧对照

《中华人民共和国合同法》第二百八十六条

发包人未按照约定支付价款的，承包人可以催告发包人在合理期限内支付价款。发包人逾期不支付的，除按照建设工程的性质不宜折价、拍卖的以外，承包人可以与发包人协议将该工程折价，也可以申请人民法院将该工程依法拍卖。建设工程的价款就该工程折价或者拍卖的价款优先受偿。

2004 年《最高人民法院关于审理建设工程施工合同纠纷案件适用法律问题的解释》第十七条

当事人对欠付工程价款利息计付标准有约定的，按照约定处理；没有约定的，按照中国人民银行发布的同期同类贷款利率计息。

2004 年《最高人民法院关于审理建设工程施工合同纠纷案件适用法律问题的解释》第十八条

利息从应付工程价款之日计付。当事人对付款时间没有约定或者约定不明的，下列时间视为应付款时间：

（一）建设工程已实际交付的，为交付之日；

（二）建设工程没有交付的，为提交竣工结算文件之日；

（三）建设工程未交付，工程价款也未结算的，为当事人起诉之日。

37.

建设工程合同发包人不履行义务造成承包人损失或者无法实现预期收益的怎么办？

根据民法典第584条的规定，当事人一方不履行合同义务或者履行合同义务不符合约定，造成对方损失的，损失赔偿额应当相当于因违约所造成的损失，包括合同履行后可以获得的利益；但是，不得超过违约一方订立合同时预见到或者应当预见到的因违约可能造成的损失。

在当今建筑市场上，因发包人违约导致合同解除的情况常有发生。个别业主方不当利用其缔约强势地位，在其存在违约行为甚至导致合同解除时，大部分缺乏法律意识的承包商通常只能被动接受直接损失之赔偿（补偿）甚至更少，此种现象必须予以扭转，从而达到以增加违约成本之手段强化市场主体真诚尊重合同、维护交易安定的法律意识。合同因单方违约解除后损失的处理问题，属履行利益保护对象。履行利益的保护程度是使非违约方处于假如合同被履行后的状态，其范围应该包括为履行合同产生的积极损失及可得利益损失。在判断理念上，遵循合同法对违约损害赔偿确立的完全赔偿的原则。该原则旨在对受害人利益实行全面、充分保护。

在招标人发出《中标通知书》后，建设工程合同业已成立并生效，投标人投标报价中的工程利润率是双方可以预见的、合同履行后的可得利益计算依据，在因招标人原因导致合同解除的情形下，中标人的可得利益损失不仅应当予以赔偿，而且应当予以全额赔偿，无论工程是否实施或部分实施。

因发包人不履行义务而违约导致合同解除的，承包人应当举证证明可得利益损失计算方式；不能举证证明的情况下，可得利益的数额应当向法院申请鉴定，使得主张有据。实践中，通常法院委托相关机构对未完工程利润作出鉴定的，如无相反证据予以推翻，则可依照鉴定结论，判令违约方向守约方支付可得利益。

⚖ 类案导读

案例1：中艺建筑装饰有限公司（以下简称中艺公司）与北京鸿坤伟业房地产开发有限公司（以下简称鸿坤公司）装饰装修合同纠纷案件，北京市第二中级人民法院（2019）京02民终10489号

◇ 法律适用导读

建设工程合同纠纷因招标人原因解除合同后，投标人的可得利益损失不仅应当予以赔偿，而且应当予以全额赔偿。

◇ 本案争议裁判

北京市第二中级人民法院认为：1. 涉案工程系经过招标投标的工程，而《投标文件》为投标人中艺公司制作并发送给招标人鸿坤公司用以投标，鸿坤公司确定中艺公司中标后发出《中标通知书》。因此，招标人鸿坤公司亦应存有投标人中艺公司发送的《投标文件》，该证据系中艺公司为补强利润损失提交的证据，应作为二审新证据予以采纳。在二审法院限定期限内，鸿坤公司并未对《投标文件》真实性及利润数额提出异议。因此，二审法院根据《投标文件》认定，中艺公司应得工程利润总额为1008371元。另经核实，《投标文件》中确定变更签证可作为计价方式调整因素。

2. 中艺公司因合同解除而导致的利润损失数额已确定，但鸿坤公司的赔偿数额还需考虑该损失的利益类型及相关影响因素：

首先，利润损失属可得利益损失。对于可得利益，《中华人民共和国合同法》第113条规定，当事人一方不履行合同义务或者履行合同义务不符合约定，给对方造成损失的，损失赔偿额应当相当于因违约所造成的损失，包括合同履行后可以获得的利益，但不得超过违反合同一方订立合同时预见到或者应当预见到的因违反合同可能造成的损失。经营者对消费者提供商品或者服务有欺诈行为的，依照《中华人民共和国消费者权益保护

37. 建设工程合同发包人不履行义务造成承包人损失或者无法实现预期收益的怎么办？

法》的规定承担损害赔偿责任。

一般而言，可得利益损失主要分为生产利润损失、经营利润损失及转售利润损失。在提供服务或劳务的合同中，因一方违约造成的可得利益损失通常属于经营利润损失。本案合同类型为装饰装修合同，系合同法第十六章建设工程合同项下的一种，虽与传统的买卖合同或商事合同有所差别，但基于合同法规定的违约责任的完全赔偿原则，装饰装修合同中的利润亦属经营性利润，系可得利益损失。

其次，可得利益损失计算需要考虑相关因素。对于考虑因素的范围，《最高人民法院关于审理买卖合同纠纷案件适用法律问题的解释》第29条规定，买卖合同当事人一方违约造成对方损失，对方主张赔偿可得利益损失的，人民法院应当根据当事人的主张，依据合同法第113条、第119条、本解释第30条、第31条等规定进行认定。

根据上述法律规定，二审法院认为影响损失赔偿数额的因素有三：损失数额是否超出可预见标准；能否适用减损、损益相抵及过失相抵等规则；合同履行程度是否构成影响。

对于第一个因素，损失数额并未超出可预见标准。《投标文件》中有明确的工程利润计算标准，根据该文件确定中艺公司中标时，作为专业房地产开发企业，鸿坤公司应知晓完全履约后中艺公司可能获得的利润数额。

对于第二个因素，二审法院认为本案无须适用前述规则。相关规则的适用，证明责任主体应为鸿坤公司，证明标准应达到高度可能性。鸿坤公司在本案审理中并未提出充分证据，证明在计算可得利益损失时须适用减损、损益相抵以及过失相抵等规则，故该因素不能影响赔偿数额的最终确定。

对于第三个因素，二审法院认为本案的合同履行程度不能影响赔偿数额的确定。一方面，虽涉讼合同履行程度并不深入，其间可能会受到市场价格、原材料供应、生产条件的影响导致利润降低，但自合同解除至今早已经过原履行期间，鸿坤公司并未举证证明存在市场变化导致合同利润降低情形。另一方面，装饰装修合同有其自身特点，缔约时的合同价款往往并非最终价款，其间会出现洽商变更增减项目等因素导致最终价格变化，双方在合同中也约定了变更签证可作为合同价格的影响因素，因此中艺公司获得的利润有增加或降低的一定可能。但综合评判后，二审法院认为以缔约时鸿坤公司可预见的利润数额为准更为适当。

综上，鸿坤公司应全额赔偿中艺公司的利润损失。

案例2：贵州鸭溪酒业有限公司（以下简称鸭溪公司）与贵州省冶金建设公司（以下简称冶金公司）建设工程施工合同纠纷案件，最高人民法院（2019）最高法民终235号

◇ 法律适用导读

可得利益应当是可预见的，否则不予支持。

◇ 本案争议裁判

最高人民法院认为：关于冶金公司应否赔偿鸭溪公司可期待利润损失46677476元的问题。《中华人民共和国合同法》第112条规定："当事人一方不履行合同义务或者履行合同义务不符合约定的，在履行义务或者采取补救措施后，对方还有其他损失的，应当赔偿损失。"第113条第1款规定："当事人一方不履行合同或者履行合同义务不符合约定，给对方造成损失的，损失赔偿额应当相当于因违约所造成的损失，包括合同履行后可以获得的利益，但不得超过违反合同一方订立合同时预见到或者应当预见到的因违反合同可能造成的损失。"由此，可得利益损失应为合同履行后可以获得的利益，并且为订立合同时违约方预见到或者应当预见到。

本案中，鸭溪公司据以主张可得利益损失的根据是贵州省发改委关于案涉项目的《科研报告》，但白酒市场近年来波动较大，在此种市场环境下，鸭溪公司扩建后是否能够在该项目上实现盈利处于难以确定的状态，现其提供的证据难以证明履行合同后其可以获得46677476元利润，且亦无证据证明冶金公司在订立合同时对此已预见到或者应当预见到。因此，鸭溪公司主张可期待利润损失46677476元，没有事实依据，本院不予支持。

37. 建设工程合同发包人不履行义务造成承包人损失或者无法实现预期收益的怎么办？

案例3：吉林鑫达钢铁有限公司（以下简称鑫达公司）、思安公司建设工程施工合同纠纷再审审查与审判监督案件，最高人民法院（2019）最高法民申5776号

◇ 法律适用导读

　　因发包人违约导致合同解除的，如果有确实依据，承包人请求发包人承担未完工程的利润，法院予以支持。

◇ 本案争议裁判

　　最高人民法院认为：本案审查重点是二审法院认定鑫达公司赔偿思安公司因合同被解除而遭受的可得利益损失2271929元是否适当。鑫达公司（发包方）与思安公司（承包方）于2011年11月17日签订总承包合同，约定思安公司承包案涉汽施工程设计、供货、施工，合同价款为1.999亿元。在合同履行过程中，因鑫达公司迟延支付合同约定的每笔款项，明显违约，最后导致工程停滞，双方均请求解除合同。合同解除主要原因在鑫达公司一方，思安公司主张解除合同后剩余未完工程的预期可得利益损失，符合《中华人民共和国合同法》第113条第1款的规定。

　　对于案涉可得利益损失，二审法院在审理中委托鉴定机构进行工程造价鉴定，鉴定意见表明案涉合同的建筑安装工程未完工程利润为2271929元。二审法院在审理中委托补充鉴定，并不违反法律规定，二审法院既然已经委托鉴定并认定事实，本案又无相反证据予以推翻，二审法院根据鉴定意见认定可得利益损失，并无不当。鑫达公司申请再审认为二审法院对可得利益损失委托补充鉴定违反法定程序，没有事实和法律依据，本院不予支持。

案例4：普洱鸿通建设工程有限公司（以下简称鸿通公司）与香格里拉欧华水电发展有限公司建设工程施工合同纠纷再审审查与审判监督案件，最高人民法院（2018）最高法民申4296号

◇ 法律适用导读

违约损害赔偿的范围虽包括可得利益损失，但该可得利益损失亦应当受到不可预见规则和减轻损失规则的限制。

◇ 本案争议裁判

最高人民法院认为：鸿通公司本案诉请的112万元利润损失属可得利益范畴。违约损害赔偿的范围虽包括可得利益损失，但根据《中华人民共和国合同法》第113条第1款、第119条第1款之规定，该可得利益损失亦应当受到不可预见规则和减轻损失规则的限制，即该可得利益损失不得超过违反合同一方订立合同时预见到或者应当预见到的因违反合同可能造成的损失；当事人一方违约，对方应当采取适当措施防止损失扩大，没有采取适当措施致使损失扩大，不得就扩大部分的损失要求赔偿。

本案中，双方于2009年5月6日签订《白水河三级电站土建工程施工承包合同》，合同签订时案涉工程尚不具备开工条件，双方当事人对此均是明知的。而2010年11月15日，叶义龙即将鸿通公司已付履约金20万元中的6万元返还给鸿通公司周加洪。可见，鸿通公司对案涉合同无法履行应当是有预期的。鸿通公司未提供证据证明其已为履行合同而购买机械设备、组织人员等，此虽为直接损失范畴，但亦能证明其对履行合同可以获得的利益缺乏合理预期，其请求按照合同完全履行后的利润率赔偿可得利益损失，依据不足。二审判决基于本案实际情况，对其利润损失的诉请未予支持，裁判结果并无明显不当。鸿通公司的再审申请不符合《中华人民共和国民事诉讼法》第200条规定的情形。此外，二审判决并未认定本案构成重复诉讼，鸿通公司该项再审主张依据不足。

⚖ 法条指引

《中华人民共和国民法典》第五百八十四条

当事人一方不履行合同义务或者履行合同义务不符合约定，造成对方损失的，损失赔偿额应当相当于因违约所造成的损失，包括合同履行后可以获得的利益；但是，不得超过违约一方订立合同时预见到或者应当预见到的因违约可能造成的损失。

37. 建设工程合同发包人不履行义务造成承包人损失或者无法实现预期收益的怎么办？

新旧对照

《中华人民共和国合同法》第一百一十三条第一款

当事人一方不履行合同义务或者履行合同义务不符合约定，给对方造成损失的，损失赔偿额应当相当于因违约所造成的损失，包括合同履行后可以获得的利益，但不得超过违反合同一方订立合同时预见到或者应当预见到的因违反合同可能造成的损失。

38.

发包人和承包人在建设工程合同中约定的违约金低于造成的损失的怎么办？

根据民法典第 585 条第 2 款的规定，约定的违约金低于造成的损失的，人民法院或者仲裁机构可以根据当事人的请求予以增加。

本条在诉讼或仲裁程序中可以主张酌情增加的适用前提是：（1）约定的违约金低于造成的损失，此处并未如同下一分句中的司法酌减规则一样使用了"过分"一词；（2）债权人提出申请，并就约定的违约金低于造成的损失承担举证责任。

需要注意的是，本条规定的人民法院或者仲裁机构可以增加，并非应当增加。通常一般是增加后的违约金数额不应超过对债权人造成的损失。

人民法院或者仲裁机构根据当事人的请求，在判断是否予以增加以及增加的幅度时，可以综合考虑以下因素：（1）当事人是否具有明确的限制责任的意图；（2）债权人是普通民事主体还是商事主体；（3）当事人的过错程度；（4）合同的履行情况；（5）预期的利益等。

在司法实践中，如果当事人请求人民法院增加违约金的，增加后的违约金数额以不超过实际损失额为限。增加违约金以后，当事人又请求对方赔偿损失的，人民法院不予支持。如果法院在已判决增加违约金的情形下，再次要求承担违约损害赔偿的，应当举证证明其主张在实际损失范围之内。当事人一方不履行合同义务或者履行合同义务不符合约定，给对方造成损失的，损失赔偿额应当相当于因违约所造成的损失，包括合同履行后可以获得的利益，但不得超过违反合同一方订立合同时预见到或者应当预见到的因违反合同可能造成的损失。也就是说，当事人主张的损失应符合可预见性原则，不得超过订立合同时预见到或者应当预见到的因违反合同可能造成的损失。

38. 发包人和承包人在建设工程合同中约定的违约金低于造成的损失的怎么办？

⚖ 类案导读

案例 1：武汉建工第一建筑有限公司（以下简称建工公司）、武汉征原电气有限公司（以下简称征原公司）建设工程施工合同纠纷再审案件，最高人民法院（2018）最高法民再 95 号

◇ 法律适用导读

守约方不能证明合同约定的违约金低于造成的损失，一并主张违约金及赔偿损失，法院不予支持。

◇ 本案争议裁判

最高人民法院再审认为：关于征原公司同时请求赔偿损失和违约金有无法律依据和事实依据的问题。合同法第 114 条第 1 款、第 2 款规定："当事人可以约定一方违约时应当根据违约情况向对方支付一定数额的违约金，也可以约定因违约产生的损失赔偿额的计算方法。约定的违约金低于造成的损失的，当事人可以请求人民法院或者仲裁机构予以增加；约定的违约金过分高于造成的损失的，当事人可以请求人民法院或者仲裁机构予以适当减少。"据此，只有在违约金低于造成损失的情况下，当事人方可请求人民法院予以增加，但该增加亦限于损失范围内。

征原公司在诉请赔偿 1421.28 万元的同时诉请支付 600 万元违约金，其主张赔偿损失的依据主要是其单方委托房地产估价咨询机构作出的鉴定意见，在质证中并未得到建工公司的认可，不应作为认定案件事实的依据。因建工公司违约，征原公司可以依据《相关事宜协议》中关于支付补偿金的约定要求建工公司承担违约责任，其不能证明合同约定的补偿金低于造成的损失，一并主张违约金及赔偿损失，与合同法规定不符，本院不予支持。

案例 2：普定县鑫臻酒店有限公司（以下简称鑫臻酒店）与普定县鑫臻房地产开发有限责任公司建设工程合同纠纷案件，最高人民法院（2016）最高法民终 107 号

✧ 法律适用导读

违约金的约定适用条件，对双方当事人公平一致，即任何一方违约均应适用，且在签订违约金条款时，双方应当具有合理预期，任何一方违约承担的支付违约金的数额，并未超出双方当事人签订该协议时应当预见的范围，再行主张违约金过高的，不能支持。

✧ 本案争议裁判

最高人民法院认为：关于鑫臻酒店应当支付违约金数额的问题。根据《纠纷处理协议》的约定，鑫臻酒店应当就其违约行为向黑龙江建工集团支付工程总价款20％的违约金。该协议中违约金数额的约定，是在双方当事人就案涉工程施工已经发生较大矛盾并造成停工的情况下，在当地政府主持下达成，高额违约金的约定，其主要目的在于预防双方再次出现违约行为，激化双方矛盾。该违约金的约定适用条件，对双方当事人公平一致，即任何一方违约均应适用。且在签订该《纠纷处理协议》时，双方当事人对于工程总造价应当具有合理预期，任何一方违约承担的支付违约金的数额，并未超出双方当事人签订该协议时应当预见的范围。现鑫臻酒店上诉主张违约金数额明显过高，一方面，并未就其该主张提供证据证明约定的违约金数额明显高于黑龙江建工集团实际遭受的损失；另一方面，该违约金调减请求，与双方当事人签订上述协议时约定高额违约金的目的明显不符，故一审判决判令鑫臻酒店支付黑龙江建工集团违约金2950841.8元（14754209.9元×20％），符合双方协议约定，对鑫臻酒店的该项上诉请求，本院不予支持。

案例3：成都市青羊区建筑工程总公司（以下简称青羊区）、银川望远工业园区管理委员会（以下简称望远管委会）建设工程施工合同纠纷案件，最高人民法院（2019）最高法民终44号

✧ 法律适用导读

无效建设工程施工合同约定的违约金条款亦无效。

38. 发包人和承包人在建设工程合同中约定的违约金低于造成的损失的怎么办？

◇ **本案争议裁判**

最高人民法院认为：关于青羊公司主张的利息和违约金应否得到支持的问题。如前所述，案涉施工合同系无效合同，根据《中华人民共和国合同法》第56条规定，无效合同自始没有法律约束力。在此情况下，案涉合同约定的付款周期条款及违约金条款均应无效，故青羊公司要求望远管委会支付违约金的主张于法无据，不应予以支持。根据2004年《建设工程施工解释》第2条的规定，对青羊公司请求支付工程价款的主张应予支持，而利息属于法定孳息，故青羊公司有权要求望远管委会承担欠付工程款的利息。但同时，青羊公司主张利息所依据的付款周期和利息标准条款无效，故应当依法确定利息标准、计息时间和计息基数。

关于利息计算标准。2004年《建设工程施工解释》第17条规定："当事人对欠付工程价款利息计付标准有约定的，按照约定处理；没有约定的，按照中国人民银行发布的同期同类贷款利率计息。"本案当事人虽然约定了利息计算标准，但因案涉施工合同无效，该计息标准条款亦无效，故应依法按照中国人民银行发布的同期贷款基准利率作为利息计算标准。

关于利息起算时间。2004年《建设工程施工解释》第18条规定："利息从应付工程价款之日计付。当事人对付款时间没有约定或者约定不明的，下列时间视为应付款时间：（一）建设工程已实际交付的，为交付之日；（二）建设工程没有交付的，为提交竣工结算文件之日；（三）建设工程未交付，工程价款也未结算的，为当事人起诉之日。"本案当事人对合同真实性均无异议，望远管委会虽然主张该条款所在的一页系青羊公司单方伪造，但并无证据证明。因此，可以依据该条款的表述认定当事人已于2013年8月30日完成工程交付并认可竣工结算事宜，应以该日作为应付工程价款时间，欠款利息应自次日即2013年8月31日起算。

⚖ **法条指引**

《中华人民共和国民法典》第五百八十五条

当事人可以约定一方违约时应当根据违约情况向对方支付一定数额的违约金，也可以约定因违约产生的损失赔偿额的计算方法。

约定的违约金低于造成的损失的，人民法院或者仲裁机构可以根据当事人的请求予以增加；约定的违约金过分高于造成的损失的，人民法院或者仲裁机构可以根据当事人的请求予以适当减少。

当事人就迟延履行约定违约金的，违约方支付违约金后，还应当履行债务。

新旧对照

《中华人民共和国合同法》第一百一十四条

当事人可以约定一方违约时应当根据违约情况向对方支付一定数额的违约金，也可以约定因违约产生的损失赔偿额的计算方法。

约定的违约金低于造成的损失的，当事人可以请求人民法院或者仲裁机构予以增加；约定的违约金过分高于造成的损失的，当事人可以请求人民法院或者仲裁机构予以适当减少。

当事人就迟延履行约定违约金的，违约方支付违约金后，还应当履行债务。

39.

发包人和承包人在建设工程合同中约定的违约金高于造成的损失的怎么办？

合同双方设置高违约金的初衷在于约束对方认真履行合同，以高违约金震慑合同相对方，其目的是提高违约成本，保障合同顺利履行。但是实务中经常会发现当事双方动辄约定建设工程合同总金额50%、100%的违约金，加上累计规则，甚至超过了合同标的总额。殊不知，过高的违约金虽能震慑对方，但囿于违约金损失补偿的性质，一方违约时法院或者仲裁机构通常不会支持相对方如此之高的违约金。此种欠缺法律常识的条款不仅在发生争议时很难得到法院或者仲裁机构的支持，其适用效果往往也适得其反。

为防止一方违约时对方主张过高的违约金，法律规定了多个限制违约方违约责任的规则，如民法典第584条规定的可预见性规则（"当事人一方不履行合同义务或者履行合同义务不符合约定，造成对方损失的，损失赔偿额应当相当于因违约所造成的损失，包括合同履行后可以获得的利益；但是，不得超过违约一方订立合同时预见到或者应当预见到的因违约可能造成的损失。"）、第591条规定的减损规则（"当事人一方违约后，对方应当采取适当措施防止损失的扩大；没有采取适当措施致使损失扩大的，不得就扩大的损失请求赔偿。当事人因防止损失扩大而支出的合理费用，由违约方负担。"）。在具体案件中，合同履行遇到障碍通常存在多方面原因，如双方均存在违约或均有过错等，法院在认定违约责任时通常会考虑多种因素。

根据民法典第585条第2款的规定，约定的违约金过分高于造成的损失的，人民法院或者仲裁机构可以根据当事人的请求予以适当减少。本条司法或准司法酌减的适用前提是：（1）约定的违约金过分高于造成的损失，必须是"过分"高于造成的损失；（2）债务人提出申请，并就约定的违约金高于造成的损失承担举证责任。

根据上述规定，人民法院或者仲裁机构可以适当减少违约金数额，并非应当适当减少。在判断约定违约金是否过高以及调低的幅度时，一般应当以对债权人造成的损失为基准。司法实践中通常标准一般是当事人约定的违约金超过造成损失的30%的，一般认定为"过分高于造成的损失"，但对此不应当机械套用，避免导致实质上的不公平。对此，人民法院或者仲裁机构应当根据公平和诚实信用原则，可以综合考虑法庭辩论终结前发生的以下因素：（1）合同履行情况；（2）当事人过错程度；（3）预期利益；（4）当事人的主体身份；（5）其他因素。

📕 类案导读

案例1：中建三局第一建设工程有限责任公司（以下简称中建三局）、中建三局第一建设工程有限责任公司广西分公司建设工程施工合同纠纷再审案件，最高人民法院（2018）最高法民再163号

◇ 法律适用导读

认定违约金是否过高，要综合考量违约金的性质、合同履行情况、当事人的实际损失及过错程度等因素，并结合建筑行业是微利行业的特点，对比违约金总计达工程结算总造价的比例，以及人民法院保护的民间借贷法定利率等情形。

◇ 本案争议裁判

最高人民法院审理认为：关于金胤公司主张的工期违约金应否支持问题。根据《中华人民共和国合同法》第114条第2款和《最高人民法院关于适用〈中华人民共和国合同法〉若干问题的解释（二）》第29条的规定，约定的违约金过分高于造成的损失的，当事人可以请求人民法院或者仲裁机构予以减少。人民法院应当以实际损失为基础，兼顾合同的履行情况、当事人的过错程度以及预期利益等综合因素，根据公平原则和诚实信

39. 发包人和承包人在建设工程合同中约定的违约金高于造成的损失的怎么办？

用原则予以衡量，并作出裁决。违约金除具备一定惩罚性外，主要功能在于填补损失。

本案中，《建设工程施工合同》专用条款第35.5条约定："因乙方（中建三局）原因造成工程停工、消极怠工，包括因乙方原因未能按本协议书第三条约定的工期要求完成约定的工作延误在30个日历天以内的，每一天乙方按工程结算总造价的万分之五向甲方（金胤公司）支付违约金；超过30个日历天的，自第31个日历天起，每一天乙方按工程结算总造价的千分之一向甲方支付违约金。"而本案已查明，中建三局共逾期竣工214天，扣除48.5天的合理顺延工期，其实际逾期165.5天。故中建三局应承担相应的违约责任。

中建三局主张其不应承担违约金，缺乏事实和法律依据，且与合同约定不符，该项主张不能成立。但综合考量违约金的性质、合同履行情况、当事人的实际损失及过错程度等因素，并结合建筑行业是微利行业的特点，原判决认定违约金30日内每日按工程结算总造价的万分之五计算，30日外每日按工程结算总造价的千分之一计算，违约金总计达工程结算总造价的15.05%。每日千分之一的标准折合年利率达到36.5%，也超过人民法院保护的民间借贷法定利率。原判决关于违约金的认定过高，可予调整。根据公平原则与诚实信用原则，本院酌定违约金统一按照《建设工程施工合同》专用条款第35.5条约定的每日万分之五标准计算，即：工程结算总造价157127788.93元×0.0005/天×165.5天＝13002324.53元。

243

> 案例2：青海璞润投资有限公司（以下简称璞润公司）与江苏邳建集团有限公司（以下简称邳建公司）建设工程施工合同纠纷案件，最高人民法院（2018）最高法民终1115号

◇ 法律适用导读

合同当事人之间违约金的约定是否过高，应以违约方造成的实际损失为基础来认定，而守约方的实际损失如何确定，应由守约方举证证明给其造成的具体损失数额或提供造成损失的相应事实依据。如果事先双方承诺在违约后无权请求人民法院减轻违约责任，对该部分违约金主张无须再行

举证证明。

◇ 本案争议裁判

　　最高人民法院审理认为：关于违约金约定是否过高予以调整的问题。《中华人民共和国合同法》第114条第1款、第2款规定："当事人可以约定一方违约时应当根据违约情况向对方支付一定数额的违约金，也可以约定因违约产生的损失赔偿额的计算方法。约定的违约金低于造成的损失的，当事人可以请求人民法院或者仲裁机构予以增加；约定的违约金过分高于造成的损失的，当事人可以请求人民法院或者仲裁机构予以适当减少。"《最高人民法院关于适用〈中华人民共和国合同法〉若干问题的解释（二）》第29条规定："当事人主张约定的违约金过高请求予以适当减少的，人民法院应当以实际损失为基础，兼顾合同的履行情况、当事人的过错程度以及预期利益等综合因素，根据公平原则和诚实信用原则予以衡量，并作出裁决。当事人约定的违约金超过造成损失的百分之三十的，一般可以认定为合同法第一百一十四条第二款规定的'过分高于造成的损失'。"本案合同当事人之间违约金的约定是否过高，应以璞润公司违约给邢建公司造成的实际损失为基础来认定。而邢建公司的实际损失如何确定，应由邢建公司举证证明给其造成的具体损失数额或提供造成损失的相应事实依据。本案中双方仅对逾期支付进度款1000万元的违约金进行了特别约定，璞润公司对逾期付款应承担的后果已充分认知，并承诺在违约后无权请求人民法院减轻违约责任，故对该部分违约金主张无须再行举证证明。

　　而对主体封顶后欠付的工程进度款4635.7万元的违约金承担，双方并未特别约定，邢建公司未举证证明具体的损失数额，也未提供其主张违约金月息2%标准的相应事实根据，故其主张按照月息2%标准来确定违约金依据不足。该4635.7万元工程进度款未能依约支付给邢建公司造成的实际损失，在邢建公司未能举证证明的情况下，按照该4635.7万元欠款被占用期间中国人民银行发布的同期同类贷款利率标准计算利息来确定实际损失，更符合案件实际。违约金从性质上看主要以补偿损失为主，兼具一定的惩罚性，对案涉《补充协议》同一合同项下的保证金违约金，已生效判决认定按照中国人民银行发布的同期同类贷款利率上浮30%支付违约金，体现了违约金补偿和惩罚功能的并用。故对案涉《补充协议》同一合同项下的4635.7万元工程进度款的违约金按此标准确定，既符合案件实际又体现法律适用的统一性。因该4635.7万元系剩余工程欠款而非借款，一审判决参照《最高人民法院关于审理民间借贷案件适用法律若干问题的规定》第26条关于借贷利率未超过年利率24%的规定，支持邢建公司月息2%的违约金主张，适用法律不当。另外，案涉《建设工程施工合同》履行中，邢建公司非法转包，对合同不能顺利履行有一定责任，且在第一次诉讼的二审判决生效后璞润公司已按照判决数额将4635.7万元工程欠款于本次起诉前基本支付完毕，并未恶意拖欠。综合上述事实，按照已生效判决确定的标准，即按中国人民银行发布的同期同类贷款利率上浮30%支付欠款4635.7万元的违约金，符合合同履行实际和公平原则。

案例3：浙江中成建工集团有限公司（以下简称中成公司）、天津万炬电子产业投资有限公司（以下简称万炬公司）建设工程施工合同纠纷案件，最高人民法院（2018）最高法民终638号

◇ 法律适用导读

违约方抗辩违约金标准过高，但并未举证证明该违约金过分高于守约方的实际损失，在综合考虑双方当事人的履约情况基础上，可以按照年利率24%的标准计算违约金。

◇ 本案争议裁判

最高人民法院审理认为：关于一审判决确定的万炬公司应付中成公司违约金数额是否恰当问题。《最高人民法院关于适用〈中华人民共和国合同法〉若干问题的解释（二）》第29条规定，当事人主张约定的违约金过高请求予以适当减少的，人民法院应当以实际损失为基础，兼顾合同的履行情况、当事人的过错程度以及预期利益等综合因素，根据公平原则和诚实信用原则予以衡量，并作出裁决。

案涉《承诺书》约定，万炬公司确认截至2015年1月31日尚欠中成公司部分工程款4000万元，并承诺于2015年4月30日前付清全款，在欠

付工程款期间同意按照月 3% 的标准于每月 11 日向中成公司支付违约金，如未按期支付违约金则每天加罚 2 万元。该约定系当事人的真实意思表示，万炬公司抗辩该违约金标准过高，但并未举证证明该违约金过分高于中成公司的实际损失。万炬公司未按照合同约定支付工程款，系违约方，中成公司并无违约行为，并且中成公司对于万炬公司欠付的 198817194 元工程款未主张利息，综合考虑双方当事人的履约情况，中成公司上诉主张万炬公司以 4000 万元为基数，按照年利率 24% 的标准计算违约金，应予以支持。一审判决以 4000 万元为基数，按日万分之三的标准计算违约金，显著降低了当事人约定的违约金标准，依据并不充分，本院予以纠正。

法条指引

《中华人民共和国民法典》第五百八十五条

当事人可以约定一方违约时应当根据违约情况向对方支付一定数额的违约金，也可以约定因违约产生的损失赔偿额的计算方法。

约定的违约金低于造成的损失的，人民法院或者仲裁机构可以根据当事人的请求予以增加；约定的违约金过分高于造成的损失的，人民法院或者仲裁机构可以根据当事人的请求予以适当减少。

当事人就迟延履行约定违约金的，违约方支付违约金后，还应当履行债务。

新旧对照

《中华人民共和国合同法》第一百一十四条

当事人可以约定一方违约时应当根据违约情况向对方支付一定数额的违约金，也可以约定因违约产生的损失赔偿额的计算方法。

约定的违约金低于造成的损失的，当事人可以请求人民法院或者仲裁机构予以增加；约定的违约金过分高于造成的损失的，当事人可以请求人民法院或者仲裁机构予以适当减少。

当事人就迟延履行约定违约金的，违约方支付违约金后，还应当履行债务。

40.

在工程设计、材料或设备买卖等合同中，给付定金的一方或接受定金的一方不履行合同怎么办？

定金是合同当事人为了确保合同的履行，依据法律规定或者当事人双方的约定，由当事人一方在合同订立时，或者订立后、履行前，按合同标的额的一定比例，预先给付对方当事人的金钱或者其他代替物。如果不履行债务一方是支付方，则丧失返还定金的请求权；如果是收受方，则对方有双倍返还定金的请求权，此即为"定金罚则"。根据民法典第587条的规定，债务人履行债务的，定金应当抵作价款或者收回。给付定金的一方不履行债务或者履行债务不符合约定，致使不能实现合同目的的，无权请求返还定金。

定金作为债权担保的一定数额的货币，它属于一种法律上的担保方式，目的在于促使债务人履行债务，保障债权人的债权得以实现。在建设工程领域，最常遇到约定定金的合同类型是工程设计、材料买卖等合同。需要注意的是，在这类合同中对定金必须以书面形式进行约定，同时还应约定定金的数额和交付期限。给付定金一方如果不履行债务，无权要求另一方返还定金；接受定金的一方如果不履行债务，需向另一方双倍返还定金。债务人履行债务后，依照约定，定金应抵作价款或者收回。

在工程设计、材料或设备买卖等合同中，给付定金的一方不履行合同时，将可能因"定金罚则"的适用导致定金被守约方没收。收受定金的一方有权不予返还定金的场合须同时满足以下条件：（1）有违约行为。违约行为的存在是适用"定金罚则"的前提。违约行为是指不按合同约定履行债务的行为，其表现形式是多种多样的，包括不能履行、迟延履行及不完全履行等多种形态。（2）有合同目的落空的事实。合同目的落空即合同目的不能实现，是适用"定金罚则"的基本条件。这里的合同目的仅指主合同的直接目的和主要目的。（3）违约行为与合同目的落空之间有因果关系。违约行为或合同目的落空，并不必然导致定金罚则的适用，只有二者同时具备且存在因果关系时方可适用，即只有因违约行为致使合同目的不能实现时，才能适用定金罚则。（4）主合同必须有效，这是由定金合同的从属性所决定的。如果主合同无效或者被撤销的，即便当事人已有交付和收受定金的事实，也不能适用"定金罚则"。但是，当事人可以约定定金合同的效力独立于主合同，即主合同无效定金合同却不一定无效。

迟延履行不能实现合同目的，指迟延的时间对于债权的实现至关重要，超过了合同约定的期限履行合同，合同目的就将落空。

通常以下情况可以认为构成根本违约的迟延履行：（1）当事人在合同中明确约定超过期限履行合同，债权人将不接受履行，而债务人履行迟延；（2）履行期限构成合同的必要因素，超过期限履行将严重影响订立合同所期望的经济利益；（3）继续履行不能得到合同利益。

致使不能实现合同目的的其他违约行为，主要指违反的义务对合同目的的实现十分重要，如一方不履行这种义务，将剥夺另一方当事人根据合同有权期待的利益。该种违约行为主要包括：（1）完全不履行，即债务人拒绝履行合同的全部义务；（2）履行质量与约定严重不符，无法通过修理、替换、降价等方法予以补救；（3）部分履行合同，但该部分的价值和金额与整个合同的价值和金额相比占极小部分，对于另一方当事人无意义，或者未履行的部分对于整个合同目的的实现至关重大。

⚖ 类案导读

案例1：湖北俪伦进出口贸易有限公司（以下简称俪伦公司）与徐州藜照堂食品有限公司（以下简称藜照堂公司）定金合同纠纷案件，江苏省徐州市中级人民法院（2016）苏03民终3955号

◇ 法律适用导读

在买卖合同中，给付定金的一方不履行合同义务，无权请求返还定金。

40. 在工程设计、材料或设备买卖等合同中，给付定金的一方或接受定金的一方不履行合同怎么办?

本案争议裁判

二审法院认为：关于蔡照堂公司是否应双倍返还俪伦公司定金的问题。《中华人民共和国合同法》第115条规定，"当事人可以依照《中华人民共和国担保法》约定一方向对方给付定金作为债权的担保。债务人履行债务后，定金应当抵作价款或者收回。给付定金的一方不履行约定的债务的，无权要求返还定金；收受定金的一方不履行约定的债务的，应当双倍返还定金"。本案中，双方签订采购合同后，俪伦公司按照合同约定给付了定金，蔡照堂公司亦按照合同约定生产了黄桃罐头。在合同履行过程中，俪伦公司以蔡照堂公司生产的罐头存在质量问题为由要求终止合同，但俪伦公司未能提供证据证明蔡照堂公司生产的罐头存在质量问题，其应承担举证不能的法律后果，即俪伦公司无正当理由单方要求终止合同，不履行合同约定的债务，无权要求双倍返还定金。

案例2：镇远大佛山旅游度假景区有限公司（以下简称大佛山公司）、保盛兴业国际装饰工程（北京）有限公司（以下简称保盛兴业公司）建设工程设计合同纠纷案件，贵州省黔东南苗族侗族自治州中级人民法院 (2020) 黔 26 民终 2569 号

法律适用导读

在工程设计合同中，接受定金的设计人与给付定金的发包人均存在过错的，相应扣减应返还的定金。

本案争议裁判

一审法院认为：关于定金问题。从合同中关于定金部分的约定内容来看，双方对于定金的适用已作明确约定，即原告单方提出解除合同，被告未开始设计工作的，不退还已付的定金；已开始设计工作的，原告应根据被告已进行的实际工作量相应支付设计费。被告单方提出解除合同的，其应双倍返还定金。据此，双方当事人约定的定金应为解约定金。根据解约

定金的适用规则，交付定金的一方可以丧失定金为代价而解除合同，收受定金的一方可以双倍返还定金为代价而解除合同。现原告单方提出解约，自不能主张被告返还全部定金，故对于原告要求被告返还建筑施工设计图定金105万元、精装修设计定金90万元的诉讼请求予以部分支持。依据双方合同约定，被告还未开始精装修设计工作，精装修设计定金90万元应不予退还；被告已进行了建筑施工图设计工作，建筑施工图设计费为350万元，其内容包括建筑方案设计文件、初步设计文件、招标用施工图、施工图设计文件四个阶段。从查明的事实看，被告提交的设计平面图方案尚未定稿，仅属于概念设计阶段，故被告的设计系处于第一阶段，且未达到该阶段工作的一半，可按该阶段设计费的一半计算，即原告应支付被告该阶段的设计费43.75万元（350万元÷4÷2），被告应返还原告已支付的定金61.25万元。

二审法院认为：根据案涉合同约定"在合同履行期间，大佛山公司单方提出解除合同，保盛兴业公司未开始设计工作的，不退还大佛山公司已付的定金；已开始设计工作的，大佛山公司应根据保盛兴业公司已进行的工作量，不足一半时，按该阶段设计费的一半支付，超过一半时，按该阶段设计费的全部支付"。本案中，保盛兴业公司已进行了建筑施工图设计工作，该项工作包含建筑方案设计文件、初步设计文件、招标用施工图、施工图设计文件四个阶段，其向大佛山提交的设计平面图方案尚未定稿，仍处于建筑方案设计文件阶段，还未开始精装修设计工作。故一审法院认为本案系大佛山公司单方提出解除合同，且保盛兴业公司的设计系处于第一阶段，根据其提交的设计平面图尚未定稿，仅属于概念设计阶段，认定未达到该阶段工作的一半，判决保盛兴业公司应返还大佛山公司已支付的定金61.25万元，并无不妥，本院予以维持。

案例3：福建省上杭鸿阳矿山工程有限公司（以下简称鸿阳公司）与山西南娄集团股份有限公司（以下简称南娄公司）定金合同纠纷案件，最高人民法院（2017）最高法民申467号

◇ **法律适用导读**

收受定金的一方履行义务不符合约定，致使不能实现合同目的，应当

40. 在工程设计、材料或设备买卖等合同中，给付定金的一方或
   接受定金的一方不履行合同怎么办？

返还定金。

◇ 本案争议裁判

最高人民法院认为：关于原审判决南娄公司返还5530万元及利息是否正确的问题。南娄公司与鸿阳公司签订协议约定露天开采煤矿，同时还约定了须向政府有关部门办理露天开采煤矿的审批手续，故原审认定该协议属附条件协议适用法律并无不当。由于政府有关部门对双方申报的露天开采煤矿项目未予批准，本案协议因所涉生效条件未成就而未生效。《中华人民共和国合同法》第8条规定，依法成立的合同，对当事人具有法律约束力。根据协议约定，南娄公司负责提供相关的文件、资料、图纸和地质报告等，负责制作申报露天开采煤矿的设计和环评等事项；鸿阳公司负责协调有关部门的工作，负责审批露天开采煤矿的有关手续及办理手续的费用。鸿阳公司协调与否对于有关部门按照相关法律法规及政策规定所作审批行为并无因果关系，政府有关部门未批准露天开采煤矿项目，其责任不能归结于鸿阳公司。因此，南娄公司申请再审称鸿阳公司负有按照约定办理审批手续的义务，鸿阳公司未履行其约定义务，无权要求返还定金的理由不成立。鉴于双方约定的露天开采煤矿项目因未获批准而不能实施，鸿阳公司有权要求南娄公司返还定金，南娄公司应予以返还。同时南娄公司对于收取的鸿阳公司为合同履行另行支付的530万元款项，亦因失去合法依据而应予返还。

关于应否支付利息问题。南娄公司从知道露天开采煤矿未获批准而致双方签订的协议无法继续履行时，即应及时将鸿阳公司支付的5530万元退还给鸿阳公司，但经鸿阳公司多次催要未予退还，南娄公司的行为有违商事之诚实信用原则，故原审法院参照《最高人民法院关于审理买卖合同纠纷案件适用法律问题的解释》（2012年）第28条有关定金不足以弥补一方违约造成的损失，对方请求赔偿超过定金部分的损失的，人民法院可以并处的规定旨要，判决南娄公司赔偿其占用鸿阳公司资金期间对鸿阳公司造成的利息损失并无不当。

⚖ 法条指引

《中华人民共和国民法典》第五百八十六条

当事人可以约定一方向对方给付定金作为债权的担保。定金合同自实际交付定金时成立。

定金的数额由当事人约定；但是，不得超过主合同标的额的百分之二十，超过部分不产生定金的效力。实际交付的定金数额多于或者少于约定数额的，视为变更约定的定金数额。

《中华人民共和国民法典》第五百八十七条

债务人履行债务的，定金应当抵作价款或者收回。给付定金的一方不履行债务或者履行债务不符合约定，致使不能实现合同目的的，无权请求返还定金；收受定金的一方不履行债务或者履行债务不符合约定，致使不能实现合同目的的，应当双倍返还定金。

⚖ 新旧对照

《中华人民共和国合同法》第一百一十五条

当事人可以依照《中华人民共和国担保法》约定一方向对方给付定金作为债权的担保。债务人履行债务后，定金应当抵作价款或者收回。给付定金的一方不履行约定的债务的，无权要求返还定金；收受定金的一方不履行约定的债务的，应当双倍返还定金。

附录

《中华人民共和国民法典》第十八章"建设工程合同"与《中华人民共和国合同法》第十六章"建设工程合同"新旧对照表

《中华人民共和国民法典》 第三编 合同 第十八章 建设工程合同	《中华人民共和国合同法》 第十六章 建设工程合同
第788条 建设工程合同是承包人进行工程建设，发包人支付价款的合同。 建设工程合同包括工程勘察、设计、施工合同。	**第269条** 建设工程合同是承包人进行工程建设，发包人支付价款的合同。 建设工程合同包括工程勘察、设计、施工合同。
第789条 建设工程合同应当采用书面形式。	**第270条** 建设工程合同应当采用书面形式。
第790条 建设工程的招标投标活动，应当依照有关法律的规定公开、公平、公正进行。	**第271条** 建设工程的招标投标活动，应当依照有关法律的规定公开、公平、公正进行。
第791条 发包人可以与总承包人订立建设工程合同，也可以分别与勘察人、设计人、施工人订立勘察、设计、施工承包合同。<u>发包人不得将应当由一个承包人完成的建设工程支解成若干部分发包给数个承包人。</u> 总承包人或者勘察、设计、施工承包人经发包人同意，可以将自己承包的部分工作交由第三人完成。第三人就其完成的工作成果与总承包人或者勘察、设计、施工承包人向发包人承担连带责任。承包人不得将其承包的全部建设工程转包给第三人或者将其承包的全部建设工程支解以后以分包的名义分别转包给第三人。 禁止承包人将工程分包给不具备相应资质条件的单位。禁止分包单位将其承包的工程再分包。建设工程主体结构的施工必须由承包人自行完成。	**第272条** 发包人可以与总承包人订立建设工程合同，也可以分别与勘察人、设计人、施工人订立勘察、设计、施工承包合同。<u>发包人不得将应当由一个承包人完成的建设工程肢解成若干部分发包给几个承包人。</u> 总承包人或者勘察、设计、施工承包人经发包人同意，可以将自己承包的部分工作交由第三人完成。第三人就其完成的工作成果与总承包人或者勘察、设计、施工承包人向发包人承担连带责任。承包人不得将其承包的全部建设工程转包给第三人或者将其承包的全部建设工程肢解以后以分包的名义分别转包给第三人。 禁止承包人将工程分包给不具备相应资质条件的单位。禁止分包单位将其承包的工程再分包。建设工程主体结构的施工必须由承包人自行完成。

（续）

第 792 条 国家重大建设工程合同，应当按照国家规定的程序和国家批准的投资计划、可行性研究报告等文件订立。	第 273 条 国家重大建设工程合同，应当按照国家规定的程序和国家批准的投资计划、可行性研究报告等文件订立。
第 793 条 建设工程施工合同无效，但是建设工程经验收合格的，可以参照合同关于工程价款的约定折价补偿承包人。 建设工程施工合同无效，且建设工程经验收不合格的，按照以下情形处理： （一）修复后的建设工程经验收合格的，发包人可以请求承包人承担修复费用； （二）修复后的建设工程经验收不合格的，承包人无权请求参照合同关于工程价款的约定折价补偿。 发包人对因建设工程不合格造成的损失有过错的，应当承担相应的责任。	无
第 794 条 勘察、设计合同的内容一般包括提交有关基础资料和概预算等文件的期限、质量要求、费用以及其他协作条件等条款。	第 274 条 勘察、设计合同的内容包括提交有关基础资料和文件（包括概预算）的期限、质量要求、费用以及其他协作条件等条款。
第 795 条 施工合同的内容一般包括工程范围、建设工期、中间交工工程的开工和竣工时间、工程质量、工程造价、技术资料交付时间、材料和设备供应责任、拨款和结算、竣工验收、质量保修范围和质量保证期、相互协作等条款。	第 275 条 施工合同的内容包括工程范围、建设工期、中间交工工程的开工和竣工时间、工程质量、工程造价、技术资料交付时间、材料和设备供应责任、拨款和结算、竣工验收、质量保修范围和质量保证期、双方相互协作等条款。
第 796 条 建设工程实行监理的，发包人应当与监理人采用书面形式订立委托监理合同。发包人与监理人的权利和义务以及法律责任，应当依照本编委托合同以及其他有关法律、行政法规的规定。	第 276 条 建设工程实行监理的，发包人应当与监理人采用书面形式订立委托监理合同。发包人与监理人的权利和义务以及法律责任，应当依照本法委托合同以及其他有关法律、行政法规的规定。
第 797 条 发包人在不妨碍承包人正常作业的情况下，可以随时对作业进度、质量进行检查。	第 277 条 发包人在不妨碍承包人正常作业的情况下，可以随时对作业进度、质量进行检查。

254

第798条 隐蔽工程在隐蔽以前，承包人应当通知发包人检查。发包人没有及时检查的，承包人可以顺延工程日期，并有权请求赔偿停工、窝工等损失。	**第278条** 隐蔽工程在隐蔽以前，承包人应当通知发包人检查。发包人没有及时检查的，承包人可以顺延工程日期，并有权要求赔偿停工、窝工等损失。
第799条 建设工程竣工后，发包人应当根据施工图纸及说明书、国家颁发的施工验收规范和质量检验标准及时进行验收。验收合格的，发包人应当按照约定支付价款，并接收该建设工程。 建设工程竣工经验收合格后，方可交付使用；未经验收或者验收不合格的，不得交付使用。	**第279条** 建设工程竣工后，发包人应当根据施工图纸及说明书、国家颁发的施工验收规范和质量检验标准及时进行验收。验收合格的，发包人应当按照约定支付价款，并接收该建设工程。 建设工程竣工经验收合格后，方可交付使用；未经验收或者验收不合格的，不得交付使用。
第800条 勘察、设计的质量不符合要求或者未按照期限提交勘察、设计文件拖延工期，造成发包人损失的，勘察人、设计人应当继续完善勘察、设计，减收或者免收勘察、设计费并赔偿损失。	**第280条** 勘察、设计的质量不符合要求或者未按照期限提交勘察、设计文件拖延工期，造成发包人损失的，勘察人、设计人应当继续完善勘察、设计，减收或者免收勘察、设计费并赔偿损失。
第801条 因施工人的原因致使建设工程质量不符合约定的，发包人有权请求施工人在合理期限内无偿修理或者返工、改建。经过修理或者返工、改建后，造成逾期交付的，施工人应当承担违约责任。	**第281条** 因施工人的原因致使建设工程质量不符合约定的，发包人有权要求施工人在合理期限内无偿修理或者返工、改建。经过修理或者返工、改建后，造成逾期交付的，施工人应当承担违约责任。
第802条 因承包人的原因致使建设工程在合理使用期限内造成人身损害和财产损失的，承包人应当承担赔偿责任。	**第282条** 因承包人的原因致使建设工程在合理使用期限内造成人身和财产损害的，承包人应当承担损害赔偿责任。
第803条 发包人未按照约定的时间和要求提供原材料、设备、场地、资金、技术资料的，承包人可以顺延工程日期，并有权请求赔偿停工、窝工等损失。	**第283条** 发包人未按照约定的时间和要求提供原材料、设备、场地、资金、技术资料的，承包人可以顺延工程日期，并有权要求赔偿停工、窝工等损失。
第804条 因发包人的原因致使工程中途停建、缓建的，发包人应当采取措施弥补或者减少损失，赔偿承包人因此造成的停工、窝工、倒运、机械设备调迁、材料和构件积压等损失和实际费用。	**第284条** 因发包人的原因致使工程中途停建、缓建的，发包人应当采取措施弥补或者减少损失，赔偿承包人因此造成的停工、窝工、倒运、机械设备调迁、材料和构件积压等损失和实际费用。

（续）

第805条 因发包人变更计划，提供的资料不准确，或者未按照期限提供必需的勘察、设计工作条件而造成勘察、设计的返工、停工或者修改设计，发包人应当按照勘察人、设计人实际消耗的工作量增付费用。	**第285条** 因发包人变更计划，提供的资料不准确，或者未按照期限提供必需的勘察、设计工作条件而造成勘察、设计的返工、停工或者修改设计，发包人应当按照勘察人、设计人实际消耗的工作量增付费用。
第806条 承包人将建设工程转包、违法分包的，发包人可以解除合同。 发包人提供的主要建筑材料、建筑构配件和设备不符合强制性标准或者不履行协助义务，致使承包人无法施工，经催告后在合理期限内仍未履行相应义务的，承包人可以解除合同。 合同解除后，已经完成的建设工程质量合格的，发包人应当按照约定支付相应的工程价款；已经完成的建设工程质量不合格的，参照本法第七百九十三条的规定处理。	无
第807条 发包人未按照约定支付价款的，承包人可以催告发包人在合理期限内支付价款。发包人逾期不支付的，除根据建设工程的性质不宜折价、拍卖外，承包人可以与发包人协议将该工程折价，也可以请求人民法院将该工程依法拍卖。建设工程的价款就该工程折价或者拍卖的价款优先受偿。	**第286条** 发包人未按照约定支付价款的，承包人可以催告发包人在合理期限内支付价款。发包人逾期不支付的，除按照建设工程的性质不宜折价、拍卖的以外，承包人可以与发包人协议将该工程折价，也可以申请人民法院将该工程依法拍卖。建设工程的价款就该工程折价或者拍卖的价款优先受偿。
第808条 本章没有规定的，适用承揽合同的有关规定。	**第287条** 本章没有规定的，适用承揽合同的有关规定。

《最高人民法院关于审理建设工程施工合同纠纷案件适用法律问题的解释（一）》①与《最高人民法院关于审理建设工程施工合同纠纷案件适用法律问题的解释》②、《最高人民法院关于审理建设工程施工合同纠纷案件适用法律问题的解释（二）》③新旧对照表

《最高人民法院关于审理建设工程施工合同纠纷案件适用法律问题的解释（一）》	《最高人民法院关于审理建设工程施工合同纠纷案件适用法律问题的解释》《最高人民法院关于审理建设工程施工合同纠纷案件适用法律问题的解释（二）》
第一条 建设工程施工合同具有下列情形之一的，应当依据民法典第一百五十三条第一款的规定，认定无效： （一）承包人未取得<u>建筑业企业资质</u>或者超越资质等级的； （二）没有资质的实际施工人借用有资质的建筑施工企业名义的； （三）建设工程必须进行招标而未招标或者中标无效的。 <u>承包人因转包、违法分包建设工程与他人签订的建设工程施工合同，应当依据民法典第一百五十三条第一款及第七百九十一条第二款、第三款的规定，认定无效。</u>	**《原司法解释一》第一条** 建设工程施工合同具有下列情形之一的，应当根据合同法第五十二条第（五）项的规定，认定无效： （一）承包人未取得<u>建筑施工企业资质</u>或者超越资质等级的； （二）没有资质的实际施工人借用有资质的建筑施工企业名义的； （三）建设工程必须进行招标而未招标或者中标无效的。 **《原司法解释一》第四条** 承包人非法转包、违法分包建设工程或者没有资质的实际施工人借用有资质的建筑施工企业名义与他人签订建设工程施工合同的行为无效。人民法院可以根据民法通则第一百三十四条规定，收缴当事人已经取得的非法所得。
第二条 招标人和中标人另行签订的建设工程施工合同约定的工程范围、建设工期、工程质量、工程价款等实质性内容，与中标合同不一致，一方当事人请求按照中标合同确定权利义务的，人民法院应予支持。	**《原司法解释二》第一条** 招标人和中标人另行签订的建设工程施工合同约定的工程范围、建设工期、工程质量、工程价款等实质性内容，与中标合同不一致，一方当事人请求按照中标合同确定权利义务的，人民法院应予支持。

257

---

① 本表简称《新司法解释》。
② 本表简称《原司法解释一》。
③ 本表简称《原司法解释二》。

（续）

招标人和中标人在中标合同之外就明显高于市场价格购买承建房产、无偿建设住房配套设施、让利、向建设单位捐赠财物等另行签订合同，变相降低工程价款，一方当事人以该合同背离中标合同实质性内容为由请求确认无效的，人民法院应予支持。	招标人和中标人在中标合同之外就明显高于市场价格购买承建房产、无偿建设住房配套设施、让利、向建设单位捐赠财物等另行签订合同，变相降低工程价款，一方当事人以该合同背离中标合同实质性内容为由请求确认无效的，人民法院应予支持。
第三条 当事人以发包人未取得建设工程规划许可证等规划审批手续为由，请求确认建设工程施工合同无效的，人民法院应予支持，但发包人在起诉前取得建设工程规划许可证等规划审批手续的除外。 发包人能够办理审批手续而未办理，并以未办理审批手续为由请求确认建设工程施工合同无效的，人民法院不予支持。	《原司法解释二》第二条 当事人以发包人未取得建设工程规划许可证等规划审批手续为由，请求确认建设工程施工合同无效的，人民法院应予支持，但发包人在起诉前取得建设工程规划许可证等规划审批手续的除外。 发包人能够办理审批手续而未办理，并以未办理审批手续为由请求确认建设工程施工合同无效的，人民法院不予支持。
第四条 承包人超越资质等级许可的业务范围签订建设工程施工合同，在建设工程竣工前取得相应资质等级，当事人请求按照无效合同处理的，人民法院不予支持。	《原司法解释一》第五条 承包人超越资质等级许可的业务范围签订建设工程施工合同，在建设工程竣工前取得相应资质等级，当事人请求按照无效合同处理的，不予支持。
第五条 具有劳务作业法定资质的承包人与总承包人、分包人签订的劳务分包合同，当事人请求确认无效的，人民法院依法不予支持。	《原司法解释一》第七条 具有劳务作业法定资质的承包人与总承包人、分包人签订的劳务分包合同，当事人以转包建设工程违反法律规定为由请求确认无效的，不予支持。
第六条 建设工程施工合同无效，一方当事人请求对方赔偿损失的，应当就对方过错、损失大小、过错与损失之间的因果关系承担举证责任。 损失大小无法确定，一方当事人请求参照合同约定的质量标准、建设工期、工程价款支付时间等内容确定损失大小的，人民法院可以结合双方过错程度、过错与损失之间的因果关系等因素作出裁判。	《原司法解释二》第三条 建设工程施工合同无效，一方当事人请求对方赔偿损失的，应当就对方过错、损失大小、过错与损失之间的因果关系承担举证责任。 损失大小无法确定，一方当事人请求参照合同约定的质量标准、建设工期、工程价款支付时间等内容确定损失大小的，人民法院可以结合双方过错程度、过错与损失之间的因果关系等因素作出裁判。

第七条 缺乏资质的单位或者个人借用有资质的建筑施工企业名义签订建设工程施工合同，发包人请求出借方与借用方对建设工程质量不合格等因出借资质造成的损失承担连带赔偿责任的，人民法院应予支持。	**《原司法解释二》第四条** 缺乏资质的单位或者个人借用有资质的建筑施工企业名义签订建设工程施工合同，发包人请求出借方与借用方对建设工程质量不合格等因出借资质造成的损失承担连带赔偿责任的，人民法院应予支持。
第八条 当事人对建设工程开工日期有争议的，人民法院应当分别按照以下情形予以认定： （一）开工日期为发包人或者监理人发出的开工通知载明的开工日期；开工通知发出后，尚不具备开工条件的，以开工条件具备的时间为开工日期；因承包人原因导致开工时间推迟的，以开工通知载明的时间为开工日期。 （二）承包人经发包人同意已经实际进场施工的，以实际进场施工时间为开工日期。 （三）发包人或者监理人未发出开工通知，亦无相关证据证明实际开工日期的，应当综合考虑开工报告、合同、施工许可证、竣工验收报告或者竣工验收备案表等载明的时间，并结合是否具备开工条件的事实，认定开工日期。	**《原司法解释二》第五条** 当事人对建设工程开工日期有争议的，人民法院应当分别按照以下情形予以认定： （一）开工日期为发包人或者监理人发出的开工通知载明的开工日期；开工通知发出后，尚不具备开工条件的，以开工条件具备的时间为开工日期；因承包人原因导致开工时间推迟的，以开工通知载明的时间为开工日期。 （二）承包人经发包人同意已经实际进场施工的，以实际进场施工时间为开工日期。 （三）发包人或者监理人未发出开工通知，亦无相关证据证明实际开工日期的，应当综合考虑开工报告、合同、施工许可证、竣工验收报告或者竣工验收备案表等载明的时间，并结合是否具备开工条件的事实，认定开工日期。
第九条 当事人对建设工程实际竣工日期有争议的，人民法院应当分别按照以下情形予以认定： （一）建设工程经竣工验收合格的，以竣工验收合格之日为竣工日期； （二）承包人已经提交竣工验收报告，发包人拖延验收的，以承包人提交验收报告之日为竣工日期； （三）建设工程未经竣工验收，发包人擅自使用的，以转移占有建设工程之日为竣工日期。	**《原司法解释一》第十四条** 当事人对建设工程实际竣工日期有争议的，按照以下情形分别处理： （一）建设工程经竣工验收合格的，以竣工验收合格之日为竣工日期； （二）承包人已经提交竣工验收报告，发包人拖延验收的，以承包人提交验收报告之日为竣工日期； （三）建设工程未经竣工验收，发包人擅自使用的，以转移占有建设工程之日为竣工日期。

（续）

第十条 当事人约定顺延工期应当经发包人或者监理人签证等方式确认，承包人虽未取得工期顺延的确认，但能够证明在合同约定的期限内向发包人或者监理人申请过工期顺延且顺延事由符合合同约定，承包人以此为由主张工期顺延的，人民法院应予支持。 当事人约定承包人未在约定期限内提出工期顺延申请视为工期不顺延的，按照约定处理，但发包人在约定期限后同意工期顺延或者承包人提出合理抗辩的除外。	**《原司法解释二》第六条** 当事人约定顺延工期应当经发包人或者监理人签证等方式确认，承包人虽未取得工期顺延的确认，但能够证明在合同约定的期限内向发包人或者监理人申请过工期顺延且顺延事由符合合同约定，承包人以此为由主张工期顺延的，人民法院应予支持。 当事人约定承包人未在约定期限内提出工期顺延申请视为工期不顺延的，按照约定处理，但发包人在约定期限后同意工期顺延或者承包人提出合理抗辩的除外。
第十一条 建设工程竣工前，当事人对工程质量发生争议，工程质量经鉴定合格的，鉴定期间为顺延工期期间。	**《原司法解释一》第十五条** 建设工程竣工前，当事人对工程质量发生争议，工程质量经鉴定合格的，鉴定期间为顺延工期期间。
第十二条 因承包人的<u>原因</u>造成建设工程质量不符合约定，承包人拒绝修理、返工或者改建，发包人请求减少支付工程价款的，人民法院应予支持。	**《原司法解释一》第十一条** 因承包人的<u>过错</u>造成建设工程质量不符合约定，承包人拒绝修理、返工或者改建，发包人请求减少支付工程价款的，应予支持。
第十三条 发包人具有下列情形之一，造成建设工程质量缺陷，应当承担过错责任： （一）提供的设计有缺陷； （二）提供或者指定购买的建筑材料、建筑构配件、设备不符合强制性标准； （三）直接指定分包人分包专业工程。 承包人有过错的，也应当承担相应的过错责任。	**《原司法解释一》第十二条** 发包人具有下列情形之一，造成建设工程质量缺陷，应当承担过错责任： （一）提供的设计有缺陷； （二）提供或者指定购买的建筑材料、建筑构配件、设备不符合强制性标准； （三）直接指定分包人分包专业工程。 承包人有过错的，也应当承担相应的过错责任。
第十四条 建设工程未经竣工验收，发包人擅自使用后，又以使用部分质量不符合约定为由主张权利的，人民法院不予支持；但是承包人应当在建设工程的合理使用寿命内对地基础工程和主体结构质量承担民事责任。	**《原司法解释一》第十三条** 建设工程未经竣工验收，发包人擅自使用后，又以使用部分质量不符合约定为由主张权利的，不予支持；但是承包人应当在建设工程的合理使用寿命内对地基础工程和主体结构质量承担民事责任。

260

（续）

第十五条 因建设工程质量发生争议的，发包人可以以总承包人、分包人和实际施工人为共同被告提起诉讼。	**《原司法解释一》第二十五条** 因建设工程质量发生争议的，发包人可以以总承包人、分包人和实际施工人为共同被告提起诉讼。
第十六条 发包人在承包人提起的建设工程施工合同纠纷案件中，以建设工程质量不符合合同约定或者法律规定为由，就承包人支付违约金或者赔偿修理、返工、改建的合理费用等损失提出反诉的，人民法院可以合并审理。	**《原司法解释二》第七条** 发包人在承包人提起的建设工程施工合同纠纷案件中，以建设工程质量不符合合同约定或者法律规定为由，就承包人支付违约金或者赔偿修理、返工、改建的合理费用等损失提出反诉的，人民法院可以合并审理。
第十七条 有下列情形之一，承包人请求发包人返还工程质量保证金的，人民法院应予支持： （一）当事人约定的工程质量保证金返还期限届满； （二）当事人未约定工程质量保证金返还期限的，自建设工程通过竣工验收之日起满二年； （三）因发包人原因建设工程未按约定期限进行竣工验收的，自承包人提交工程竣工验收报告九十日后当事人约定的工程质量保证金返还期限届满；当事人未约定工程质量保证金返还期限的，自承包人提交工程竣工验收报告九十日后起满二年。 发包人返还工程质量保证金后，不影响承包人根据合同约定或者法律规定履行工程保修义务。	**《原司法解释二》第八条** 有下列情形之一，承包人请求发包人返还工程质量保证金的，人民法院应予支持： （一）当事人约定的工程质量保证金返还期限届满。 （二）当事人未约定工程质量保证金返还期限的，自建设工程通过竣工验收之日起满二年。 （三）因发包人原因建设工程未按约定期限进行竣工验收的，自承包人提交工程竣工验收报告九十日后起当事人约定的工程质量保证金返还期限届满；当事人未约定工程质量保证金返还期限的，自承包人提交工程竣工验收报告九十日后起满二年。 发包人返还工程质量保证金后，不影响承包人根据合同约定或者法律规定履行工程保修义务。
第十八条 因保修人未及时履行保修义务，导致建筑物毁损或者造成人身损害、财产损失的，保修人应当承担赔偿责任。 保修人与建筑物所有人或者发包人对建筑物毁损均有过错的，各自承担相应的责任。	**《原司法解释一》第二十七条** 因保修人未及时履行保修义务，导致建筑物毁损或者造成人身、财产损害的，保修人应当承担赔偿责任。 保修人与建筑物所有人或者发包人对建筑物毁损均有过错的，各自承担相应的责任。

261

（续）

第十九条 当事人对建设工程的计价标准或者计价方法有约定的，按照约定结算工程价款。 因设计变更导致建设工程的工程量或者质量标准发生变化，当事人对该部分工程价款不能协商一致的，可以参照签订建设工程施工合同时当地建设行政主管部门发布的计价方法或者计价标准结算工程价款。 建设工程施工合同有效，但建设工程经竣工验收不合格的，<u>依照民法典第五百七十七条规定处理。</u>	《原司法解释一》第十六条 当事人对建设工程的计价标准或者计价方法有约定的，按照约定结算工程价款。 因设计变更导致建设工程的工程量或者质量标准发生变化，当事人对该部分工程价款不能协商一致的，可以参照签订建设工程施工合同时当地建设行政主管部门发布的计价方法或者计价标准结算工程价款。 建设工程施工合同有效，但建设工程经竣工验收不合格的，<u>工程价款结算参照本解释第三条规定处理。</u>
第二十条 当事人对工程量有争议的，按照施工过程中形成的签证等书面文件确认。承包人能够证明发包人同意其施工，但未能提供签证文件证明工程量发生的，可以按照当事人提供的其他证据确认实际发生的工程量。	《原司法解释一》第十九条 当事人对工程量有争议的，按照施工过程中形成的签证等书面文件确认。承包人能够证明发包人同意其施工，但未能提供签证文件证明工程量发生的，可以按照当事人提供的其他证据确认实际发生的工程量。
第二十一条 当事人约定，发包人收到竣工结算文件后，在约定期限内不予答复，视为认可竣工结算文件的，按照约定处理。承包人请求按照竣工结算文件结算工程价款的，<u>人民法院应予支持。</u>	《原司法解释一》第二十条 当事人约定，发包人收到竣工结算文件后，在约定期限内不予答复，视为认可竣工结算文件的，按照约定处理。承包人请求按照竣工结算文件结算工程价款的，应予支持。
第二十二条 当事人签订的建设工程施工合同与招标文件、投标文件、中标通知书载明的工程范围、建设工期、工程质量、工程价款不一致，一方当事人请求将招标文件、投标文件、中标通知书作为结算工程价款的依据的，人民法院应予支持。	《原司法解释二》第十条 当事人签订的建设工程施工合同与招标文件、投标文件、中标通知书载明的工程范围、建设工期、工程质量、工程价款不一致，一方当事人请求将招标文件、投标文件、中标通知书作为结算工程价款的依据的，人民法院应予支持。
第二十三条 发包人将依法不属于必须招标的建设工程进行招标后，与承包人另行订立的建设工程施工合同背离中标合同的实质性内容，当事人请求以中标合同作为结算建设工程价款依据的，人民法院应予支持，但发包人与承包人因客观情况发生了在招标投标时难以预见的变化而另行订立建设工程施工合同的除外。	《原司法解释二》第九条 发包人将依法不属于必须招标的建设工程进行招标后，与承包人另行订立的建设工程施工合同背离中标合同的实质性内容，当事人请求以中标合同作为结算建设工程价款依据的，人民法院应予支持，但发包人与承包人因客观情况发生了在招标投标时难以预见的变化而另行订立建设工程施工合同的除外。

262

第二十四条 当事人就同一建设工程订立的数份建设工程施工合同均无效，但建设工程质量合格，一方当事人请求参照实际履行的合同<u>关于工程价款的约定折价补偿承包人的</u>，人民法院应予支持。 实际履行的合同难以确定，当事人请求参照最后签订的合同关于工程价款的约定折价补偿承包人的，人民法院应予支持。	《原司法解释二》第十一条 当事人就同一建设工程订立的数份建设工程施工合同均无效，但建设工程质量合格，一方当事人请求参照实际履行的合同<u>结算建设工程价款的</u>，人民法院应予支持。 实际履行的合同难以确定，当事人请求参照最后签订的合同结算建设工程价款的，人民法院应予支持。
第二十五条 当事人对垫资和垫资利息有约定，承包人请求按照约定返还垫资及其利息的，<u>人民法院应予支持</u>，但是约定的利息计算标准高于垫资时的<u>同类贷款利率或者同期贷款市场报价利率</u>的部分除外。 当事人对垫资没有约定的，按照工程欠款处理。 当事人对垫资利息没有约定，承包人请求支付利息的，<u>人民法院不予支持</u>。	《原司法解释一》第六条 当事人对垫资和垫资利息有约定，承包人请求按照约定返还垫资及其利息的，应予支持，但是约定的利息计算标准高于<u>中国人民银行发布的同期同类贷款利率</u>的部分除外。 当事人对垫资没有约定的，按照工程欠款处理。 当事人对垫资利息没有约定，承包人请求支付利息的，不予支持。
第二十六条 当事人对欠付工程价款利息计付标准有约定的，按照约定处理。没有约定的，<u>按照同期同类贷款利率或者同期贷款市场报价利率计息</u>。	《原司法解释一》第十七条 当事人对欠付工程价款利息计付标准有约定的，按照约定处理；没有约定的，<u>按照中国人民银行发布的同期同类贷款利率计息</u>。
第二十七条 利息从应付工程价款之日<u>开始</u>计付。当事人对付款时间没有约定或者约定不明的，下列时间视为应付款时间： （一）建设工程已实际交付的，为交付之日； （二）建设工程没有交付的，为提交竣工结算文件之日； （三）建设工程未交付，工程价款也未结算的，为当事人起诉之日。	《原司法解释一》第十八条 利息从应付工程价款之日计付。当事人对付款时间没有约定或者约定不明的，下列时间视为应付款时间： （一）建设工程已实际交付的，为交付之日； （二）建设工程没有交付的，为提交竣工结算文件之日； （三）建设工程未交付，工程价款也未结算的，为当事人起诉之日。
第二十八条 当事人约定按照固定价结算工程价款，一方当事人请求对建设工程造价进行鉴定的，<u>人民法院不予支持</u>。	《原司法解释一》第二十二条 当事人约定按照固定价结算工程价款，一方当事人请求对建设工程造价进行鉴定的，不予支持。

263

（续）

第二十九条　当事人在诉讼前已经对建设工程价款结算达成协议，诉讼中一方当事人申请对工程造价进行鉴定的，人民法院不予准许。	《原司法解释二》第十二条　当事人在诉讼前已经对建设工程价款结算达成协议，诉讼中一方当事人申请对工程造价进行鉴定的，人民法院不予准许。
第三十条　当事人在诉讼前共同委托有关机构、人员对建设工程造价出具咨询意见，诉讼中一方当事人不认可该咨询意见申请鉴定的，人民法院应予准许，但双方当事人明确表示受该咨询意见约束的除外。	《原司法解释二》第十三条　当事人在诉讼前共同委托有关机构、人员对建设工程造价出具咨询意见，诉讼中一方当事人不认可该咨询意见申请鉴定的，人民法院应予准许，但双方当事人明确表示受该咨询意见约束的除外。
第三十一条　当事人对部分案件事实有争议的，仅对有争议的事实进行鉴定，但争议事实范围不能确定，或者双方当事人请求对全部事实鉴定的除外。	《原司法解释一》第二十三条　当事人对部分案件事实有争议的，仅对有争议的事实进行鉴定，但争议事实范围不能确定，或者双方当事人请求对全部事实鉴定的除外。
第三十二条　当事人对工程造价、质量、修复费用等专门性问题有争议，人民法院认为需要鉴定的，应当向负有举证责任的当事人释明。当事人经释明未申请鉴定，虽申请鉴定但未支付鉴定费用或者拒不提供相关材料的，应当承担举证不能的法律后果。 一审诉讼中负有举证责任的当事人未申请鉴定，虽申请鉴定但未支付鉴定费用或者拒不提供相关材料，二审诉讼中申请鉴定，人民法院认为确有必要的，应当依照民事诉讼法第一百七十条第一款第三项的规定处理。	《原司法解释二》第十四条　当事人对工程造价、质量、修复费用等专门性问题有争议，人民法院认为需要鉴定的，应当向负有举证责任的当事人释明。当事人经释明未申请鉴定，虽申请鉴定但未支付鉴定费用或者拒不提供相关材料的，应当承担举证不能的法律后果。 一审诉讼中负有举证责任的当事人未申请鉴定，虽申请鉴定但未支付鉴定费用或者拒不提供相关材料，二审诉讼中申请鉴定，人民法院认为确有必要的，应当依照民事诉讼法第一百七十条第一款第三项的规定处理。
第三十三条　人民法院准许当事人的鉴定申请后，应当根据当事人申请及查明案件事实的需要，确定委托鉴定的事项、范围、鉴定期限等，并组织当事人对争议的鉴定材料进行质证。	《原司法解释二》第十五条　人民法院准许当事人的鉴定申请后，应当根据当事人申请及查明案件事实的需要，确定委托鉴定的事项、范围、鉴定期限等，并组织双方当事人对争议的鉴定材料进行质证。

（续）

第三十四条 人民法院应当组织当事人对鉴定意见进行质证。鉴定人将当事人有争议且未经质证的材料作为鉴定依据的，人民法院应当组织当事人就该部分材料进行质证。经质证认为不能作为鉴定依据的，根据该材料作出的鉴定意见不得作为认定案件事实的依据。	**《原司法解释二》第十六条** 人民法院应当组织当事人对鉴定意见进行质证。鉴定人将当事人有争议且未经质证的材料作为鉴定依据的，人民法院应当组织当事人就该部分材料进行质证。经质证认为不能作为鉴定依据的，根据该材料作出的鉴定意见不得作为认定案件事实的依据。
第三十五条 与发包人订立建设工程施工合同的承包人，依据民法典第八百零七条的规定请求其承建工程的价款就工程折价或者拍卖的价款优先受偿的，人民法院应予支持。	**《原司法解释二》第十七条** 与发包人订立建设工程施工合同的承包人，根据合同法第二百八十六条规定请求其承建工程的价款就工程折价或者拍卖的价款优先受偿的，人民法院应予支持。
第三十六条 承包人根据民法典第八百零七条规定享有的建设工程价款优先受偿权优于抵押权和其他债权。	无
第三十七条 装饰装修工程具备折价或者拍卖条件，装饰装修工程的承包人请求工程价款就该装饰装修工程折价或者拍卖的价款优先受偿的，人民法院应予支持。	**《原司法解释二》第十八条** 装饰装修工程的承包人，请求装饰装修工程价款就该装饰装修工程折价或者拍卖的价款优先受偿的，人民法院应予支持，但装饰装修工程的发包人不是该建筑物的所有权人的除外。
第三十八条 建设工程质量合格，承包人请求其承建工程的价款就工程折价或者拍卖的价款优先受偿的，人民法院应予支持。	**《原司法解释二》第十九条** 建设工程质量合格，承包人请求其承建工程的价款就工程折价或者拍卖的价款优先受偿的，人民法院应予支持。
第三十九条 未竣工的建设工程质量合格，承包人请求其承建工程的价款就其承建工程部分折价或者拍卖的价款优先受偿的，人民法院应予支持。	**《原司法解释二》第二十条** 未竣工的建设工程质量合格，承包人请求其承建工程的价款就其承建工程部分折价或者拍卖的价款优先受偿的，人民法院应予支持。
第四十条 承包人建设工程价款优先受偿的范围依据国务院有关行政主管部门关于建设工程价款范围的规定确定。 承包人就逾期支付建设工程价款的利息、违约金、损害赔偿金等主张优先受偿的，人民法院不予支持。	**《原司法解释二》第二十一条** 承包人建设工程价款优先受偿的范围依照国务院有关行政主管部门关于建设工程价款范围的规定确定。 承包人就逾期支付建设工程价款的利息、违约金、损害赔偿金等主张优先受偿的，人民法院不予支持。

（续）

第四十一条 承包人应当在合理期限内行使建设工程价款优先受偿权，但最长不得超过十八个月，自发包人应当给付建设工程价款之日起算。	**《原司法解释二》第二十二条** 承包人行使建设工程价款优先受偿权的期限为六个月，自发包人应当给付建设工程价款之日起算。
第四十二条 发包人与承包人约定放弃或者限制建设工程价款优先受偿权，损害建筑工人利益，发包人根据该约定主张承包人不享有建设工程价款优先受偿权的，人民法院不予支持。	**《原司法解释二》第二十三条** 发包人与承包人约定放弃或者限制建设工程价款优先受偿权，损害建筑工人利益，发包人根据该约定主张承包人不享有建设工程价款优先受偿权的，人民法院不予支持。
第四十三条 实际施工人以转包人、违法分包人为被告起诉的，人民法院应当依法受理。 实际施工人以发包人为被告主张权利的，人民法院应当追加转包人或者违法分包人为本案第三人，在查明发包人欠付转包人或者违法分包人建设工程价款的数额后，判决发包人在欠付建设工程价款范围内对实际施工人承担责任。	**《原司法解释一》第二十六条** 实际施工人以转包人、违法分包人为被告起诉的，人民法院应当依法受理。 实际施工人以发包人为被告主张权利的，人民法院可以追加转包人或者违法分包人为本案当事人。发包人只在欠付工程价款范围内对实际施工人承担责任。 **《原司法解释二》第二十四条** 实际施工人以发包人为被告主张权利的，人民法院应当追加转包人或者违法分包人为本案第三人，在查明发包人欠付转包人或者违法分包人建设工程价款的数额后，判决发包人在欠付建设工程价款范围内对实际施工人承担责任。
第四十四条 实际施工人依据民法典第五百三十五条规定，以转包人或者违法分包人怠于向发包人行使到期债权或者与该债权有关的从权利，影响其到期债权实现，提起代位权诉讼的，人民法院应予支持。	**《原司法解释二》第二十五条** 实际施工人根据合同法第七十三条规定，以转包人或者违法分包人怠于向发包人行使到期债权，对其造成损害为由，提起代位权诉讼的，人民法院应予支持。
第四十五条 本解释自 2021 年 1 月 1 日起施行。	无
备注：《新司法解释》删除了《原司法解释一》的以下 8 个条文： **第二条** 建设工程施工合同无效，但建设工程经竣工验收合格，承包人请求参照合同约定支付工程价款的，应予支持。 **第三条** 建设工程施工合同无效，且建设工程经竣工验收不合格的，按照以下情形分别处理：	

（续）

（一）修复后的建设工程经竣工验收合格，发包人请求承包人承担修复费用的，应予支持；

（二）修复后的建设工程经竣工验收不合格，承包人请求支付工程价款的，不予支持。

因建设工程不合格造成的损失，发包人有过错的，也应承担相应的民事责任。

第八条 承包人具有下列情形之一，发包人请求解除建设工程施工合同的，应予支持：

（一）明确表示或者以行为表明不履行合同主要义务的；

（二）合同约定的期限内没有完工，且在发包人催告的合理期限内仍未完工的；

（三）已经完成的建设工程质量不合格，并拒绝修复的；

（四）将承包的建设工程非法转包、违法分包的。

第九条 发包人具有下列情形之一，致使承包人无法施工，且在催告的合理期限内仍未履行相应义务，承包人请求解除建设工程施工合同的，应予支持：

（一）未按约定支付工程价款的；

（二）提供的主要建筑材料、建筑构配件和设备不符合强制性标准的；

（三）不履行合同约定的协助义务的。

第十条 建设工程施工合同解除后，已经完成的建设工程质量合格的，发包人应当按照约定支付相应的工程价款；已经完成的建设工程质量不合格的，参照本解释第三条规定处理。

因一方违约导致合同解除的，违约方应当赔偿因此而给对方造成的损失。

第二十一条 当事人就同一建设工程另行订立的建设工程施工合同与经过备案的中标合同实质性内容不一致的，应当以备案的中标合同作为结算工程价款的根据。

第二十四条 建设工程施工合同纠纷以施工行为地为合同履行地。

第二十八条 本解释自二〇〇五年一月一日起施行。

施行后受理的第一审案件适用本解释。

施行前最高人民法院发布的司法解释与本解释相抵触的，以本解释为准。

267

备注：《新司法解释》删除了《原司法解释二》的以下 1 个条文：

第二十六条 本解释自 2019 年 2 月 1 日起施行。

本解释施行后尚未审结的一审、二审案件，适用本解释。

本解释施行前已经终审、施行后当事人申请再审或者按照审判监督程序决定再审的案件，不适用本解释。

最高人民法院以前发布的司法解释与本解释不一致的，不再适用。

最高人民法院关于审理建设工程施工合同纠纷案件
适用法律问题的解释（一）

（2020 年 12 月 25 日最高人民法院审判委员会第 1825 次会议通过
自 2021 年 1 月 1 日起施行　法释〔2020〕25 号）

为正确审理建设工程施工合同纠纷案件，依法保护当事人合法权益，维护建筑市场秩序，促进建筑市场健康发展，根据《中华人民共和国民法典》《中华人民共和国建筑法》《中华人民共和国招标投标法》《中华人民共和国民事诉讼法》等相关法律规定，结合审判实践，制定本解释。

第一条　建设工程施工合同具有下列情形之一的，应当依据民法典第一百五十三条第一款的规定，认定无效：

（一）承包人未取得建筑业企业资质或者超越资质等级的；

（二）没有资质的实际施工人借用有资质的建筑施工企业名义的；

（三）建设工程必须进行招标而未招标或者中标无效的。

承包人因转包、违法分包建设工程与他人签订的建设工程施工合同，应当依据民法典第一百五十三条第一款及第七百九十一条第二款、第三款的规定，认定无效。

第二条　招标人和中标人另行签订的建设工程施工合同约定的工程范围、建设工期、工程质量、工程价款等实质性内容，与中标合同不一致，一方当事人请求按照中标合同确定权利义务的，人民法院应予支持。

招标人和中标人在中标合同之外就明显高于市场价格购买承建房产、无偿建设住房配套设施、让利、向建设单位捐赠财物等另行签订合同，变相降低工程价款，一方当事人以该合同背离中标合同实质性内容为由请求确认无效的，人民法院应予支持。

第三条　当事人以发包人未取得建设工程规划许可证等规划审批手续为由，请求确认建设工程施工合同无效的，人民法院应予支持，但发包人在起诉前取得建设工程规划许可证等规划审批手续的除外。

发包人能够办理审批手续而未办理，并以未办理审批手续为由请求确认建设工程施工合同无效的，人民法院不予支持。

第四条　承包人超越资质等级许可的业务范围签订建设工程施工合

同，在建设工程竣工前取得相应资质等级，当事人请求按照无效合同处理的，人民法院不予支持。

第五条 具有劳务作业法定资质的承包人与总承包人、分包人签订的劳务分包合同，当事人请求确认无效的，人民法院依法不予支持。

第六条 建设工程施工合同无效，一方当事人请求对方赔偿损失的，应当就对方过错、损失大小、过错与损失之间的因果关系承担举证责任。

损失大小无法确定，一方当事人请求参照合同约定的质量标准、建设工期、工程价款支付时间等内容确定损失大小的，人民法院可以结合双方过错程度、过错与损失之间的因果关系等因素作出裁判。

第七条 缺乏资质的单位或者个人借用有资质的建筑施工企业名义签订建设工程施工合同，发包人请求出借方与借用方对建设工程质量不合格等因出借资质造成的损失承担连带赔偿责任的，人民法院应予支持。

第八条 当事人对建设工程开工日期有争议的，人民法院应当分别按照以下情形予以认定：

（一）开工日期为发包人或者监理人发出的开工通知载明的开工日期；开工通知发出后，尚不具备开工条件的，以开工条件具备的时间为开工日期；因承包人原因导致开工时间推迟的，以开工通知载明的时间为开工日期。

（二）承包人经发包人同意已经实际进场施工的，以实际进场施工时间为开工日期。

（三）发包人或者监理人未发出开工通知，亦无相关证据证明实际开工日期的，应当综合考虑开工报告、合同、施工许可证、竣工验收报告或者竣工验收备案表等载明的时间，并结合是否具备开工条件的事实，认定开工日期。

第九条 当事人对建设工程实际竣工日期有争议的，人民法院应当分别按照以下情形予以认定：

（一）建设工程经竣工验收合格的，以竣工验收合格之日为竣工日期；

（二）承包人已经提交竣工验收报告，发包人拖延验收的，以承包人提交验收报告之日为竣工日期；

（三）建设工程未经竣工验收，发包人擅自使用的，以转移占有建设工程之日为竣工日期。

第十条 当事人约定顺延工期应当经发包人或者监理人签证等方式确

认，承包人虽未取得工期顺延的确认，但能够证明在合同约定的期限内向发包人或者监理人申请过工期顺延且顺延事由符合合同约定，承包人以此为由主张工期顺延的，人民法院应予支持。

当事人约定承包人未在约定期限内提出工期顺延申请视为工期不顺延的，按照约定处理，但发包人在约定期限后同意工期顺延或者承包人提出合理抗辩的除外。

第十一条 建设工程竣工前，当事人对工程质量发生争议，工程质量经鉴定合格的，鉴定期间为顺延工期期间。

第十二条 因承包人的原因造成建设工程质量不符合约定，承包人拒绝修理、返工或者改建，发包人请求减少支付工程价款的，人民法院应予支持。

第十三条 发包人具有下列情形之一，造成建设工程质量缺陷，应当承担过错责任：

（一）提供的设计有缺陷；

（二）提供或者指定购买的建筑材料、建筑构配件、设备不符合强制性标准；

（三）直接指定分包人分包专业工程。

承包人有过错的，也应当承担相应的过错责任。

第十四条 建设工程未经竣工验收，发包人擅自使用后，又以使用部分质量不符合约定为由主张权利的，人民法院不予支持；但是承包人应当在建设工程的合理使用寿命内对地基基础工程和主体结构质量承担民事责任。

第十五条 因建设工程质量发生争议的，发包人可以以总承包人、分包人和实际施工人为共同被告提起诉讼。

第十六条 发包人在承包人提起的建设工程施工合同纠纷案件中，以建设工程质量不符合合同约定或者法律规定为由，就承包人支付违约金或者赔偿修理、返工、改建的合理费用等损失提出反诉的，人民法院可以合并审理。

第十七条 有下列情形之一，承包人请求发包人返还工程质量保证金的，人民法院应予支持：

（一）当事人约定的工程质量保证金返还期限届满；

（二）当事人未约定工程质量保证金返还期限的，自建设工程通过竣工验收之日起满二年；

（三）因发包人原因建设工程未按约定期限进行竣工验收的，自承包人提交工程竣工验收报告九十日后当事人约定的工程质量保证金返还期限届满；当事人未约定工程质量保证金返还期限的，自承包人提交工程竣工验收报告九十日后起满二年。

发包人返还工程质量保证金后，不影响承包人根据合同约定或者法律规定履行工程保修义务。

第十八条 因保修人未及时履行保修义务，导致建筑物毁损或者造成人身损害、财产损失的，保修人应当承担赔偿责任。

保修人与建筑物所有人或者发包人对建筑物毁损均有过错的，各自承担相应的责任。

第十九条 当事人对建设工程的计价标准或者计价方法有约定的，按照约定结算工程价款。

因设计变更导致建设工程的工程量或者质量标准发生变化，当事人对该部分工程价款不能协商一致的，可以参照签订建设工程施工合同时当地建设行政主管部门发布的计价方法或者计价标准结算工程价款。

建设工程施工合同有效，但建设工程经竣工验收不合格的，依照民法典第五百七十七条规定处理。

第二十条 当事人对工程量有争议的，按照施工过程中形成的签证等书面文件确认。承包人能够证明发包人同意其施工，但未能提供签证文件证明工程量发生的，可以按照当事人提供的其他证据确认实际发生的工程量。

第二十一条 当事人约定，发包人收到竣工结算文件后，在约定期限内不予答复，视为认可竣工结算文件的，按照约定处理。承包人请求按照竣工结算文件结算工程价款的，人民法院应予支持。

第二十二条 当事人签订的建设工程施工合同与招标文件、投标文件、中标通知书载明的工程范围、建设工期、工程质量、工程价款不一致，一方当事人请求将招标文件、投标文件、中标通知书作为结算工程价款的依据的，人民法院应予支持。

第二十三条 发包人将依法不属于必须招标的建设工程进行招标后，与承包人另行订立的建设工程施工合同背离中标合同的实质性内容，当事人请求以中标合同作为结算建设工程价款依据的，人民法院应予支持，但发包人与承包人因客观情况发生了在招标投标时难以预见的变化而另行订立建设工程施工合同的除外。

第二十四条 当事人就同一建设工程订立的数份建设工程施工合同均无效，但建设工程质量合格，一方当事人请求参照实际履行的合同关于工程价款的约定折价补偿承包人的，人民法院应予支持。

实际履行的合同难以确定，当事人请求参照最后签订的合同关于工程价款的约定折价补偿承包人的，人民法院应予支持。

第二十五条 当事人对垫资和垫资利息有约定，承包人请求按照约定返还垫资及其利息的，人民法院应予支持，但是约定的利息计算标准高于垫资时的同类贷款利率或者同期贷款市场报价利率的部分除外。

当事人对垫资没有约定的，按照工程欠款处理。

当事人对垫资利息没有约定，承包人请求支付利息的，人民法院不予支持。

第二十六条 当事人对欠付工程价款利息计付标准有约定的，按照约定处理。没有约定的，按照同期同类贷款利率或者同期贷款市场报价利率计息。

第二十七条 利息从应付工程价款之日开始计付。当事人对付款时间没有约定或者约定不明的，下列时间视为应付款时间：

（一）建设工程已实际交付的，为交付之日；

（二）建设工程没有交付的，为提交竣工结算文件之日；

（三）建设工程未交付，工程价款也未结算的，为当事人起诉之日。

第二十八条 当事人约定按照固定价结算工程价款，一方当事人请求对建设工程造价进行鉴定的，人民法院不予支持。

第二十九条 当事人在诉讼前已经对建设工程价款结算达成协议，诉讼中一方当事人申请对工程造价进行鉴定的，人民法院不予准许。

第三十条 当事人在诉讼前共同委托有关机构、人员对建设工程造价出具咨询意见，诉讼中一方当事人不认可该咨询意见申请鉴定的，人民法院应予准许，但双方当事人明确表示受该咨询意见约束的除外。

第三十一条 当事人对部分案件事实有争议的，仅对有争议的事实进行鉴定，但争议事实范围不能确定，或者双方当事人请求对全部事实鉴定的除外。

第三十二条 当事人对工程造价、质量、修复费用等专门性问题有争议，人民法院认为需要鉴定的，应当向负有举证责任的当事人释明。当事人经释明未申请鉴定，虽申请鉴定但未支付鉴定费用或者拒不提供相关材料的，应当承担举证不能的法律后果。

一审诉讼中负有举证责任的当事人未申请鉴定，虽申请鉴定但未支付鉴定费用或者拒不提供相关材料，二审诉讼中申请鉴定，人民法院认为确有必要的，应当依照民事诉讼法第一百七十条第一款第三项的规定处理。

第三十三条　人民法院准许当事人的鉴定申请后，应当根据当事人申请及查明案件事实的需要，确定委托鉴定的事项、范围、鉴定期限等，并组织当事人对争议的鉴定材料进行质证。

第三十四条　人民法院应当组织当事人对鉴定意见进行质证。鉴定人将当事人有争议且未经质证的材料作为鉴定依据的，人民法院应当组织当事人就该部分材料进行质证。经质证认为不能作为鉴定依据的，根据该材料作出的鉴定意见不得作为认定案件事实的依据。

第三十五条　与发包人订立建设工程施工合同的承包人，依据民法典第八百零七条的规定请求其承建工程的价款就工程折价或者拍卖的价款优先受偿的，人民法院应予支持。

第三十六条　承包人根据民法典第八百零七条规定享有的建设工程价款优先受偿权优于抵押权和其他债权。

第三十七条　装饰装修工程具备折价或者拍卖条件，装饰装修工程的承包人请求工程价款就该装饰装修工程折价或者拍卖的价款优先受偿的，人民法院应予支持。

第三十八条　建设工程质量合格，承包人请求其承建工程的价款就工程折价或者拍卖的价款优先受偿的，人民法院应予支持。

第三十九条　未竣工的建设工程质量合格，承包人请求其承建工程的价款就其承建工程部分折价或者拍卖的价款优先受偿的，人民法院应予支持。

第四十条　承包人建设工程价款优先受偿的范围依照国务院有关行政主管部门关于建设工程价款范围的规定确定。

承包人就逾期支付建设工程价款的利息、违约金、损害赔偿金等主张优先受偿的，人民法院不予支持。

第四十一条　承包人应当在合理期限内行使建设工程价款优先受偿权，但最长不得超过十八个月，自发包人应当给付建设工程价款之日

273

起算。

第四十二条 发包人与承包人约定放弃或者限制建设工程价款优先受偿权，损害建筑工人利益，发包人根据该约定主张承包人不享有建设工程价款优先受偿权的，人民法院不予支持。

第四十三条 实际施工人以转包人、违法分包人为被告起诉的，人民法院应当依法受理。

实际施工人以发包人为被告主张权利的，人民法院应当追加转包人或者违法分包人为本案第三人，在查明发包人欠付转包人或者违法分包人建设工程价款的数额后，判决发包人在欠付建设工程价款范围内对实际施工人承担责任。

第四十四条 实际施工人依据民法典第五百三十五条规定，以转包人或者违法分包人怠于向发包人行使到期债权或者与该债权有关的从权利，影响其到期债权实现，提起代位权诉讼的，人民法院应予支持。

第四十五条 本解释自 2021 年 1 月 1 日起施行。